JEANNE RULAND
mit Bildern von
PETRA ARNDT

Zauber der Naturreiche

*Naturwesen – wie sie uns
behüten und beschützen*

Schirner
Verlag

Liebe Leserin, lieber Leser, dieses Buch ist in der Du-Form geschrieben, weil es viele Übungen, Rituale und Meditationen enthält, die direkt die Seele ansprechen. Die Du-Form unterstützt auch das Bewusstsein, dass Autorin und Leser sich auf Augenhöhe begegnen können und es in der Tiefe ihres Wesens keine Trennung gibt.

Die Ratschläge in diesem Buch sind sorgfältig erwogen und geprüft. Sie bieten jedoch keinen Ersatz für kompetenten medizinischen Rat, sondern dienen der Begleitung und der Anregung der Selbstheilungskräfte. Alle Angaben in diesem Buch erfolgen daher ohne Gewährleistung oder Garantie seitens der Autorin oder des Verlages. Eine Haftung der Autorinnen bzw. des Verlages und seiner Beauftragten für Personen-, Sach- und Vermögensschäden ist daher ausgeschlossen.

ISBN Printausgabe 978-3-8434-1179-0
ISBN E-Book 978-3-8434-6242-6

Jeanne Ruland:	Umschlag: Murat Karaçay, Schirner, unter
Zauber der Naturreiche	Verwendung eines Bildes von Petra Arndt
Naturwesen – wie sie uns	Bilder: Petra Arndt
behüten und beschützen	Satz: Simone Fleck, Schirner
© 2015 Schirner Verlag, Darmstadt	Redaktion: Kerstin Noack & Janina Vogel, Schirner
	Printed by: Ren Medien GmbH, Germany

www.schirner.com

2. Auflage August 2015

Inhalt

Danksagung der Autorin

Ich danke den Wesen der Natur, die mich schon seit Jahren begleiten und mir immer wieder fröhliche, tief greifende und zutiefst herzberührende Erkenntnisse schenken, mir neue Wege zeigen und mich am Wunder der Schöpfung teilhaben lassen. Ich danke für all die Führungen und Fügungen in den unzähligen Elementar- und Naturgeisterworkshops. Ich wünsche mir, dass sich die Schleier zwischen den Welten immer mehr lüften und wir wieder im Einklang mit dem großen Ganzen wirken.

Ich danke von Herzen allen, die zur Entstehung des Buches beigetragen haben. Ich danke den Verlegern Heidi und Markus Schirner für ihre Unterstützung und alles, was sie der Welt schenken. Ich danke der Künstlerin Petra Arndt, die uns ihre zauberhaften herzberührenden Bilder für dieses Buch zur Verfügung gestellt hat. Sie ist tief mit der Welt der Naturwesen verbunden und lebt im Einklang mit ihnen. Dies bringt sie in den zauberhaften Bildern zum Ausdruck. Ich danke meinen Lektoren: Hier möchte ich Kirsten Glück, die Lektorin der ersten Stunde, nennen, die die frühere Ausgabe des Buches kompetent lektoriert und mir mit Rat und Tat zur Seite gestanden hat. Des Weiteren Kerstin Noack und Janina Vogel für die Gespräche, die Gestaltung und ihren wundervollen Arbeitseinsatz rund um das Buch. Ich danke meinem Mann Murat Karacay und meinen Kindern für ihre Geduld und Unterstützung. Danke, lieber Murat, für die wunderbare Karten- und Covergestaltung. Und ein großes Dankeschön an all jene, die dieses Buch in die Hand nehmen und es in die Welt tragen.

Ich danke allen Menschen, die der Welt ihre Erfahrungen, Geschichten, Erlebnisse und Offenbarungen im Einklang mit der Natur schenken. Jede Geschichte, jedes Bild, jeder Beitrag ist eine Erinnerung und ein Puzzelstück auf dem Weg in eine neue Zeit, in der wir wieder im Einklang mit der gesamten Schöpfung sein werden. Und ein großes Dankeschön an all jene, die dieses Buch in die Hand nehmen, die Natur und ihre Wesen ehren und unseren Lebensraum in Einklang mit ihnen gestalten.

Mögen sich die Tore in die Natur noch mehr öffnen und uns in das Einssein mit allem Leben tragen. Das Leben ist ein Wunder, und der Zauber zeigt sich dort, wo Güte und Freundlichkeit wirken und das Herz geöffnet ist.

Nicht durch die Märchen, nicht durch die Mythen
gibt es Feen, Zwerge, Elfen, Nixen,
Wesen, welche die Natur behüten.
Nein, diese zauberhaften Geschichten,
diese Erzählungen der Völker berichten
von dem unbekannten Land,
zu dem einst das Tor offen stand.
Diesem lustigen kleinen Volk ist es zu verdanken,
dass sich heute Mythen und Legenden ranken.

An Menschen, welche die Natur sehr lieben,
die sie hüten, achten, hegen
und sie wieder werden lassen zum Segen,
kommt das kleine Volk ganz nah heran,
unerkannt und ungesehen
hilft es diesen Menschen, ihre Wege zu gehen.
Jene, die es wohl verdienen, die sie lieben und bedenken,
denen öffnet sich das uralte Tor.
Die Wesen kommen erneut hervor.
So eröffnet sich ein neues Verständnis der wahren Natur.

Es war einmal … vor langer, langer Zeit …
so ähnlich beginnen viele Geschichten,
die alle von der Wahrheit berichten.
So lebten die Menschen in alter Zeit,
Engel, Menschen, Naturwesen in Gemeinsamkeit,
in Frieden, in Weisheit und in Harmonie.
Das ist heute der Weg, er ist so wichtig wie nie.
Die Natur und ihre Wesen sind unser Raum,
zerstören wir sie, zerstören wir unseren Menschheitstraum.

Einleitung

Komm, und folge mir. Gleich hinter dem nächsten Baum, in der kleinsten Blüte, in dem Busch, auf dem Hügel am Wegesrand, an der klaren Bergquelle begegnest du einem Reich, das lange schon besteht, seit Anbeginn der Zeit. Lasse deinen Blick schweifen. Aus den Augenwinkeln kannst du Wesen verschiedenster Arten manchmal vorbeihuschen und wirken sehen.

Folge mir in das Reich der Naturgeister, in die Welt der Nixen, Undinen, Salamander, Zwerge, Kobolde, Gnome, Elfen, Feen, Trolle und vieler anderer. Sie sind in einer feinstofflicheren Dimension zu Hause, einer Welt hinter und doch in unserer. Sie wirken und walten zwar in den sichtbaren Formen, doch sind die sichtbaren Abdrücke der Energie für sie kein Hindernis. Sie können durch Berge, Steine, Wurzeln etc. ein- und ausgehen, haben ihre Königreiche in sanften Hügeln, auf Inseln, in Flüssen, auf hohen Bergen, in der Tiefe des Meeres, unter der Erde, in Vulkanen und an vielen weiteren Stätten in der Natur. Sie sind in den Elementen zu Hause. Naturwesen sind uns Menschen oft näher, als wir es uns vorstellen können. Sie leben mitten unter uns. Elementarwesen wirken auch in unserem Wesenskern, da auch wir aus den fünf Elementen geschaffen sind.

Wir finden die Naturgeister überall dort, wo die Natur noch lebendig und kraftvoll ist. Sie beleben und beseelen diese Natur, hüten, bewachen, bewahren und schützen ihre Kräfte und Schätze. Beständig erneuern sie die verbrauchte, beschädigte Energie, so weit es ihnen möglich ist. Sie sind die vielen Helfer und Helfershelfer, die einst durch die Lichtströme der Engel bei der Entstehung der Erde geschaffen und geboren wurden.

In vielen Erzählungen zahlreicher Völker wird das Wirken der Naturgeister beschrieben. Es finden sich entsprechend viele Bezeichnungen für ihre Welt, die in den Reichen jenseits von Raum und Zeit existiert:

Elysium[1], Wunderland, Garten Eden, Traumzeit u. v. a. Ihre Welt ist überall und nirgendwo. Wir Menschen leben mitten in ihr, auch wenn wir sie mit dem bloßen Auge nicht erkennen können. Jede natürliche Übergangsschwelle von einem Element ins andere ist ein Tor in diese anderen Welten. Sonnenauf- und -untergang, der Übergang von Land zu Wasser, Strudel, Lücken zwischen Wasser und Steinen, Höhlen, Räume zwischen Wurzeln, ein Strahl, der in einer Waldlichtung den Boden berührt, ferner Felsspalten, Felsgebilde …

Überall finden sich Ein- und Übergänge in die anderen Welten. Wenn du durch die Natur gehst, so halte die Augen offen – mit der Zeit wirst du diese Schwellen, Eingänge und Türen in die andere Dimension entdecken. Lasse deinen Verstand, der oft in Mustern und

1 Elysium (auch Sommerland genannt) ist in der griechischen Mythologie das Gefilde der Seligen.

mit begrenzten Möglichkeiten und Vorstellungen, Vorschriften und Überzeugungen arbeitet, in den Hintergrund treten, sodass dein Bewusstsein und deine Wahrnehmung sich über das alltägliche Maß hinaus ausdehnen können. Dann öffnet sich das Tor in die anderen, tief verborgenen Reiche. Nimm dir Zeit, begegne dieser Welt mit deiner Herzenskraft, und lausche ihrer Botschaft. Lausche dem Rauschen des Windes, dem Plätschern des Baches, der Botschaft des Baums …

Die Welt der Naturgeister bringt eine Saite in unserer Seele zum Schwingen, jenen Teil, der ungeahnte Möglichkeiten in sich birgt. Die Naturwesen wecken eine Seite unserer angeborenen jedoch ungenutzten Fähigkeiten, die in ihrem Dämmerschlaf auf ihr Erwachen wartet. Sie führen uns zurück zu einem Teil unserer verborgenen Natur. Wenn wir uns ihnen öffnen, verlassen wir die gewohnten Trampelpfade unseres täglichen Einerleis und begegnen der Tiefe, der Wahrheit und der Fülle des Lebens mit ihren vielen ungenannten Möglichkeiten und Wegen. Wecke diesen Teil deiner Seele auf, und lasse dich berühren von den zauberhaften Reichen, in denen wahre Wunder, ungeahnte Erkenntnisse und große Schätze auf dich warten.

Naturwesen verschiedener Gattungen verfügen über magische Kräfte, wie die Gabe der Wunscherfüllung, und Gegenstände, wie Zauberstäbe oder Tarnkappen. Sie können die Gestalt annehmen, die bei dem Menschen, dem sie begegnen, gerade am wirkungsvollsten ist. So plötzlich wie sie auftauchen, können sie auch wieder verschwinden. Sie verfügen außerdem über handwerkliches und künstlerisches Geschick, sind der Heilkunst fähig u. v. m. Menschen aller Zeiten, die mit ihnen in Verbindung stehen, erfahren ungewöhnliche Lösungswege, Heilungen, Botschaften, Kräfte, Einweihungen und Weisheiten, die ihnen auf ihrem Lebensweg und bei ihren alltäglichen Tätigkeiten hilfreich sind.

Die Welt der Naturgeister ist voller Widersprüchlichkeiten, die einander jedoch nicht ausschließen. Hier bleibt alles in der Schwebe. Wo nichts festgelegt ist, bleiben die unbegrenzten Möglichkeiten bestehen. In dieser Welt erlangt der Held seine Kraft, Druiden und Hexen ihren Zauber, Künstler ihre Inspirationen und der Mensch auf dem Pfad der Einweihung in das Leben seine Richtlinien und Hinweise, mit deren Hilfe er den sagenumwobenen Schatz finden kann. Hier wohnt die ewige Wahrheit. Nichts kann sich verstecken, alles tritt in vollkommener Ehrlichkeit zutage. Wesen der Anderswelt zeigen sich uns eine Zeit lang, damit Ideen in unserer Welt Gestalt annehmen können, verschwinden jedoch wieder, um die Gesamtheit aller Möglichkeiten für alle zu bewahren.

Oft hört man, dass Menschen, die Reisen in diese Reiche antraten, nicht mehr zurückkehrten oder krank wurden und sich stark veränderten. Wenn wir uns der Natur und ihren Wesen öffnen, so verändern wir uns tatsächlich. Wir begegnen dort einer berauschenden Weite und Tiefe, nach der wir nicht mehr zurück auf den gewohnten Pfad wollen, denn nach der Begegnung mit der Anderswelt kommt er uns im Vergleich zu den Erfahrungen und der Fülle von schöpferischen Möglichkeiten dort klein, eng und schal vor. Wir gewinnen in diesen Reichen neue Einsichten, Erkenntnisse und Wahrheiten, und unsere Sehnsucht, diesen Teil unserer Seele zu erlösen, führt uns weiter und tiefer in die magischen Naturwelten und neuen Seinsbereiche.

Auf Außenstehende mag diese Veränderung beängstigend wirken, und sie wird wohl aus diesem Grund auch oft so negativ beschrieben. Wir sind nun nicht mehr einzuordnen, nicht mehr fassbar und abschätzbar. Bei Menschen, die auf dem gewohnten Weg der alltäglichen Routine mit ihren eintönigen Lebensmustern wandeln, ist wenig Raum für all das, was über das Gewohnte hinausgeht. Jeder trifft für sich die Entscheidung, die Kraft der Einheit, die unbegrenzten Möglichkeiten, die multidimensionalen Seinserfahrungen, zu denen wir Menschen befähigt sind, kennenzulernen oder nicht. Wenn du diesen Welten wieder begegnen möchtest, so erinnere dich an die Märchen, Mythen und Erzählungen deiner Kindertage. Hole sie dir wieder ins Gedächtnis. Lasse dich von den Naturwesen zu deinen verborgenen Fähigkeiten und Schätzen führen.

Kontakt zu den Naturwesen

Wenn du den Wesen der Natur deine Herzenstür öffnen möchtest, so finden sich hier einige Tipps, wie du vorgehen kannst:

› Naturwesen spüren, wenn wir ihnen freundlich gesinnt sind, und erkennen immer unsere wahren Beweggründe, da sie die Energie und Ausstrahlung eines Menschen wahrnehmen. Auf liebevolle Worte, Gedanken, Gefühle und Handlungen, die an sie gerichtet sind, reagieren sie unmittelbar – allerdings auf ihre Weise: Manchmal regnet es plötzlich Blüten, obwohl kein Wind sich regt; etwas streift über deine Wange; es juckt oder kitzelt plötzlich an deinem Ohr oder an deiner Nase; dein Auge tränt etwas; ein Gefühl von Feuchtigkeit berührt deine Haut; ein leiser Klingelton ist hörbar; du nimmst ein plötzliches Aufleuchten oder Flackern wahr; ein süßer, lieblicher Duft weht zu dir herüber; eine Farbe fällt dir plötzlich besonders auf; ein Stein blinkt dich an; etwas treibt dich, dich unvermittelt umzudrehen; etwas zupft dich am Bein; ein lustiger Gedanke, eine neue Idee, ein neuer Impuls huscht durch deinen Kopf; du entdeckst plötzlich etwas, was dir vorher nicht aufgefallen ist; eine Feder schwebt vor deinen Augen zu Boden; ein Ast winkt dir zu; eine Blume neigt sich zu dir; ein Nebelfetzen zeigt sich dir in einer Form, oder Nebel hüllt dich ein …

› Wichtige Voraussetzungen für eine gute Verbindung zu den Wesen der Natur sind Wahrheitsliebe, Aufrichtigkeit und Ehrlichkeit. Naturwesen der unterschiedlichsten Gattungen weisen oft ein zutiefst ethisches Verhalten auf, zusammen mit hohen sozialen Idealen im Leben ihrer Gemeinschaften und großer Loyalität gegenüber jenen, denen sie sich verbunden fühlen.

› Erinnere dich deiner Kindertage. Beobachte Kinder beim Spielen. Sieh, wie sie sich, ganz in ihr Spiel vertieft, mit ihrer Umgebung verständigen. Erwecke deine innere Kindlichkeit, die Freude zu erfahren, ganz da zu sein, Neues auszuprobieren, unbefangen und unvoreingenommen zu sein, zu tanzen, zu lachen, zu singen …

› Verbünde dich mit der Natur. Nimm dir z. B. vor, sie zu achten, zu würdigen, ihr deinen Respekt zu zollen, mit ihr zusammenzuwirken, sie zu segnen, ihr zu danken, ihr etwas zu geben auf deine Weise. Wenn du etwas in der Natur verändern möchtest, nimm dir vor, sie vorher zu fragen und Zwiesprache mit ihr zu halten. Die Natur ist beseelt, und Leben ist Geben und Nehmen.

› Gehe viel in der Natur spazieren. Öffne dein Herz weit für die Schönheit, die Vielfalt, die Pracht, für den Reichtum und die Fülle der Natur. Öffne dich ihrer Energie und ihrem Wesen. Wenn du in die Natur gehst, nimm Geschenke mit, z. B. Brotkrumen, weiße Speisen (Milch, Reis o. Ä.), Salz. Damit kannst du die Naturgeister würdigen.

› Halte Ausschau nach Schwellen zwischen den Elementen und Toren zwischen den Welten.

› Fröhlichkeit lockt die Naturgeister an, z. B. Tanzen, Pfeifen, Singen, Lachen.

› Rufe die Naturgeister, und bitte sie, sich in deinem Leben bemerkbar zu machen. Du kannst auch Räume für sie schaffen, indem du Blumen in einer Ecke deines Gartens wild wachsen lässt, Springbrunnen, Steine oder andere Dinge aufstellst, die dich an die Naturwesen erinnern, z. B. Wurzeln mit Gesichtern. Manchmal entdeckst du gelochte Steine, Federn, Schneckenhäuser o. Ä. als Gaben der Naturwesen.

› Übe dich darin, zu empfangen. Übe dich in deiner Wahrnehmung. Nimm dir Zeit, Landschaften, Bäume, Pflanzen zu spüren. Stelle dein Bewusstsein auf Empfang ein. Nimm dir Zeit und Ruhe, um dich an einen Fluss zu setzen und seinem Gurgeln und Plätschern zu lauschen, um die Kraft eines Baumes zu spüren, den Wind wahrzunehmen, die Kraft einer Landschaft … Schau dich um. Welche Pflanzen, Büsche und Bäume sind hier? Gibt es Besonderheiten? Wie fühlt sich deine Umgebung an? Was ist dein erstes Gefühl im Kontakt mit dem Platz? Ist es dir warm oder kalt? Empfindest du den Kontakt als angenehm oder unangenehm? Bekommst du eine Gänsehaut? Stellen sich dir die Nackenhaare auf? Kribbelt es dich an einer Stelle? Verändert sich etwas in deinem Körper? Fühlst du dich an diesem Ort geborgen und wohl? Möchtest du bleiben oder weitergehen? Erscheint dir der Ort dunkel oder lichtvoll und verzaubert?

› Übe dich in dem Blick aus den Augenwinkeln, in der Wahrnehmung dessen, was sich am Rande deines Bewusstseins bewegt. Spüre Eindrücken nach, ohne sie vom Verstand ins Visier nehmen zu lassen – vielleicht indem du erst deinen Körper nach Rückmeldungen abfragst.

Was Naturwesen nicht mögen

Naturwesen walten in der Natur, und alles, was die Natur verletzt, verletzt auch sie, denn sie sind ein fester Bestandteil dieser. Sie reagieren sehr unterschiedlich auf die Respektlosigkeit, die Grenzüberschreitungen, den Missbrauch und die Rohheit, die wir Menschen der Natur entgegenbringen. Manche ziehen sich zurück, wodurch Landstriche sterben, unbeseelt werden. Manche gehen zum Angriff über, geben uns das zurück, was wir ihnen geben. Das kann dazu führen, dass sie uns in die Irre leiten, Wege verändern, uns ein Bein

stellen, unsere Sinne vernebeln, Dinge verschwinden lassen, manche Schätze
der Natur mit negativen Kräften beladen, uns so manche Krankheiten an-
hängen, uns dauerhaft plagen und auf die eine oder andere Weise Einfluss
auf unser Schicksal nehmen. Sie orientieren sich an unserem Verhalten,
nehmen die Kräfte, die wir aussenden und spiegeln sie uns …

Naturgeister sind sehr einfallsreich, und ihre Kräfte sind nicht zu unterschätzen. Sie
erteilen so manche unvergessliche Lektion, worüber viele Menschen wohl berichten
könnten. So können sie sich uns regelrecht an die Fersen heften und uns auf der Seelenebene über ewige Zeiten hinweg verfolgen. Die missbrauchte Energie wird auf diese Weise so
lange erhalten, bis wir bereit sind, unseren Missbrauch anzuerkennen und uns von ihm zu
lösen. Indem wir die Verantwortung für unser Handeln übernehmen, bereit sind, unserer
Seele den Spiegel vorzuhalten, und beginnen, einen von Achtung geprägten Umgang mit
der Natur zu pflegen, fangen wir an, uns von unserer Verstrickung mit ihnen zu befreien.
Die Naturgeister freuen sich über jede gute, lichtvolle Entwicklung von uns und sind schnell
bereit, wieder mit uns zusammenzuarbeiten. Da sie unsere wahre Energie sehen, kennen sie
unsere Absichten. Wir können vor ihnen nichts verstecken.

Begegnung mit den Naturgeistern

Manche Begegnungen mit den Naturgeistern sind vorbestimmt. Wenn wir sie in Liebe
suchen, so werden sie uns auf unserem Weg führen. Doch so manche Unannehmlichkeit
wird uns auch dann nicht erspart bleiben, wenn wir den Samen dazu irgendwann einmal selbst gesät haben. Dunkle Seiten werden schneller zutage gefördert und können im
Licht zu Stärken werden, Blockaden werden aufgelöst. Das kann vorübergehend z. B. zu
Krankheit führen. Wenn sie unsere Bereitschaft und Liebe spüren und es das kosmische
Gesetz, dem auch sie folgen, zulässt, wird unsere Verwandlung von den Naturgeistern
meistens hilfreich und unterstützend begleitet, manche Prozesse werden abgemildert und
Hindernisse aufgelöst. Der Kontakt mit den Naturgeistern hilft uns, unsere Seele Stück
für Stück zu befreien und uns auf dem Pfad der Einweihung durch die Elemente und
Lebensprüfungen zu führen.

Die Naturgeister beschützen, behüten und begleiten uns. Sie werden zu treuen Freunden,
die uns in jeder Lebenslage mit Rat und Tat zur Seite stehen. Manche Erfahrungen mit
ihnen wirken im ersten Moment nicht unbedingt willkommen, sind jedoch immer Medizin und Heilung für unsere Seele. – Wenn wir einen Arzt aufsuchen, sind die Methoden,
die er manchmal anwendet, oder die Arznei, die er uns verschreibt, auch nicht immer
das Angenehmste, doch sie helfen uns. – Den Segen mancher Begegnung verstehen wir
zuweilen erst viel später.

Nimm an, was die Naturgeister dir zeigen. Manche Erfahrungen mit ihnen sind witzig und urkomisch. Andere Erfahrungen wiederum haben eine große Tiefe. Manchmal haben wir bei ihnen das Gefühl, im Märchenland zu sein. Einige Anweisungen, die wir erhalten, muten uns seltsam an, doch wenn wir sie ausführen, erleben wir wahre Wunder. Der Kontakt mit den Naturgeistern ist sehr lebendig und abwechslungsreich. Alles, was sie dir zeigen, hat Bedeutung für dich und dein Leben, es birgt eine tiefe Weisheit sowie eine für dich bestimmte Botschaft und kommt niemals zufällig.

Teil I

Die Reisen

Viele der hier vorgeschlagenen Rituale, mit denen du dich den Naturwesen nähern kannst, bestehen aus Reisen in deren Welt. Die Vorstellungskraft ist eine der stärksten Kräfte, über die wir mit diesen Reichen in Verbindung treten können. Sie führt zur Aktivierung der rechten Gehirnhälfte und den dort schlummernden Anlagen[2], die jeder von uns mitbekommen hat. Hier können wir die Brücke in die unbewussten und überbewussten Reiche schlagen, die jenseits der fünf Sinne unseres Tagesbewusstseins liegen. Du kannst deine Vorstellungskraft üben, indem du anfängst, etwas zu betrachten, dann die Augen schließt und in deiner Vorstellung das Bild, so lange es geht, aufrechterhältst.

Wenn wir das, was sich uns auf unseren Reisen zeigt, auch gerne in das Reich der Fantasie verweisen, so hat es dennoch Gehalt und eine Botschaft für uns und unsere gegenwärtige Lebenssituation. Wir tauchen auf diesen Reisen in das Zeitlose ein, dort, wo alles miteinander verbunden ist, wo Mögliches unmöglich wird und Unmögliches möglich, wo das Subjektive dem Ganzheitlichen weicht. Es ist der Speicher unserer Seele, der auf diese Weise aktiviert wird. Durch unsere Vorstellungskraft öffnen wir eine Tür. Wir senden den tieferen Schichten unserer Seele die Botschaft, hinter die Tür schauen zu dürfen. Und diese Tür beginnt, sich dann auch tatsächlich aufzutun. Je mehr wir uns den Erlebnissen auf den Reisen öffnen, um so mehr verselbstständigen sich die Bilder und fördern Erstaunliches zutage.

Oftmals erhalten wir nach einer Reise von den Naturwesen eine Gabe, die uns bestätigt, dass wir nicht geträumt und uns nichts eingebildet haben. Das kann entweder gleich im Anschluss oder folgenden drei Tagen nach der Reise geschehen und, wie bei diesen Wesen üblich, auf ganz ungewöhnliche Weise. Je mehr Erfahrungen wir in der Anderswelt machen, desto weniger können wir sie noch als Zufall oder Fantasie abtun. Der Glaube wird durch die Erfahrung allmählich zu einem tiefen Wissen.

Allgemeine Hinweise zu den Reisen

Zu deinem Schutz kannst du z. B. deine Umgebung mit Räucherwerk reinigen, einen Schutzkreis aus Steinen und Salz ziehen, deine Engel und Schutzwesen z. B. mit einem Gebet herbeirufen. Du kannst auch einen Menschen deines Vertrauens bitten, dich auf deiner Reise zu begleiten, indem er sich z. B. einen Schutzkreis um dich herum vorstellt, solange du reist. Lasse dich von deinem Gefühl leiten.

---

2 rechte Gehirnhälfte: Sitz der emotionalen Intelligenz und von Fähigkeiten wie Hellsichtigkeit, Gedankenübertragung, vernetztem Denken u.Ä.

› Lies dir das Ritual zunächst gut durch.

› Bevor du das Ritual machst, prüfe deine Gefühle. Was fühlst du bei dem Gedanken, diese Reise zu machen? Ist jetzt der richtige Zeitpunkt für diese Reise?

› Ruhe und Zeit sind wichtig. Wenn du bei dir zu Hause reist, so sorge dafür, dass du nicht gestört wirst, stelle z. B. das Telefon ab.

› Triff deine Reisevorbereitungen. Schau, was du für die Reise brauchst, damit du dich gut, sicher und geborgen fühlst, z. B. Kerze, Duft, Musik …

› Achte auf eine gleichmäßige und angenehme Körpertemperatur.

› Nimm dir vor, wieder zurückzukommen, und versprich dir selbst, den ganzen Handlungsbogen zu vollziehen. Es sollte eine runde Sache ergeben, die einen Beginn, einen Verlauf und einen klaren Abschluss hat.

› Begrenze die Zeit. Du kannst fünf Minuten, zehn Minuten oder bis zu dreißig Minuten reisen. Stelle dir einen Wecker, oder schaffe dir ein anderes Signal, das dir den Zeitpunkt für den Rückweg ankündigt.

› Nimm dir Zeit, über deine Erlebnisse auf der Reise nachzudenken. Du kannst z. B. alles aufschreiben. Manchmal offenbart sich die Botschaft erst später.

› Lasse zwischen den einzelnen Reisen und Ritualen genügend Zeit, und wende dich immer wieder deinen Alltagsaufgaben zu. Missbrauche die Reisen nicht, um vor deinem Leben zu fliehen. Sie sind da, um dir neue Anhaltspunkte für die Meisterung deines Lebensweges zu bringen.

› Wenn du meinst, es sei auf deiner Reise nicht viel oder nichts passiert, so lasse dir Zeit, und gib dir wenigstens dreimal eine Chance, es wieder zu probieren, bevor du diese Möglichkeit oder diesen Weg für dich abtust. Du kannst dir auch helfen lassen, z. B. indem du einen Menschen deines Vertrauens bittest, das Ritual gemeinsam mit dir zu begehen. Der andere kann z. B. den Text für dich vorlesen, langsam und mit vielen Pausen, oder er kann für dich trommeln, sodass du deine Reise auf den Wellen des Klangs antreten kannst.

› Wisse, dass du nur das gezeigt bekommst, was du auch gut verarbeiten kannst und wofür du die Kraft hast. Wisse, dass deine Seele dein Tempo und deine Kraft kennt. Eine Reise bringt immer neue Erkenntnisse mit sich.

Teil II
Einführung in die Tattwa-Reisen

Im Tanz der Elemente

***

Gelbes Quadrat verwandle dich, im inneren violetten Licht
öffne das Tor, Erdelement, tritt hervor.
Zeige mir Stabilität und Festigkeit, zeige mir die materielle Beschaffenheit.
Hellblaue Kreise ziehen ihre Bahnen auf andere Weise.
Wenn sie sich in Orange verwandeln, ist es Zeit,
mit dem Luftelement der Geistigen Welt zu handeln.
Zeige mir meine innere Welt,
wie sie mein Licht und mein Leben verdunkelt und erhellt.
Silberner Mond, der du am Himmel erstrahlst,
ergraue vor meinem inneren Auge,
ins Wasserelement sich meine Reise nun sauge.
Was ist los in meinen Gefühlen nur,
was ist mit meiner fließenden Wassernatur.
Rotes Dreieck, lodere hoch, Feuerelement zeige mir die grüne Tür,
dass sie mich zu meiner wahren Energie nun führ'.
Wie ist es mit meinem Antrieb beschaffen,
wie ist die Kraft in mir, wo meine Energien auseinanderklaffen?
Das violette Ei, der Äther nun winkt.
Wie ist das Licht, die Essenz, die alles durchdringt?
Durch das bernsteinfarbene Tor erstrahlt die wahre Lichtnatur.
Begib dich ruhig auf die Tattwa-Reisen,
da sie auf den wahren Kern der Elemente in dir weisen.

Was sind Tattwas?

Das Wort »Tattwa« stammt aus dem Sanskrit und bedeutet Grundprinzip, Wahrheit, wahres Wesen. In alten indisch-tibetischen Yoga- und Tantra-Systemen ist die Arbeit mit den Tattwas Grundlagenarbeit. Im Tantrismus gibt es 36 Tattwas. Die ersten fünf Tattwas sind die Elemente Luft, Wasser, Erde, Feuer und Äther. Weitere Tattwas sind z. B. Geruch, Geschmack, Berührung, Klang und Form. Zu uns kam die hier vorgestellte Form der Arbeit mit den Tattwas im 19. Jahrhundert durch Helena Petrovna Blavatsky (1831–1891) und die Arbeit der Theosophischen Gesellschaft, zu deren Mitbegründerinnen sie zählt. Sie übertrug die ersten fünf Tattwas (die fünf Elemente) mit den ihnen zugeordneten Symbolen in den europäischen Sprachraum. Die Tattwa-Symbole sind Tore in die Anderswelt, in das Reich der fünf Elemente und deren Geistwesen. Die Arbeit mit den Tattwas weist Ähnlichkeiten mit frühen schamanischen Techniken für Reisen in die anderen Reiche und Ebenen auf. Die Handhabung der Tattwas ist einfach und mit ein wenig Übung für jeden anwendbar. Durch die Tattwas erfahren wir uns auf eine neue Art und Weise, sie bringen uns Erkenntnisse und bieten uns Heilungsmöglichkeiten.

Übersicht und Zuordnung der Tattwas

Sanskrit-Bezeichnung	Element	Symbol	Farbe	Komplementär-/Verwandlungsfarbe
Vayu	Luft	Kreis	Hellblau	Orange
Apas	Wasser	Mondsichel	Silber	Grau
Tejas	Feuer	Dreieck	Rot	Grün
Prithivi	Erde	Quadrat	Gelb	Violett
Akasha	Äther/Quintessenz	Ei	Violett	Bernstein

ANMERKUNG: Das Akasha/Äther-Tattwa gilt als Quintessenz, da es alle anderen vier Elemente durchdringt. Der Begriff »Komplementärfarbe« trifft den Sachverhalt bei Silber und Grau nicht ganz, wird aber in der Regel im Zusammenhang mit den Tattwas dennoch verwendet oder als Verwandlungsfarbe bezeichnet.

Wozu dienen die Tattwas?

Tattwas stellen den Kontakt zwischen dir und den Elementen her. Durch die fünf farbigen Tattwa-Symbole (siehe auch »Akasha & Devos«, »Thor & Aries«, »Pelleur & Virgo«, »Neptun & Lunara«, »Helios & Vesta«) bekommst du einen Schlüssel in die Hand, mit dem du durch die farbige Symbolpforte in das jeweilige Element gelangen kannst, um zu schauen, wie du mit ihm in Verbindung stehst. Über die Tattwas kannst du auch die Begegnung mit den Naturwesen des jeweiligen Elementes einleiten. Je nachdem, wie du dich in Zusammenhang mit dem Element siehst, kannst du durch die inneren Bilder deine Verbindung zu den Elementen erkennen, sie ins Gleichgewicht bringen und gegebenenfalls heilen.

Wie werden Tattwas angewendet?

Zur Arbeit mit den Tattwas kannst du entweder das entsprechende Bild (»Akasha & Devos«, »Thor & Aries«, »Pelleur & Virgo«, »Neptun & Lunara«, »Helios & Vesta«) hinzunehmen oder dir die entsprechenden farbigen Tattwa-Symbole selbst basteln. Dazu nimm dir einen Stift und einen Zettel oder einen dünnen weißen Karton, und male das Symbol, mit dem du in Kontakt treten willst, in seiner Farbe groß (mindestens 15 x 15 cm) darauf. Schneide es dann aus, und lege es am besten auf einen schwarzen Untergrund. Hierzu ein Beispiel einer

Tattwa-Reise in das Element Erde: Du kannst mit einer Frage auf Reisen gehen, z. B. : Wie sieht mein Bezug zur Erde aus? Oder: Was ist für mich jetzt wichtig zu erfahren? Wenn du so weit bist, begib dich in einen entspannten Zustand. Atme tief ein und aus, und entspanne deinen Körper mit jedem Atemzug. Konzentriere dich auf das Symbol. Schaue das Symbol so lange wie möglich an. Dann schließe die Augen. Die Farbe des Symbols beginnt, sich vor deinem inneren Auge in seine Komplementärfarbe (rot-grün, blau-orange, gelb-violett) zu verwandeln. Wenn dein gelbes Erdquadrat langsam violett erscheint, dann ist das Tor in das Reich der Erde geöffnet. Stelle dir vor, wie du im Geiste durch dieses Tor gehst. Schaue dir an, was dir begegnet, wie dein Weg aussieht, welche Bilder entstehen, nachdem du durch dieses Tor geschritten bist. Es kann dich auch ein Wesen am Tor abholen. Du wirst von selbst in die Begegnung mit dem Erdelement geführt. Nun gehst du auf eine Reise durch die Landschaft deiner Seele. Diese Reise kann zwischen fünf und dreißig Minuten dauern, je nachdem, wie lange du dir Zeit nimmst. Wenn deine Zeit um ist und das zuvor festgelegte Zeichen zur Rückkehr ertönt (siehe nachfolgend beschriebene Vorbereitungen), dann gehe wieder zu dem violetten Tor, und schreite hindurch. Sieh, wie es sich langsam schließt, indem es wieder gelb wird. Schreibe auf, was du gesehen und erlebt hast. Du kannst es auch mit jemandem besprechen. Lasse dieses Erlebnis ein bis zwei Tage oder länger wirken, bevor du noch einmal auf Reisen gehst. Manchmal arbeitet das Erlebnis mit dir über die Traumebene weiter, oder der Alltag bringt dir noch eine ergänzende Botschaft zu der gewonnenen Erkenntnis. Falls es eine unangenehme Reise war, so begib dich, nachdem du über das Erlebte nachgedacht und den gewonnenen Erkenntnissen noch einmal nachgespürt hast, in das besuchte Reich, und verändere das, was verändert werden soll, auf kreative Art und Weise. Du kannst dich dabei von einem Engel, einem Meister oder einem Naturwesen begleiten lassen. Sie können dir helfen, zwischen dir und dem Element eine harmonische Verbindung herzustellen, diese zu heilen oder dich in neue Bilder und für dich unbekannte Landschaften führen. Diese Veränderung hat ihre Zeit, ihren Raum, und es kann unter Umständen geschehen, dass du noch öfter in das Erdreich reist, so lange, bis du in einem positiven, harmonischen Verhältnis dazu stehst.

Vorbereitungen für Tattwa-Reisen

› Du kannst diese Reisen allein oder mit einem Menschen deines Vertrauens antreten.

› Eine Tattwa-Reise kannst du in einem Raum oder in der Natur machen. Wo auch immer, sorge für Ruhe und für eine Atmosphäre, in der du dich wohlfühlst und in der du ungestört arbeiten kannst.

› Schaffe dir eine passende Sitzgelegenheit, und mache es dir bequem, sodass du eine längere Zeit ruhig sitzen kannst. Du kannst dich auch hinlegen. Schau, welche Haltung für dich geeignet ist.

› Halte dich warm, indem du dich in eine Decke einwickelst, dickere Socken anziehst oder tust, was du sonst brauchst, um dich in einer angenehmen Temperatur zu halten. Stelle die selbstgebastelte Karte des Tattwas auf, zu dem du reisen möchtest.

› Die Tattwa-Reise sollte sich in einem Rahmen zwischen fünf und dreißig Minuten bewegen.

› Um die Zeit zu begrenzen, kannst du verschiedene Wege wählen:
  1. Du kannst eine ruhige Musik spielen mit einem markanten Schluss, bei dem du weißt, dass du wieder zurück zum Tor gehen musst.
  2. Du kannst dir einen Wecker stellen, der dich zurückholt.
  3. Du kannst mit einer Person deines Vertrauens arbeiten, welche die Trommel oder eine leise Rassel so lange wie vereinbart schlägt und dich nach der vereinbarten Zeit durch einen besonderen, zuvor festgelegten Rhythmus wieder zurückholt.

› Bevor du auf Reisen gehst, konzentriere dich auf das ausgewählte Element, und schau, was dir dazu einfällt. Vielleicht hast du eine spezielle Frage.

› Entspanne dich, indem du dich auf deine Atmung konzentrierst und deine Muskeln von den Füßen bis zum Scheitel bewusst lockerst.

› Übe mit der Symbolkarte. Betrachte sie eine Zeit lang, bis sich das Symbol auf deiner Netzhaut eingeprägt hat. Schließe die Augen, und warte, bis du das Symbol in der Komplementärfarbe siehst. Übe ein paarmal, bis es dir leichtfällt. Dann beginne die Reise.

› Lasse dir die Reise anschließend durch den Kopf gehen, indem du niederschreibst, was du erlebt hast, oder es jemandem erzählst.

› Jede Tattwa-Reise hat eine Botschaft für dich und hilft dir, bestimmte Dinge zu verstehen und dich auf deinem Lebensweg ein Stück weiterzutragen.

Kontaktaufnahme mit den Wesen der Natur

»Alles ist lebendig – Alles ist beseelt.
Wir können mit allem Lebendigen kommunizieren.«

Gehe in die Natur, und wähle einen Platz der dich besonders anzieht oder den du liebst. Schaue dich an diesem Platz um. Welche Pflanzen, Steine, Tiere bemerkst du an diesem

Ort? Lausche zuerst auf den Herzschlag – den Herzschlag in dir, in den Bäumen, in den Pflanzen. Vielleicht kannst du ihn fühlen und damit den Punkt der Verbundenheit zwischen dir und ihnen:

1. Schau dich erst einmal an dem Ort um.

2. Wähle einen Platz, an dem du ungestört in der Natur sein kannst. (Du kannst dich an einen Baum lehnen, oder dich frei so hinsetzten, wie es sich für dich gut anfühlt.)

3. Betrachte den Platz noch einmal.

4. Dehne dein Energiefeld aus, und fühle die Verbundenheit mit diesem Platz, indem du einfach die Absicht hast, dich mit einer höheren Ebene des Platzes zu verbinden. Spüre, wie sich dein Energiefeld immer mehr ausdehnt und du immer mehr mit dem Platz verschmilzt. Dann schließe deine Augen.

5. In deiner Vorstellung gibt es eine unsichtbare Wand zwischen dir und der Welt der Naturwesen. Sie kann als Nebelwand visualisiert werden. Gehe nun in deiner Vorstellung durch die Nebelwand in das Reich der Naturgeister. Was siehst du? Was empfindest du? Was empfängst du? Öffne dich für all die Impulse, die du bekommst. Wenn sie sich für dich unglaublich anhören, so bitte um ein Zeichen in der anderen Welt. Wir können jederzeit die Geistige Welt um ein Zeichen bitten, sie wird es uns senden.

6. Wenn du Wesen fühlst, siehst oder mit ihnen auf deine Weise in Kontakt bist, kannst auch du sie fragen, ob du etwas für sie tun kannst.

7. Wenn du bereit bist, kehrst du durch die Nebelwand wieder in diese Welt zurück und kommst wieder ganz in dir an.

8. Übe, aus den Augenwinkeln an die Ränder zu schauen. Dort können wir oft die Geister der Natur wahrnehmen. Auch in kleinen Lichtblitzen, Lichtreflexen und Ähnlichem.

Du kannst sie auch fragen, ob du ein Foto von ihnen machen darfst. Wenn du ihre Erlaubnis hast, zeigen sie sich auf Fotos.

Du kannst dir deine Impulse notieren oder vermerken. Wichtig ist, immer und immer wieder zu üben und den inneren Impulsen zu vertrauen. Mit der Zeit wird sich eine Gewissheit einstellen und die Zeichen werden deutlicher und sichtbarer.

Devarajahs

ERHÖHUNG, GLEICHGEWICHT, STRAHLENKRAFT

Licht pulsiert in mächtigen Kreisen
durch die ganzen Schöpfungsreisen.
Devarajahs aus dem Kosmos durchströmen die
tragenden Elemente mit ihrer Kraft,
welche das Leben verbindet und es erschafft.
Thor und Aries hüten die Kräfte der Luft in höchster Form,
sie geben der Sendung die göttliche Norm.
Im Wasser Neptun und Lunara walten,
geben dem Fühlen Form, Halt und Gestalten.
Im Erdreich Pelleur und Virgo zusammen werken,
Gesetz und Dichte sie in sich bergen.
Im Feuerreich hüten Helios und Vesta das göttliche Feuer,
es zu missbrauchen zahlt sich nicht aus, wird schmerzhaft teuer.
Im Äther Akasha und Devos dem kosmischen Licht die Wege weisen,
von hier geht das Licht auf göttliche Reisen.
Devarajahs, mächtige Himmelswesen, sie lenken,
sie hüten, sie schützen und senden,
die mächtigen Fünf, erkenne sie nur,
sie durchdringen auch deine Natur.

Hintergrund

Im Ätherreich über der höchsten Bergspitze Australiens, des Berges Kosciusko im südlichen Teil von Neusüdwales, befindet sich einer der bedeutendsten und ältesten Lichtbrennpunkte dieser Erde, der mit vielen anderen Lichtbrennpunkten rund um den Erdball in Verbindung steht. Es ist das strahlende Zentrum der Devarajahs, der göttlichen strahlenden Engelkönige, durch die das gesamte kosmische Farbenspektrum der Schöpfung pulsiert. Da die Jahreszeiten wechseln und die Devas den bestimmten Zeiten und deren Wechsel dienen, ist das Farbenspiel der verschiedenen Wirkungsbereiche großartig. Dieser Lichtbrennpunkt wird der Brennpunkt der Devastärke und Ausgeglichenheit genannt und besteht aus den fünf Wirkungsbereichen der fünf Elemente. Die Räume sind von gleicher Größe und bilden zusammen eine Kreisfläche. Im Zentrum befindet sich der Ätherbrennpunkt, in dem die dreifältige Flamme brennt, die aus dem physischen Herz des Berges Kosciusko hervorbricht. Die dreifältige Flamme vibriert in den Farben Rosa, Gold und Blau, die für die Liebe, die Weisheit und den Willen stehen. Lemuel ist der Meister des Ätherreiches. Er arbeitet mit den Devarajahs, Naturdevas und Hütern der Elemente daran, das Gleichgewicht und den Ausgleich der göttlichen Naturwelten wiederherzustellen.

Die Devarajahs sind strahlende, mächtige Engelwesen, die auch Engel der fünf Richtungen genannt werden. Sie führen die Aufsicht über die Jahreszeiten im jährlichen Wechsel und sind ununterbrochen im Dienst für die fünf Elemente. Sie arbeiten mit den Hütern der Elemente Helios und Vesta (Feuer-/Lichtelement), Thor und Aries (Luftelement), Neptun und Lunara (Wasserelement) sowie Pelleur und Virgo (Erdelement) zusammen und stammen aus dem Ätherreich, das Akasha und Devos hüten. Sie überwachen die Tätigkeit der Elemente, der Devas und der Engel der Natur, die ihnen unterstehen.

Im Einklang mit den göttlichen Gesetzen wirkend, ist es den Devarajahs nicht immer gestattet, Katastrophen zu verhüten, gestörte Wetterverhältnisse aufzuheben und Schäden in der Natur zu beheben, welche z. B. durch Atomversuche, FCKW, Ölkatastrophen, Kahlschlag in Gebirgen etc. vom Menschen durch den vorsätzlich zerstörerischen Gebrauch des freien Willens verursacht wurden. Sie können jedoch ungewöhnliche Wetterverhältnisse mildern, manchmal Naturkatastrophen abschwächen und, wenn es das kosmische Gesetz vorsieht, Menschen vor diesen warnen und schützen, wenn sie angerufen werden. Was auch immer sie tun oder nicht tun, sie handeln immer im Sinne des göttlichen Plans. Schüler des Lichtes, die diese Stätte im Ätherbrennpunkt besuchen, erhalten Unterweisungen über die Kräfte der Natur, die Kräfte der Elemente, und das Wirken dieser Kräfte im Inneren des Menschen. Denn auch wir bestehen aus Äther, Luft, Wasser, Erde und Feuer. Im Herzen des Göttlichen gibt es keine Trennung. Was an einer Stelle auf ein Element einwirkt, zeigt seine Auswirkungen auch in allen anderen Elementen.

Allgemeine Bedeutung

Erreicht dich Licht aus dem Brennpunkt der Devastärke sowie Ausgeglichenheit, so geht es in erster Linie darum, die Kräfte in dir wieder ins Gleichgewicht zu bringen. Du bist auch aus den fünf Elementen gemacht. Die göttliche Natur ist auch in dir enthalten. In vielen von uns schlummert sie. Wir haben Mauern zwischen uns und den Kräften des Himmels und unserer Seele gezogen. Doch diese Kräfte sind nicht vergänglich. In dir wartet die göttliche Kraft, die Christuskraft, die Buddhanatur, darauf, sich zu entfalten.

Die Welt ist ein Spiegel unserer Seele. Vieles geschieht aus Unwissenheit und in unbewussten Handlungen. Wenn die Devarajahs dich berühren, so rufen sie dich auf, dich deiner höheren Natur zu öffnen, mitzuhelfen am großen Plan, sodass die fünf Elemente in Harmonie und ins Gleichgewicht kommen. Dein Bewusstsein ist gefragt. Was tust du, um die Kräfte in dir auszubalancieren? Was ist mit deiner Erde, deiner Materie, deinem Körper? Was ist mit deinem Wasser, deinem Gefühl, deinen Beziehungen? Was ist mit deiner Luft, deinem Verstand, deiner Gedankenkraft? Was ist mit deinem Feuer, deiner Energie, deiner Tat- und Schaffenskraft? Was ist mit deinem Äther, deinem Glauben, deinen Idealen, deiner höheren Natur? Wo liegen deine Schwerpunkte? Welche Elemente sind in dir unterversorgt, welche sind überbeansprucht? Wie sieht dein Alltag aus? Wovon ernährst du dich? Wo achtest du auf deine Gesundheit und wo nicht? Wo handelst du bewusst, wo nicht? Was sind deine Glaubenssätze und Überzeugungen? Stammen sie aus der menschlichen oder aus der göttlichen Natur? Wie gehst du mit der Natur um? Wie gehst du mit deinen Mitmenschen um? Was ist der Schwerpunkt in deinem Leben? Die Devarajahs wirken in der Balance und Harmonie der Fünf. Öffne dich ihnen, und beschäftige dich mit der Fünf in dir.

Die Botschaft der Devarajahs lautet: Die Elementarwelt wird sich nach dir richten, wenn du im Sinne deines göttlichen Selbst handelst. Wenn das Göttliche sich durch dich offenbart, wird das, was du ausstrahlst, gespiegelt.

Ritual ~ Reise zum Tempel der Devarajahs ~

Nimm dir Raum und Zeit. Rufe ein Wesen der höchsten Sphären (einen Engel, einen Pegasus, ein weißes Tier, ein Naturwesen). Bitte es, dich zur Lichtstätte von Meister Lemuel zu tragen, zum Tempel der Devarajahs. Stelle dir vor, wie du nach einer Reise in Lichtgeschwindigkeit im Tempel ankommst. Du betrittst einen Raum. Verneige dich. Ein Engel führt dich in einen Kreis. In der Mitte befindet sich ein violettes Ei. Im Osten siehst du einen blauen Kreis, im Süden ein rotes Dreieck, im Westen einen silbernen Mond und im Norden ein gelbes Quadrat. Du wirst in eine der Richtungen geführt. Wenn du bei dem dortigen Symbol angekommen bist, so öffnet sich dir darin ein Tor, und du trittst ein. Ein mächtiges Engelwesen, der Leiter des Elementes, steht vor dir. In seinem Licht empfängst du eine Botschaft. Bedanke dich. Du wirst wieder zurückgeführt. Dein Wesen trägt dich zurück in den Raum, von dem aus du deine Reise begonnen hast. Die Botschaften, die du im Lichttempel erhältst, sind oftmals von so hoher Qualität und gebündelter Energie, dass sie sich dann erst sanft und langsam über einen langen Zeitraum entfalten müssen, um richtig verstanden werden zu können.

Akasha & Devos

LICHTENERGIE, ERLEUCHTUNG, AUFSTIEG

Aus diesem Reich hernieder strömen Klang,
Gesang, Licht und Formen
in und aus der mächtigen Ewigkeit,
welche jenseits ist von Raum und Zeit.
Licht schwingt in jeder Zelle, in jedem Atom, es ist der göttliche Lebensstrom.
Alles kommt aus ihm und kehrt zu ihm zurück,
von hier wirkt das ewige Lebensglück.
Erkenne das Reich der Herrlichkeit,
hier wirken Engel, Naturwesen,
Meister im leuchtenden Farbenkleid.
Helfen die Energie zu halten, sie zu lenken und zu walten.
Keiner kann sich diesem Licht entzieh'n,
auch niedrige Formen schwingen in ihm.
Alles, was war, alles, was ist, und alles, was sein wird,
wird hier gewandelt und gewogen und spiralförmig zurückgezogen.
So, Wanderer, mach dich bereit, schwinge dich ein auf die neue Zeit.
Erkenne das wahre Wesen nun,
dann wird auch in dir der tiefe Frieden ruh'n.

Hintergrund

Akasha und Devos sind mächtige Lichtintelligenzen. Sie sind die Hüter des Ätherreiches und damit des Elementes, das alle anderen durchdringt. Äther ist das göttliche Licht, das durch alles strömt. Es ist die feine Substanz, aus der sich alles aufbaut, und neben Luft, Wasser, Erde, Feuer gibt es noch ätherische Luft, ätherisches Wasser, ätherische Erde und ätherisches Feuer. Die ätherischen Formen der Elemente bieten die Blaupausen, die Urmatrix, nach denen die stofflichen Entsprechungen angelegt sind.

Ursprünglich war die Welt rein ätherisch. Durch den Fall der Menschheit aus der Einheit mit dem Göttlichen verdichtete und veränderte sie ihre Schwingung immer mehr. So entstanden viele Ebenen und Dimensionen des Seins. Der unvollkommene Abdruck der vollkommenen Lichtreiche, die auf höheren Ebenen nach wie vor existieren, sind die astralen Welten. Weitere Abdrucke der Lichtwelten sind die stoffliche, sichtbare Welt, die Geisteswelten, die Emotionalwelten, die Elementarwelten u.v.m. Im Äther gibt es viele Ebenen und Dimensionen in den unterschiedlichsten Schwingungs- und Energiebereichen. Wir Menschen sind durch unseren Geist fähig, sowohl die höchsten Stufen und Ebenen zu erreichen als auch in den niedrigsten Ebenen und Welten herumzuirren. Menschen, die die höchste Stufe der Entfaltung auf der Erde erreicht haben, wirken mit Engeln, Natur- und Elementarwesen als Meister und Meisterinnen aus den Lichtreichen der anderen Dimensionen zusammen.

Im Ätherreich sind die mächtigen Engelwesen zu Hause. Sie hüten diese Reiche und senden immer wieder das vollkommene, reine Licht der göttlichen Quelle auf die Erde, um es hier nach und nach im ewigen Zeitenlauf zu seinem Schöpfer zurückzuführen. Im Äther relativieren sich Zeit und Raum. Sie verlieren ihr Maß, und eine Minute kann ein ganzes Zeitalter, eine Ewigkeit dauern. Die Lichtwelt folgt anderen Gesetzen als die Welt der Materie. In dieser Welt nehmen die Elementar-, Natur- und Engelwesen ihre sichtbare Form an. Menschen, die ihre Sinne so weit verfeinert haben, können diese Ebene sehen und die Tätigkeiten der Elementar-, Natur- und Engelwesen beobachten, diese Wesen fühlen und hören. Sie können die unsichtbare Energie der sichtbaren Formen hinter allem Lebendigen sehen und wahrnehmen, welche Kräfte tatsächlich am Walten sind. Für den Menschen, der seine Sinne nicht ausgebildet hat, bleiben diese Wesen unsichtbar.

In der ätherischen Welt sind Licht, Klang, Farbe und Form, die in einer bestimmten Schwingung und Geschwindigkeit existieren, zu Hause. Alles, was seit der Schöpfung geschehen ist, jede Sekunde von allem Leben ist im Licht des Äthers aufgezeichnet. Durch diese exakte Aufzeichnung werden die mächtigen Energieströme im Äther gelenkt. Der unvollkommene Mensch erlebt diese Energie als Schicksal, obwohl sie genau mit dem übereinstimmt, was er selbst, in diesem oder einem anderen Leben, erzeugt und erzeugte. Wir können selbst eine Quelle des Lichtes sein oder anderen das Licht absaugen, weil wir nicht gelernt haben, uns an den nie versiegenden Hauptstrom der göttlichen Quelle anzuschließen. Außerdem sind wir fähig, das göttliche, missbrauchte Licht in uns durch das violette Feuer zu reinigen, indem wir vergeben und es umwandeln.

Auf diese Weise können wir nach und nach die Frequenz unseres inneren Lichtes erhöhen und zu unserer ursprünglichen und sehr hoch schwingenden Form in die lichten Reiche zurückkehren. Die Einweihung in die Ätherwelt ist der Aufstieg, die Auferstehung, die Erleuchtung. Es ist die höchste Stufe, die ein Mensch erreichen kann. Für den Uneingeweihten gibt es Licht und Schatten, für den Eingeweihten ist alles Licht.

Allgemeine Bedeutung

Erreicht dich der Ruf der mächtigen Lichtintelligenzen, so ist es Zeit, dich mit deiner Energie zu beschäftigen, mit deiner Ausstrahlung, mit dem, was du aussendest, mit den Farben deines Seelenkleides. Im Reich der Ätherwelten ist alles zu Hause, was ist. Es erfasst sowohl das kollektive Unbewusste, das, was uns Menschen an inneren Bildern gemeinsam ist, als auch das Unbenennbare, von dem Eingeweihte, Erleuchtete und Mystiker nur in vagen Worten Auskunft geben können.

Dieses Reich durchdringt alles, was war, was ist und was sein wird. Hier liegt der Ursprung jeder Form und jeder Schwingung von Energie. Im Ätherreich kannst du etwas über deine Seelenfarbe, deine Energie, deine Vergangenheit, die alle bisherigen Inkarnationen umfasst, deine Gegenwart und deine Zukunft erfahren. Hier kannst du erkennen, was in deiner Seele gespeichert ist. Dieses Reich schafft die Verbindungen mit jeder Energie. Dazu gehören verstorbene Seelen ebenso wie Engel, Elementarwesen, Naturwesen, Meister, astrale Gestalten und Geister – alles von sehr niedrig schwingenden Formen bis zu sehr hohen Lichtintelligenzen. Das ätherische Licht ist die Energie, die durch und hinter der sichtbaren Form schwingt.

Das Tor in das Ätherreich ist das Tor in den lichten mystischen, seelischen und geistigen Bereich. Hier ist alles möglich und die Energie unbegrenzt. Es liegt an dir, wie weit du die Grenzen deiner Möglichkeiten öffnen möchtest, um immer tiefer in diese Welt einzudringen. Hier wartet dein »zweites Gesicht« darauf, sich durch dich zu entwickeln. Was sind deine Überzeugungen? Was sind deine Muster? Glaubst du an die unbegrenzten Möglichkeiten? Wo sind deine Grenzen? Die Botschaft von Akasha und Devos lautet: Alles schwingt. Nichts ist fest, es schwingt dichter oder feiner. Licht ist wandelbare Energie.

Ritual ~ Reise in die Welt des Äthers ~

Wenn du mit den Wesen des Äthers in Kontakt treten möchtest, kannst du das Äther-Tattwa als Tor benutzen. Es ist das Tor zu allem, was mit dem Ätherreich zu tun hat. Als Vorbereitung beschäftige dich mit Lichtenergie, Farbe und Klang. Schaue, welche Farben du magst, welche Farben dir guttun. Achte darauf, was du ausstrahlst, was dich von anderen erreicht … Es gibt viele kreative Möglichkeiten, der Lichtenergie zu begegnen.

Das Äther-Tattwa
Tattwa-Symbol: Violettes Ei
Verwandlungsfarbe: Bernsteingelb
Stichwörter: Licht, Farbe, Klang, Intensität, Geist, Erfahrung, transpersonale
                              Archetypen, Freiheit, Vorstellungen, Ideen, Ideale, Urmuster,
                              Matrix, Weisheit, Wahrheit

Bevor du dich auf die Reise in das Element Äther begibst, beachte die allgemeinen Hinweise in dem Kapitel »Einführung in die Tattwa-Reisen«. Konzentriere
dich eine Zeit lang auf dein violettes Ei. Verwende hierzu das Bild »Akasha & Devos« aus diesem Buch oder ein von dir selbst angefertigtes Bild.
Wenn du das Symbol einige Zeit fixiert hast, schließe deine Augen. Erhalte
in deiner Vorstellung das Bild des violetten Eis aufrecht. Wenn sich seine Farbe in
Bernsteingelb verwandelt hat, ist das Tor zum Äther-Tattwa geöffnet.

Schreite durch dieses Tor. Vielleicht holt dich ein Wesen ab, das dich führen wird. Alles,
was dir auf deiner Reise durch das Äther-Tattwa begegnet, ist für dich bestimmt. Nimm
es an. Du bekommst dadurch etwas gezeigt. Es wird nur das auf dich zukommen, was du
bereit bist, zu sehen, und was deiner Kraft entspricht. Vertraue darauf. Wenn die Zeit um
ist, die du zuvor für deine Reise festgelegt hast, und der Rückruf ertönt, begib dich zurück
zum Tor. Schreite hindurch, und sieh, wie es sich hinter dir schließt, indem es seine ursprüngliche violette Farbe wieder annimmt.

Thor & Aries

ZERSTÜCKELUNG, KLARE UNTERSCHEIDUNG, VERSENKUNG

Thor und Aries, ihr mächtigen Hüter der vier Winde,
der Kälte, der Wärme, der Feuchtigkeit, der Trockenheit,
des Sturms, des Unwetters, der Erfrischung, der Kühlung,
der Atmosphäre, der Wolken, der Luft in allen Formen und Gestalten.
Ihr mächtigen Hüter des Luftreiches, ihr, die ihr den Lebensatem hütet,
der die Verbindung zwischen den Reichen jenseits von Raum und Zeit schafft,
der durch den Austausch Licht, Erneuerung, Leben in jede Zelle der Schöpfung trägt.
Leitet uns an, das Licht in uns, durch den Atem
zu entfachen, zu halten und zu bewahren.
Lasst uns den Diamanten unseres Bewusstseins, unseres Geistes,
durch die Kraft der Atmung so lange schleifen,
bis sich der Regenbogen des Lichtes in allen Facetten durch uns widerspiegelt.
Verleiht uns im Gebrauch des Geistes das Schwert der klaren Unterscheidung.

Hintergrund

Thor und Aries sind die Hüter des Luftelementes. Luft ist eine heilige Kraft. Die Luft diente ursprünglich dem kraftvollen Austausch von Energien – als geistiger Informationsträger, als Spannkraft ewiger Jugend und Schönheit, als Verbindung und ständiger Austausch des Lebens mit dem Leben. Sie war die feinstoffliche Nahrung, die alles Leben bis in das kleinste Atom ausreichend versorgte. Einst wussten die Menschen, sich mit den Wesen der Luft zu verständigen, um einen fruchtbaren Austausch mit ihnen zu pflegen. Mithilfe der Luftwesen konnten alle Lebensströme lichtvoll, segenbringend und heilend gelenkt und zum Wohle aller eingesetzt werden.

Doch die Energie begann, sich durch den Fall der Menschheit zu verdichten und zu verdunkeln. Die Luft ist Träger vieler geistiger Kräfte, die vom Durchschnittsmenschen seitdem aber nicht mehr angewendet und genutzt werden. Er atmet oft unbewusst ein und aus, meist hastig, kurz und oberflächlich. Der Atem hilft ihm zwar, den stofflichen Körper zu beleben, jedoch unterstützt ihn der Atem nicht mehr, den geistigen, geschweige denn den Lichtkörper aufzubauen und mit Energie zu versorgen. Ein Mensch kann bis zu vierzig Tage ohne Essen, bis zu zwölf Tage ohne Wasser, aber nur ca. drei Minuten ohne Luft überleben. Ausgenommen davon die Eingeweihten, die die Kunst des Atemanhaltens und des Aufnehmens von Licht über den Körper mit ihren Geisteskräften beherrschen. Das wahre Wissen um diese Kraft ist verloren gegangen.

Die Elementarwesen der Luft reinigen und klären die Atmosphäre und den Geist. Menschen, die die klare Luft tief, rhythmisch und bewusst ein- und ausatmen, erfahren augenblicklich einen reinigenden Energieaustausch und können wieder klar denken und handeln. Sie erhalten neue Inspirationen. Durch die Umweltverschmutzung und die vielen negativen Informationen in der Luft sind die Luftwesen oft geschwächt, verzerrt und entstellt. Sie orientieren sich am Menschen und tragen die empfangenen Gedanken und Gefühle weiter, die dieser beständig aussendet.

Wir sind ein Teil der Luftenergie, und sie ist ein Teil von uns. Luft steht in Verbindung mit unserer geistigen Ebene. Kollektive, allen Menschen gemeinsame Gedankenströme können sich durch das Gesetz von Ursache und Wirkung im Kleinen wie auch im Großen atmosphärisch auswirken, also z. B. auf das Wetter, auf die Umgebung, auf das Umfeld. Unsere Gedanken bilden dunkle oder helle Felder, je nachdem, mit welcher Kraft wir sie geladen haben.

Die Einweihung in das Element Luft ist die rituelle Zerstückelung. Die Materie wird auf der geistigen Ebene zerstückelt, gereinigt und wieder neu zusammengesetzt. Nach dieser Einweihung war der Mensch mit den Gaben des geistigen Reiches gesegnet. Der Uneingeweihte urteilt, wertet, trennt, spaltet, schafft Abgründe. Der Eingeweihte verbindet, wertet nicht und urteilt nicht und fügt zusammen. Er kennt die Kraft und Macht der Gedanken, der Stille und der Einheit.

Allgemeine Bedeutung

Erreicht dich der Lebensatem von Thor und Aries, den mächtigen Hütern des Luftreiches, so möchten sie dich an die ursprüngliche Kraft der Luft erinnern. Luft ist nicht nur der Lebensatem, der alle körperlichen Prozesse in Gang hält, Luft ist auch die Nahrung des Geistes. Luft ist Austausch, Information, Kommunikation, Erneuerung, Reinigung, Klärung, Inspiration u.v.m. Der Atem ist der Kontakt zur Außenwelt, der an erster Stelle steht. Luft steht in Verbindung mit den Metallwelten, den Welten des Verstandes und des Denkens. Sie ist die erste Manifestationsstufe, der erste Schritt zur Gestaltwerdung der Idee und der ideellen Vorstellungen der Äther- oder Lichtwelt, der kreativen Eingaben.

In den letzten Jahren rückte das Wissen wieder in unser Bewusstsein, dass wir mit unserem Denken die Welt um uns herum erschaffen: Denken wir negativ und erzeugen wir negative Gefühle, erschaffen wir uns eine Welt, in der uns die Negativität ständig begleitet. Und umgekehrt. »Denke positiv« oder »Du bist, was du denkst« sind zwei der Mottos der neuen Zeit. Wie nutzt du deine Gedankenkraft?

Je mehr der Verstand wieder lernt, dem Geist, dem Licht der Weisheit zu dienen, desto mehr kann der Mensch sich in höhere Welten erheben und neue Impulse, »Denkanstöße« in die Welt geben, die zum Wandel beitragen. Luft leitet die Lichtströme und gibt ihnen eine Richtung. Der erzeugte Gedanke ist eine kreative Macht, die oft unterschätzt wird. Ein Gedanke löst sich nicht in Luft auf, sondern wird durch sie belebt. Die Wesen der Luft helfen uns, ins Gleichgewicht mit ihrem Element zu kommen.

Die Botschaft von Thor und Aries lautet: Wenn ihr eure Gedanken und Gefühle rein haltet, haltet ihr eure Umgebung und euer Umfeld rein. Auch tragt ihr im größeren Umfang mit dazu bei, dass die kollektiven Kräfte sich verändern und plötzliche Quantensprünge möglich sind. Denkt Licht, und es wird Licht. Übernehmt die Verantwortung für die Luft und die Macht der Gedanken. Bedenkt die Macht der Worte. Die Wesen der Luft dienen euch.

Ritual ~ Reise in die Welt der Luft ~

Das Luft-Tattwa ist ein Tor, das dich zu allem führt, was mit dem Element Luft zu tun hat. Wenn du dorthin reist, kannst du zu den Wesen der Luft und zu hohen Bereichen Verbindung aufnehmen. Beschäftige dich zur Vorbereitung mit der Kraft der Luft. Atme bewusst und tief. Beschäftige dich z. B. mit der Macht der Gedanken, die dem Element Luft zugeordnet sind, oder mit Atemtechniken. Hierzu ein Beispiel:
Atme 5 bis 10 Minuten am Tag bewusst und tief ein und aus. Konzentriere dich nur auf die Atmung. Schließe deine Augen, und spüre, wie mit jedem Ein- und Ausatmen die Luft ganz mühelos in deine Lunge fließt und wieder ausströmt. Richte deine Aufmerksamkeit auf die Räume in deinem Körper: den Brust-Lungenraum, den Bauchraum …
Lerne, die kühle Luft zu wecken. Sie hilft dir in der Hitze der Emotionen.

Das Luft-Tattwa
Tattwa-Symbol: Blauer Kreis
Verwandlungsfarbe: Orange
Stichwörter: Verstand, Geisteskraft, Intellekt, Informationsfluss, Kontakte,
                             Austausch, Kommunikation, Verbreitung, Verbindung,
                             Unterscheidungsvermögen, Sprache, Ausdruck

Bevor du dich auf die Reise in das Element Luft begibst, beachte die allgemeinen Hinweise in dem Kapitel »Einführung in die Tattwa-Reisen«. Konzentriere dich eine ganze Zeit lang auf den blauen Kreis, verwende dazu das Bild »Thor & Aries« aus diesem Buch oder ein selbst angefertigtes Bild. Wenn du das Symbol einige Zeit fixiert hast, schließe deine Augen. Erhalte in deiner Vorstellung das Bild des blauen Kreises aufrecht. Wenn es seine Farbe in Orange verwandelt hat, ist das Tor zum Luft-Tattwa geöffnet.
Schreite durch dieses Tor. Vielleicht holt dich ein Wesen ab, das dich führen wir. Alles, was dir auf deiner Reise durch das Luft-Tattwa begegnet, ist für dich bestimmt. Nimm es an. Du bekommst dadurch etwas gezeigt. Es wird nur das auf dich zukommen, was du bereit bist, zu sehen, und was deiner Kraft entspricht. Vertraue darauf. Wenn die Zeit um ist, die du zuvor für deine Reise festgelegt hast, und der Rückruf ertönt, begib dich zurück zum Tor. Schreite hindurch, und sieh, wie es sich hinter dir schließt, indem es seine ursprüngliche violette Farbe wieder annimmt.

Neptun & Lunara

REINIGUNG, HEILUNG, TAUFE

Unendliche Zeitlosigkeit, Herzblut der Natur,
verdunstest in Billionen von Blättern und Pflanzen.
Als Nebel schwebst du über schneebedeckte Gipfel.
In unendlichen Wolkenformen durchziehst du den Raum der Unendlichkeit.
Du bist in allen Quellen, Teichen, Tümpeln, Flüssen, Seen und Meeren.
Du fließt in wilder Herrlichkeit, du bist reißend, tosend, schäumend,
doch auch in ruhiger, friedlicher Stille, lieblich plätschernd, erfrischend sprudelnd.
Unendliche Tiefen verbergen sich in dir.
Wenn du gefrierst, verwandelst du dich in Eis und Schnee,
du verzauberst die Landschaft immer wieder neu
im Rhythmus der Gezeiten. Du trägst alles Leben in dir,
du köstliches heilendes Lebenselixier,
bewegst dich in der ewigen Einheit des mystischen Seins.
Ohne dich wäre alles nicht.

Hintergrund

Neptun und Lunara sind göttliche Intelligenzen, die über das Wasserreich wachen und es behüten. Neptun ist der römische Gott der Quellen und des Wassers, nach ihm ist der Planet Neptun benannt. Er ist der Hüter und Beschützer des Wasserreiches. Lunara ist die Göttin des Mondes, die in vielen großen Göttinnen wie z. B. in Isis, Ishtar oder Demeter geehrt wurde. Sie bestimmt die Gezeiten, die magnetischen Kräfte und Strömungen und übt großen Einfluss auf die Wasserwelten in allem Lebendigen aus.

Das Wasser wurde den Menschen zur Freude geschenkt. Es leitet die magnetischen und elektrischen Ströme und bedeckt den größten Teil unseres Planeten. Es bringt Erfrischung, Belebung, Heilung und Erleichterung. Es versorgt die Natur mit seiner Kraft und schafft fruchtbaren Boden, in dem alles gedeihen kann. Durch den Fall aus der Einheit mit dem Göttlichen ist dem Menschen die Aufgabe zugefallen, das Wasser und seine Wesen zu hüten und zu achten. Ihm ist zugedacht, es im höheren Sinne zu verwenden, z. B. zur Reinigung, zur Belebung, zur Heilung, zur Weihung, zur Segnung und zur Einweihung in andere Welten. Doch durch dunkle Kräfte wurden die Gewässer teilweise verschmutzt. Dort, wo sich tote Gewässer befinden, haben sich die Elementarwesen des Wassers zurückgezogen, verunreinigte werden von ihnen gemieden.

Die Wasserwesen beleben das Wasserelement und geben ihm seine positive Spannung. Die Oberfläche der Erde und unsere Körper bestehen zum größten Teil aus Wasser. Dieses Element ist ein Teil von uns, und wir sind ein Teil vom ihm. Es steht in Verbindung mit unseren Gefühlen, mit unserer Seele und mit unserem Blut. Wasser schenkt unserem Emotionalkörper die Fähigkeit des Fühlens, des Mitfühlens, des tiefen Empfindens. Im Wasser finden wir einen Spiegel unserer Seele. In Träumen zeigen uns Bilder unsere emotionalen Zustände, und das Wasser verbindet uns mit den astralen Reichen, den Zimmern unserer Seele, die den Widerschein des göttlichen Lichtes zurückwerfen. Wir können am äußeren Trugbild hängenbleiben oder hinter den Spiegel in die Tiefen unserer Seele schauen.

Wasser ist eng verbunden mit dem Mond, der durch die Gezeiten den Rhythmus auf der Erde vorgibt. Für alles gibt es eine Zeit. Die Einweihung in das Element Wasser ist die Taufe. Sie gab es schon lange vor der Christianisierung. Hierbei wird ein Mensch ein zweites Mal geboren und kann eine neue Ebene in sich entfalten, das Christuslicht, die spirituelle Ebene, die Buddha-Natur. Für den Uneingeweihten trennt das Wasser zwei Welten, für den Eingeweihten verbindet es sie miteinander. Es verbindet das eine mit dem anderen Ufer.

Allgemeine Bedeutung

Neptun und Lunara verbinden dich mit dem Wasser, und das Wasserreich verbindet dich mit dem Gefühlsleben. In diesem Reich sind die Emotionen, die Intuition und die unterschwelligen feinstofflichen Wahrnehmungen des Instinktes zu Hause. Die Wasserkraft ist die Kraft des Gefühls. Gefühle haben verschiedene Gesichter. Je tiefer wir ihnen auf den Grund gehen, desto klarer und reiner ist unsere Wahrnehmung, desto besser erkennen wir die Schönheit der Seele. Wenn wir jedoch am Spiegelbild der äußeren Erscheinungen kleben bleiben, geben wir der Eitelkeit, dem Streben nach einem »idealen« Aussehen und Mangelempfindungen in uns mehr Raum. Die Wasserenergie lehrt dich, tiefer zu gehen. Sie unterweist dich darin, Gefühle nicht zu meiden, sondern zu schauen, woher sie kommen und was ihre Ursache ist, und sie gegebenenfalls zu kontrollieren und zum Positiven zu wandeln. Gefühle von anderen Wesen strahlen aus deiner Umgebung zu dir und von dir in deine Umgebung. Menschen mit einem sonnigen, humorvollen, liebevollen Gemüt ziehen das Leben an, weil sie wie eine erfrischende Quelle sind. Menschen, die dunkle, depressive, negative Gefühle hegen und nähren, sind wie moorige Landschaften, die man lieber nicht so oft aufsucht. Wie ist dein Gefühlsleben? Nährst du deine Umgebung mit dem heilenden Wasser? Bist du eher eine sprudelnde Quelle, ein fröhlicher Fluss, ein stiller, klarer Bergsee, ein unendliches Meer, ein Sumpf, ein giftiger Tümpel oder eine ausgetrocknete Landschaft? Beschäftige dich mit deinen Gefühlen. Lege die unendliche sprudelnde erfrischende Quelle in dir wieder frei. Achte eine Zeit lang auf deine Gefühle, besonders auf die, die Themen wie Partnerschaft und Beziehungen betreffen. Hier ist das Urvertrauen zu Hause, die fließende Kraft des Lebens, das Vertrauen in die eigene Wahrnehmung. Folge der Intuition, die dich auf deinen Wegen leitet. Hier kannst du lernen, wieder deiner Wahrnehmung und inneren Eingebung zu vertrauen und auf sie zu hören.

Die Botschaft von Neptun und Lunara lautet: Das Wasser ist das Lebenselixier. Lernt, eure Gefühle zu kontrollieren, eure inneren Gewässer rein zu halten, um das Gleichgewicht zu bewahren. So könnt ihr ein Kanal sein, durch den die Kräfte höherer Welten fließen. Das Wasser ist der Freund der Menschen. Ist der Mensch auch der Freund des Wassers? Kontrolliert eure Gedanken und Gefühle sehr genau. Öffnet euch nicht negativen, sondern positiven und harmonischen Einflüssen.

Ritual ~ Reise in die Welt des Wassers ~

Wenn du mit den Wesen des Wassers in Kontakt treten möchtest, kannst du das Wasser-Tattwa als Tor benutzen, um dem Wasserwesen zu begegnen, das du treffen möchtest. Es ist das Tor zu allem, was mit dem Wasser zu tun hat. Beschäftige dich zur Vorbereitung mit dem Element Wasser. Gehe an Flussufern spazieren. Meditiere an Gewässern, reinige dich mit dem Wasser. Spüre das Fließen in deinem Körper. Vertraue eine Zeit lang deiner inneren Wahrnehmung und deinen Gefühlen. Achte auf deine Träume. Sie stehen in enger Verbindung mit dem Wasser. Folge ihnen. Erkenne, was dich davon abhält, deiner Herzenskraft zu folgen. Es gibt viele kreative Möglichkeiten, sich mit dem Element Wasser zu beschäftigen.

Das Wasser-Tattwa	
Tattwa-Symbol:	Silberfarbene Mondsichel
Verwandlungsfarbe:	Grau
Stichwörter:	Gefühle, Emotionalität, Intuition, Sensibilität, Empfindsamkeit, Tiefe, das Fließende, Weichheit, Reinheit, Klarheit, Weiblichkeit, Urvertrauen, Wahrnehmung

Bevor du dich auf die Reise in das Element Wasser begibst, beachte die allgemeinen Hinweise in dem Kapitel »Einführung in die Tattwa-Reisen«. Konzentriere dich eine Zeit lang auf deine silberne Mondsichel, verwende dazu das Bild »Neptun & Lunara« aus diesem Buch oder ein selbst angefertigtes Bild. Wenn du das Symbol einige Zeit fixiert hast, schließe deine Augen. Erhalte in deiner Vorstellung das Bild der silbernen Mondsichel aufrecht. Wenn sie sich in eine graue Mondsichel verwandelt hat, ist das Tor zum Wasser-Tattwa geöffnet.

Schreite durch dieses Tor. Vielleicht holt dich ein Wesen ab, das dich führen wird. Alles, was dir auf deiner Reise durch das Wasser-Tattwa begegnet, ist für dich bestimmt. Nimm es an. Du bekommst damit deine Verbindung zum Wasser gezeigt. Wenn die Zeit um ist, die du zuvor für deine Reise festgelegt hast, und der Rückruf ertönt, begib dich zurück zum Tor. Schreite hindurch, und sieh, wie es sich hinter dir schließt, indem es seine ursprüngliche violette Farbe wieder annimmt.

Virgo & Pelleur

VERANTWORTUNG, FESTIGKEIT, LEBEN UND TOD

Erde ist das, was trägt, Erde ist das, was hegt.
Erde ist eine heilige Kraft, die den sichtbaren Abdruck schafft.
Sie ist das, was formt, sie ist das, was normt.
Die Erde das Leben gebiert, es aus Erde erwächst, in Erde stirbt.
Viel kommt aus ihr, kehrt zu ihr zurück, im ewigen Kreislauf in ein weiteres Glück.
In neuer Form, in anderer Gestalt offenbart sich die Kraft, die aus der Ewigkeit hallt.
In Menge und Maß, in Raum und Zeit, in Begrenzung und Wandlung
zeigt sie dem Licht das Erdengesicht.
Viel Leben sie bietet, ein wunderbares Heim, die Erde, sie ist liebevoll in ihrem Sein.
Versorgt mit allem, was sie so brauchen, ihre Kinder in vielen Bereichen.
Die Wesen der Steine, der Pflanzen, der Tiere,
Menschenkinder und viele uns unbekannte Geschöpfe allhier
finden Geborgenheit in der zauberhaften Natur von ihr.
Der Geist der Erde das Leben durchdringt, Mutter Erde uns in den Schlaf singt.
Erwachen wir in ihrem Sein, so kehren wir zurück ins kristallklare Heim.
Erkennt den Tempel der göttlichen Natur, macht auf die Augen, macht auf das Tor.
Tretet ein in die wahre Welt, die mit ihrem Licht alles erhellt.

Hintergrund

Virgo ist der Geist der Erde und Pelleur seine göttliche Ergänzung. Beide halfen bei der Erschaffung des Planeten Erde. Die Ursubstanz der Erde war einst kristallin, rein und klar (auf einer anderen Ebene, in einer anderen Dimension ist sie dies immer noch). Die Natur leuchtete damals in einem irisierenden Licht in ihrer ganzen Farbenpracht. Die unterschiedlichsten Wesen arbeiteten Hand in Hand an der stetigen Erhöhung der Energie. Sie war der sichtbare Ausdruck des reinsten Geistes. Den Kreislauf von Fressen und Gefressenwerden gab es nicht. Alle wurden versorgt vom göttlichen Licht.

Durch den Fall der Menschen aus der Einheit mit dem Göttlichen verdichtete sich die Energie immer mehr zu dem, was sie heute ist. Der daraus folgende Energieverlust ließ Mangel entstehen. Durch diesen Mangel entwickelten sich aus den ursprünglich reinen Formen auch dunkle Gestalten. Es bildete sich eine Welt der Polaritäten zwischen Tag und Nacht, Hell und Dunkel, Gut und Böse … Die Wesen, die die Erde in jeder Form aufbauen, hüten und erhalten, nahmen durch den Fall der Menschheit diese zwei Seiten an, die sich in den unterschiedlichsten Schattierungen im Bewusstsein des Menschen entfalteten.

Die Elementarwesen der Erde besitzen in ihren reinen, ursprünglichen Zügen die göttlichen Eigenschaften der Erhaltung, der Versorgung, des Schutzes, des Reichtums, der Ausdauer, der Stabilität, der Arbeit, des Fleißes, der Liebe, der Hingabe, der Gestaltung, der Formung, der Rituale, der Tradition … Durch die dunkle Seite der Macht, die der Mensch in sich trägt, wurde ihr Äußeres teilweise zu ärmlicher, tierhafter und verwachsener Gestalt entstellt. So formte sich ein Teil von ihnen nach dem Mangelbewusstsein des Menschen und nahm Eigenschaften der Gier und Begierden jeder Art an wie Horten, Zerstörung, Gemeinheit, Rache, Armut, Faulheit, Trägheit, Hass, Gewalt.

Die Erdwesen zeigen und spiegeln dem Menschen das wider, was er in sich trägt. Das Element Erde ist ein Teil von uns, und wir sind ein Teil von ihr. Unser Körper ist unser Erdengewand. Er ist der Tempel unseres Seelenlichtes. Wir können heilen und umwandeln oder zerstören. Auf jeden Fall tragen wir in der einen oder anderen Form zum Gesamtzustand der Erde bei, der uns im Mikrokosmos wie im Makrokosmos widergespiegelt wird. Wir können die Wesen der Erde bitten, uns zu helfen und uns beizustehen, um mit der Erde ins Gleichgewicht zu kommen. Virgo und Pelleur hüten die Kraft der Erde. Die Einweihung in die Erde ist der rituelle Tod. Der Eingeweihte erfährt hier die Kraft des wahren Lebens und die Unsterblichkeit seiner Energie. Für den Uneingeweihten ist der Tod ein schmerzvoller Abschied für immer. Für den Eingeweihten ist der Tod ein Übergang in einen anderen Zyklus.

Allgemeine Bedeutung

Erreicht dich der Ruf von Pelleur und Virgo, so beschäftige dich mit dem Element Erde. Es existiert mit seinen Eigenschaften auf allen Seinsebenen. Die Form, der Körper, auch der deine, ist sichtbarer Ausdruck des Elementes Erde. Liebst du deinen Körper? Schenkst du ihm deine Aufmerksamkeit? Gibst du ihm das, was er braucht, um gut zu funktionieren? Der Erde wird alles Konkrete, fest Strukturierte und Greifbare zugeordnet. Das Erdelement sagt auch etwas darüber aus, wie gut du mit den Anforderungen des Lebens zurechtkommst, wie gut du den Pflichten des Alltäglichen gerecht wirst, wie gut du geerdet bist. Hier ist auch deine Beziehung zur Gesundheit, zur Natur, zum Leben auf der Erde gefragt. Wie bodenständig bist du? Wie sieht es bei dir mit Ausdauer, Durchhaltevermögen, Widerstandskraft, Zähigkeit, Struktur, Stabilität, einer gewissen Routine und einem Rhythmus aus? Auch Selbstbehauptung und Selbstwertgefühl sind in diesem Bereich zu Hause. Wie zeigst du dich der Welt?

Die Erde und ihre Wesen offenbaren dir in sehr deutlicher Form die Hindernisse, die in dir noch überwunden werden müssen, damit du in Frieden, Gesundheit, Reichtum und Wohlstand leben kannst. Die Elementarwesen der Erde, die im Dienst von Pelleur und Virgo auf allen Seinsebenen wirken, können dir helfen, dich mit der Erde ins Gleichgewicht zu bringen. Beschäftige dich eine Zeit lang mit dem Element Erde, und bringe es in dir in Balance. Schaue, was dir konkret helfen kann, damit du dein Leben erden und die Verantwortung für dein Leben in allen Bereichen übernehmen kannst.

Die Botschaft von Pelleur und Virgo lautet: Wir sind der Boden, auf dem ihr steht. Bereitet den Boden gut, und die Wandlung wird euch reichlich belohnen. Denn was ihr in euch sät und hegt, werdet ihr ernten. Die Kraft der Manifestation wohnt in euch. Achtet die Erde und die Wesen, die ihr dient. Sie ist der Tempel des Geistes, der auch in euch wohnt. Wandlung ist das Tor der Heilung. Durch die Erde entfaltet sich das Licht.

Ritual ~ Reise in die Welt der Erde ~

Du kannst das Erd-Tattwa als Tor benutzen, um dem Erdgeist zu begegnen, den du treffen möchtest. Es ist das Tor zu allem, was mit der Erde zu tun hat. Beschäftige dich zur Vorbereitung mit der Erde in ihren verschiedensten Ausdrucksformen. Dein Körper gehört dazu, deine Lebensumstände, deine Bodenständigkeit, deine Verantwortung für das Leben … Du kannst z. B. viel in der Natur spazierengehen und bewusst die Vielfalt betrachten. Du kannst selbst etwas pflanzen, es hegen und pflegen, Erdzeremonien machen. Es gibt viele kreative Möglichkeiten, sich mit dem Element Erde zu beschäftigen.

Das Erd-Tattwa

Tattwa-Symbol:	Gelbes Quadrat
Verwandlungsfarbe:	Violett
Stichwörter:	Stabilität, Bodenständigkeit, Ausdauer, Geduld, Gleichklang, Verantwortung, Beständigkeit, Rhythmus, Versorgung, Struktur, Festigkeit etc.

Bevor du dich auf die Reise in das Element Erde begibst, beachte die allgemeinen Hinweise in dem Kapitel »Einführung in die Tattwa-Reisen«. Konzentriere dich auf das Element Erde. Überlege dir, ob du eine konkrete Frage hast, ein Anliegen, einen Wunsch … Wenn nicht, so bitte einfach darum, auf deiner Reise in das Element Erde das zu erfahren, was für dich jetzt wichtig ist.

Konzentriere dich eine Zeit lang auf das gelbe Quadrat, verwende dazu das Bild »Pelleur & Virgo« aus diesem Buch oder ein selbst angefertigtes Bild. Wenn du das Symbol einige Zeit fixiert hast, schließe deine Augen. Erhalte in deiner Vorstellung das Bild des gelben Quadrats aufrecht. Wenn es seine Farbe zu Violett verwandelt hat, ist das Tor zum Erd-Tattwa geöffnet. Schreite durch dieses Tor. Vielleicht holt dich ein Wesen ab, das dich führen wird. Alles, was dir auf deiner Reise durch das Erd-Tattwa begegnet, ist für dich bestimmt. Nimm es an. Du bekommst dadurch etwas gezeigt. Es wird nur das auf dich zukommen, was du bereit bist, zu sehen, und was deiner Kraft entspricht. Vertraue darauf. Wenn die Zeit um ist, die du zuvor für deine Reise festgelegt hast, und der Rückruf ertönt, begib dich zurück zum Tor. Schreite hindurch, und sieh, wie es sich hinter dir schließt, indem es seine ursprüngliche gelbe Farbe wieder annimmt.

Helios & Vesta

ENERGIE, WANDLUNG, OPFER

Feuer und Licht sind die Kräfte der niedrigsten und höchsten Sicht.
Wandelbar, unnahbar, nicht zu fassen sind sie ja.
Sind mal hier und mal dort und doch gleichmäßig unsichtbar immer an jedem Ort.
Wärmend, strahlend, liebend, hell,
lodernd, unbändig, handelnd, schnell.
Heiliges Feuer, wir hüten dich nun, schöpferische Kraft, schöpferisches Tun.
Im höchsten Lichte angewandt, sind all die niedrigen Kräfte gebannt.
In höhere Formen sie sich wandeln, da sich geändert hat die Kraft des Handelns.
Aus Blei wird Gold, aus Feuer wird Licht, und Licht ist die Kraft,
die das Leben ernährt und es in seiner Vielfalt erschafft.
Bleibt das Feuer ein Feuerschein, verzehrt es sich selbst im ewigen Sein.

Hintergrund

Helios und Vesta sind die Sonneneltern, die das Element Feuer hüten. Die Wesen des Feuers stammen aus dem Inneren der Erde und aus dem Elektronengürtel, der die Sonne umgibt. Sie arbeiten auf den inneren Sphären, wo sich die Lebensströme zwischen ihren Verkörperungen aufhalten.

Früher lebten die Menschen in Achtung vor dem Element Feuer. Man sagt, die ersten Menschen tranken Licht und aßen Feuer. Viele Zeitalter lang wurde das heilige Feuer von den Priestern und Priesterinnen eines Volkes geliebt, gehütet, gesegnet und aufbauend eingesetzt. Eingeweihte wissen, wie die Ströme des Feuers das Licht der Erleuchtung hervorbringen. Sie kennen die geheime Alchimie des Feuerelementes. Beim Fall aus der Gnade, der Vertreibung aus dem Paradies, war das Feuer dem Menschen gegeben worden und damit auch die Möglichkeit, zu entscheiden, wofür er dessen heilige, machtvolle und schöpferische Energie einsetzt.

Die Nutzung des Feuers, das auch die Antriebskraft im Menschen verkörpert, wurde allerdings weniger für heilige Zwecke eingesetzt als vielmehr für eigennützige, selbstsüchtige Ziele. Motive, die Antriebskraft einzusetzen, waren seltener von der Liebe bestimmt als von Macht, Gier, Angst, Neid, Zorn, Rache, Wut, Eitelkeit … So wurde und wird diese mächtige Kraft auf vielen Ebenen nicht im göttlichen Sinne angewendet und vielfach missbraucht. Viele Menschen, besonders jene, die in früheren Inkarnationen verbrannt wurden, tragen die Verwundungen und Narben aus dem Missbrauch des Feuers in ihrem Seelenkleid. Aufgrund des jahrtausendelangen Missbrauchs des Feuerelementes fürchten viele Seelen das Feuer.

Eine der Aufgaben der Feuerwesen ist die Reinigung und Wandlung der schöpferischen Energie. Die Elementarwesen des Feuers dienen dieser Kraft auf jeder Ebene und jedem, der sie ruft. Der Mensch ist die »Krone der Schöpfung«, ihm ist es gegeben worden, diese Wesenheiten anzuleiten und zu lenken. Doch so, wie die Feuerenergie im Menschen aus dem Gleichgewicht geraten ist, so ist sie auch in der Natur nicht mehr in ihrer heiligen Ordnung. Wir sind ein Teil dieser Feuerenergie, und sie ist ein Teil von uns. Sie ist die heilige schöpferische Energie, die durch unseren Körper fließt und die Lebensprozesse aufrechterhält. Sie wärmt uns und durch uns andere. Sie beflügelt uns und entfacht unsere Schöpferkraft, Kreativität und Ausdruckskraft. Sie kann aber auch zerstören, wenn wir sie nicht beherrschen wie z. B. in Wutausbrüchen, bei Gewaltanwendung, im Zorn.

Bei jedem Kontakt mit dem Feuer sind die Wesen des Feuers zugegen. Wenn wir uns mit ihnen verbinden, ihre Energie durch Selbstdisziplin und Selbstbeherrschung immer mehr verfeinern, kann sie immer höher und feiner in uns schwingen und immer stärker durch uns fließen, bis sie sich mit dem Licht des Äthers vereint. Dieser Zustand wird u.a. Erleuchtung, Christusbewusstsein, mystische Vereinigung genannt. Die Einweihung in das Feuer ist das Opfer. Ein Teil der Energie im Menschen muss sich dem höheren Licht beugen, geopfert werden, damit höhere Lichtkräfte wirken können.

Allgemeine Bedeutung

Wie sieht es mit deinen Feuerkräften aus? Sind sie im Gleichgewicht? Wie gehst du mit deiner Energie, mit deiner schöpferischen Kraft um? Erreicht dich das wärmende Feuer von Helios und Vesta, so ist es an der Zeit, dich mit Feuer, Licht, Energie und ihren Wesen zu beschäftigen. Sie fordern deinen Mut und Einsatz. Es ist eine mächtige Energie der Natur, die hier lodert. Den Sphären des Feuers sind z. B. das Triebleben, die Sexualität, die Willenskraft, die Durchsetzung, die Expansion sowie stoffliche Energieträger wie Geld, Gold, Diamanten zugeordnet. Feuer ist Schöpferkraft, Kreativität, Handeln, Tat, Aktion. Zu viel Feuer führt zu blindem Aktionismus, und rohe Anwendung dieser Kraft ist Gewalt. Diese schöpferische Kraft für niedere, selbstsüchtige Zwecke und zum Schaden anderer anzuwenden, ist ein Missbrauch. Die Versuchung dazu ist sehr groß, da es eine sehr mächtige Energie ist.

Die Elementarwesen des Feuers, die unter der Obhut von Helios und Vesta walten, sind immer in Aktion. Sie wirken in den sichtbaren wie in den unsichtbaren Energieströmen, in jenen, die von dir ausgesandt und irgendwann zu dir zurückgesendet werden. Sie greifen deine Energie auf und tragen sie, wohin du sie sendest. Die Feuergeister können eine reinigende und klärende Wirkung haben, aber auch gewalttätig und zerstörerisch sein. Je nachdem, wie du diese Kraft in dir ausbalanciert und im Griff hast. Wenn du mit Feuer zu tun hast, bedenke die Wesen, die das Element beleben, mit Achtung und kleinen Geschenken. Sie können dir behilflich sein.

Wenn du dich in einem Prozess des seelischen Wachstums befindest, sind es die Feuerkräfte, die dich prüfen und alte Energien deiner vier niederen Körper (Körper, Verstand,

Emotion, Geist) reinigen und die Schwingung des Lichtes in dir erhöhen. Je mehr du dich in diese Energie hineinbegibst, desto mehr bist du fähig, den inneren Umwandlungsprozess voranzutreiben. Rufe die violette Flamme der Transformation. Sie ist uns gegeben worden, um damit jeden Missbrauch der heiligen schöpferischen Energie zu heilen und umzuwandeln. Du trägst die Fähigkeit in dir, diese Energie wieder zu der heiligen Lebensströmung werden zu lassen, die sie einst war.

Botschaft von Helios und Vesta: Das Feuer ist eine heilige Energie. Es sind die schöpferischen Lebensströme, die durch alles fließen. Die Wesen des Feuers dienen ununterbrochen der göttlichen Quelle. Sie dienen, um die Unreinheiten aufzulösen, Energie zu erhöhen und zu befreien. Das Feuer der Wandlung ist bereit für eine Zeit der Herrlichkeit. Entflamme dein Herz und damit die Herzen der anderen.

Ritual ~ Reise in die Welt des Feuers ~

Das Feuer-Tattwa kann benutzt werden, um mit jeder Kraft und mit jedem Wesen in Kontakt zu kommen, das dem Feuerreich angehört. Beschäftige dich zur Vorbereitung mit dem Feuer. Meditiere vor einer brennenden Kerze. Setze dich mit deiner Kreativität, deiner Schöpferkraft auseinander. Bringst du sie zum Ausdruck? Wofür nutzt du sie?

Das Feuer-Tattwa

Tattwa-Symbol:	Rotes Dreieck (gleichschenklig)
Verwandlungsfarbe:	Grün
Stichwörter:	Energie, Kreativität, Inspiration, Kraft, Trieb, Sexualität, Dynamik, Willen, Aktion, Handeln, Ausdruck, Wahrnehmung, Wärme, Durchsetzung, Aggression, Stärke, Männlichkeit

Bevor du dich auf die Reise in das Element Feuer begibst, beachte die allgemeinen Hinweise im Kapitel »Einführung in die Tattwa-Reisen«. Konzentriere dich eine Zeit lang auf das rote Dreieck. Verwende dazu das Bild »Helios & Vesta« aus diesem Buch oder ein von dir selbst angefertigtes Bild. Wenn du das Symbol einige Zeit fixiert hast, schließe deine Augen. Erhalte in deiner Vorstellung das Bild des roten Dreiecks aufrecht. Wenn sich seine Farbe in Grün verwandelt hat, ist das Tor zum Feuer-Tattwa geöffnet.

Schreite durch dieses Tor. Vielleicht holt dich ein Wesen ab, das dich führen wird. Alles, was dir auf deiner Reise durch das Erd-Tattwa begegnet, ist für dich bestimmt. Nimm es an. Du bekommst dadurch etwas gezeigt. Es wird nur das auf dich zukommen, was du bereit bist, zu sehen, und was deiner Kraft entspricht. Vertraue darauf. Wenn die Zeit um ist, die du zuvor für deine Reise festgelegt hast, und der Rückruf ertönt, begib dich zurück zum Tor. Schreite hindurch, und sieh, wie es sich hinter dir schließt, indem es seine ursprüngliche violette Farbe wieder annimmt.

Elementarwesen

GRUNDLAGE, BASIS, ELEMENTARE KRÄFTE

Gebet für die Elementarwesen

* * *

Ich lausche in der Stille auf mein Herz,
atme tief und öffne mich für den lebendigen Geist der Elemente.
Verbindet euch mit mir, ihr Elemente,
ihr Hüter der Elemente, die in allem wirken.
Devas, Sylphen, Undinen, Zwerge, Salamander – ich rufe euch,
bitte kommt hervor, zeigt euch wieder, verstärkt eure Liebe um tausend Sonnen,
beseelt die Natur mit eurem Sein, um sie in ihren Ursprung zurückzutragen.
Im Herzen spüre ich das Feuer und seine hitzigen Wesen der Transformation,
das Wasser und seine sprudelnden Wesen des Energieflusses,
die Luft und ihre zarten wilden Wesen, die uns ihre Botschaften zutragen,
die Erde und all ihre ruhigen, geduldigen Wesen, die uns Halt und Form geben,
den Äther und all seine himmlischen Wesen, die alles mit Prana durchströmen.
Ich warte in der Stille – im Raum meines Herzens,
bis ich euer Flüstern, Rauschen, Knistern, Brummen höre und weiß, dass ihr da seid.
Ohne euch fehlt die Seele, die den Zauber, den Segen und die Kraft an den Plätzen webt.
Ich möchte im Einklang mit euch wirken.
Kehrt zurück – sendet mir eure Botschaften, wirkt mit mir zusammen,
um Balance, Gleichgewicht und den Frieden in allem wiederherzustellen.
Ich nehme mir jetzt Zeit, euch zu lauschen.
DANKE!

Hintergrund

Elementargeister sind, wie der Name schon sagt, die Wesen, die die Elemente bewohnen. Sie sind von unterschiedlichster Natur: Es gibt sie von den kleinsten Formbauern bis zu den großen Hütern. Unsere Erde und unsere Körper sind aus den vier Grundelementen aufgebaut, Feuer, Wasser, Erde und Luft. Als fünftes Element kommt der allem übergeordnete Äther hinzu. Er durchdringt und beseelt alles. Jedes Elementarwesen baut bestimmte Energiemuster und Eigenschaften auf, die dem jeweiligen Element zu eigen sind.

Elementargeister stellen eine Untergruppe der Naturgeister dar. Sie erfassen die Naturwesen, die sich nur in einem der vier Elemente und im übergeordneten Element Äther bewegen können. Hierzu gehören z. B. die Gnome, Sylphen, Nymphen, Undinen und Salamander. Hier eine Übersicht über die Elemente und die ihnen zugeordneten Naturwesen:

Elemente/ Richtung	Vorsteher der Elemente/ Könige der Reiche	Welten/ Erzengel	Grundsätzliche Ausrichtung/ Sternzeichen	Zeit/ Vokal
Äther/ Mitte	Devas/ Erzengel	Geistwelt, Lichtwelt/ Michael	Schöpferkraft/ gesamter Tierkreis	Immer/ A
Luft/ Osten	Sylphen/ Paralda	Mentalwelt, Verstandeswelt/ Jophiel	Raum, Geistestätigkeiten/ Zwillinge, Waage, Wassermann	Frühling/ E
Wasser/ Westen	Undinen/ Niksa	Emotionalwelt, Seelenwelt/ Gabriel	Lebensqualität/ Fisch, Krebs, Skorpion	Herbst/ O
Erde/ Norden	Zwerge, Gnome/ Ghob	Sichtbare Welt, physische Welt/ Raphael	Materielle Verwirklichung/ Stier, Jungfrau, Steinbock	Winter/ U
Feuer/ Süden	Salamander/ Djinn	Energiewelt/ Uriel	Wandlung/ Widder, Löwe, Schütze	Sommer/ I

Die Elementargeister wurden erschaffen, um dem Menschen in Liebe zu dienen. Sie stehen in Verbindung mit unseren Elementarkräften und -fähigkeiten. Sie helfen uns, zu erkennen, welche Elemente mit uns im Einklang sind, bei welchen etwas ins Gleichgewicht gebracht werden muss und welche unter- oder überentwickelt sind.

Die Arbeit mit den Elementen und Elementargeistern ist Grundlagenarbeit. Jeder Mensch, der sich auf den Pfad der Einweihung begibt, stößt früher oder später auf diesen Urgrund. Im Laufe seiner Einweihung in höhere Welten wird er durch die Elemente und ihre Wesen geprüft, inwieweit er ihre Kräfte beherrscht und ob er bereit ist, weitere Stufen in seiner Entwicklung aufzusteigen. Wenn bei einem Mensch z. B. seine Gefühle auf die Probe gestellt werden, so sind die Undinen und Wesen des Wassers beteiligt. In Erdeinweihungen, bei denen der Mensch lernt, sich von den irdischen Fesseln zu befreien, begleiten ihn die Gnome. Die Sylphen prüfen seinen Geist, seine Gedanken und seine Glaubenskraft. Die Salamander senden Lektionen der Liebe in jeder Schwingung und in vielen Gesichtern. Wenn die Seele lernen will, sich von dem Eigenwillen der niederen Natur und den Fesseln der Materie zu befreien, um sich in ihre wahre Kraft zu erheben, so sind die Elementargeister eine große Hilfe und ein Prüfstein zugleich.

Allgemeine Bedeutung

Wenn dich die Elementargeister berühren, so werde dir darüber klar, dass sich auch dein Dasein aus den Elementen aufbaut. Mit diesem Wissen gewinnst du die Kraft, die kleinen Wesen dieser vier Elemente an dich heranzuziehen. Sie sind unsere Brüder und Schwestern auf anderen Seinsebenen. Reichen wir ihnen die Hand, so sind sie sofort da. Sie weihen uns in die Elemente ein.

Beschäftige dich mit der elementaren Kraft und ihren Wesen. Das Ätherreich (Lichtreich) ist die Welt der Devas und Engel, der Geister der Luft. Hier verbindest du dich mit der

göttlichen Quelle. Das Erdreich ist das Reich der Materie, der Zwerge, Gnome, Wichtel, der Geister der Erde. Hier geht es um die Kraft der Erde. Verbinde dich mit ihr, indem du dich oft in die Natur begibst, dich an Bäume lehnst und beginnst, mit den Erdgeistern Kontakt aufzunehmen. Beschäftige dich mit dem Reichtum, der Vielfalt und der Fülle der Natur. Wie ist deine Beziehung zu diesem Element? Das Luftreich ist das Reich des Geistes, hier hausen die Sylphen, die Boreas, die Geister der Luft. Beschäftige dich mit deiner Gedankenkraft, mit deinen Ausdrucksmöglichkeiten und den verschiedenen Formen der Verständigung. Beschäftige dich mit dem Atem, dem Wind und dem Wetter. Wie ist deine Beziehung zu diesem Element? Das Wasserreich ist die Welt der Emotionen, der Nixen, Undinen, Nymphen, der Geister des Wassers. Wie steht es um deine Gefühls- und Empfindungskraft? Spüre ihnen nach, begib dich dazu an lebende Gewässer. Die Feuerkraft in der Welt der Salamander und Feuergeister ist deine Antriebskraft und Energie. Wie sieht es mit deiner Energie aus? Meditiere vor einer Kerze oder an einem Lagerfeuer. Wie ist deine Beziehung zu diesem Element?

In welchen Elementen fühlst du dich zu Hause? Welche Elemente liegen dir nicht so? Welches Element muss gestärkt werden? In welchem Element liegt eine Aufgabe?

Die Botschaft der Elementargeister lautet: Komm her, beschäftige dich mit dem Fünf-Kräfte-Elixier. Rufe uns, und wir sind hier. Hier liegt Heilung, hier liegt Schmerz. Hier liegt die Aufgabe, hier liegt der Scherz. Alles in den Substanzen verborgen ist, hier eröffnet sich dir eine neue Sicht. Fünf ist das Wachstum. Fünf ist die Kraft, die in dir neue Möglichkeiten schafft.

Rituale ~ Rätsel der Elemente ~

***

Erst zu begegnen dem Tiere, brauch ich den Spruch der Viere:
Salamander soll glühen, Undine sich winden,
Sylphe verschwinden, Kobold sich mühen.

Wer sie nicht kennte die Elemente,
ihre Kraft und Eigenschaft,
wäre kein Meister über die Geister.
(Goethe, *Faust*)

Beschäftige dich in der nächsten Zeit mit den Elementen. Jeder von uns hat zu manchen Elementargeistern eine stärkere und zu manchen eine schwächere Verbindung. Die ersten Schritte, die Elemente zu verstehen und zu erkennen, sind, sich mit den Namen der Geister und den astrologischen Zeichen zu beschäftigen. Wie aus der Tabelle in diesem Kapitel ersichtlich wird, ist jedes astrologische Zeichen einem Element zugeordnet. Die

Geburtsstunde spiegelt jede Kraft und Energie wider, die in dir angelegt ist oder die du entwickeln möchtest. Dein Sonnenzeichen ist der erste Hinweis. Des Weiteren kannst du schauen, welche Planeten in welchen Zeichen stehen, wie viel Betonung du jeweils auf Luft, Erde, Wasser und Feuer hast. Dadurch kannst du erkennen, welcher Elementarkraft du am meisten zugetan bist und in welcher deine Aufgabe liegt.

~ Erster Kontakt mit den Elementen und ihren Wesen ~

Dieses Ritual kannst du in der Natur oder zu Hause durchführen. In der Natur ist die Tür zu den Elementarwesen noch ein Stück weiter offen, und sie können schneller mit dir Verbindung aufnehmen, indem sie dir über die Natur Zeichen senden. Ziehe dir einen Kreis. Im Norden ist die Erde. Lege einen Gegenstand für die Erde in diese Richtung, z. B. einen Bergkristall, der die reinste Form der Erde darstellt. Im Westen ist die Luft. Hier kannst du Räucherwerk benutzen, um die Luft zu ehren. Im Süden ist das Feuer. Hier kannst du eine Kerze anzünden. Im Westen ist das Wasser zu Hause. Hier kannst du einen Kelch, z. B. mit geweihtem Wasser, aufstellen. In die Mitte legst du ein Symbol für den Äther. Dies kann z. B. ein schönes Tuch in den Farben des Regenbogens oder in einer deiner Lieblingsfarben sein oder ein Edelstein, eine Engelfigur, ein Meisterbild …

Rufe auf deine Weise die Elementarwesen. Die Gnome für die Erde, die Sylphen für die Luft, die Salamander für das Feuer, die Undinen für das Wasser und deinen Schutzengel oder einen Erzengel für das Licht. Dann begib dich in die Stille. Setze dich in die Mitte des Kreises. Atme tief ein und aus. Rufe deinen Schutzengel, und stelle dir vor, wie du in seinem Licht geborgen bist und er dich durch das Rad der Elemente führt.

Beginne mit der Erde. Aus ihr kommt alles, und zu ihr kehrt alles zurück, was mit der materiellen Erscheinungsform zu tun hat. Spüre in dich hinein. Welche Beziehung hast du zur Erde? Was senden dir die Elementargeister der Erde für Gefühle, Gedanken und Bilder? Verweile eine Zeit lang. Nimm wahr, wie es dir geht. Wie fühlt sich Erde an, was löst sie für Gefühle in dir aus? … Dann spüre in den Osten, in das Element Luft. Was senden dir die Sylphen? Welche Gefühle, Gedanken und Bilder kommen dir? Wie fühlt sich die Luft in dir an? Verweile. Dann gehe zu den Salamandern, den Geistern des Feuers. Welche Gefühle, Gedanken und Bilder empfindest du bei diesem Element? Verweile. Gehe in den Westen, in das Element Wasser. Welche Gefühle, Gedanken und Bilder empfängst du? Atme tief, und komme wieder in die Mitte zurück.

Bedanke dich für alles, was dir gezeigt wurde, und löse dein Ritual auf, indem du dich bei den Elementarwesen für ihren Beistand bedankst. Du kannst deine Erfahrungen aufschreiben. Dies ist der erste Kontakt zu den Elementen und ihren Wesen. Wenn du öfter mit den Elementen und Elementargeistern arbeitest, wirst du eine immer tiefere Beziehung zu den Elementen und damit zu dir selbst entwickeln.

Du kannst dir auch die fünf Elementebilder (»Akasha & Devos«, »Thor & Aries, »Neptun & Lunara«, »Pelleur & Virgo«, »Helios & Vesta«) heraussuchen und sie fragen, mit welchem Element du in der nächsten Zeit arbeiten solltest. Ebenso kannst du die fünf Karten der Wesen der Elemente (»Wesen des Äthers«, »Wesen der Luft«, »Wesen des Wassers«, »Wesen der Erde«, »Wesen des Feuers«) nehmen und dich fragen: Mit welchen Wesen soll ich verstärkt arbeiten? Eine weitere Möglichkeit ist, sich die fünf Elementarwesenkarten zu nehmen (Devas, Sylphen, Undinen, Zwerge, Salamander), um mit einer gedanklichen Frage eine davon zu ziehen, z. B.: Welches Elementarwesen unterstützt mich? Mit welchem Elementarwesen ist es für mich wichtig, zu arbeiten?

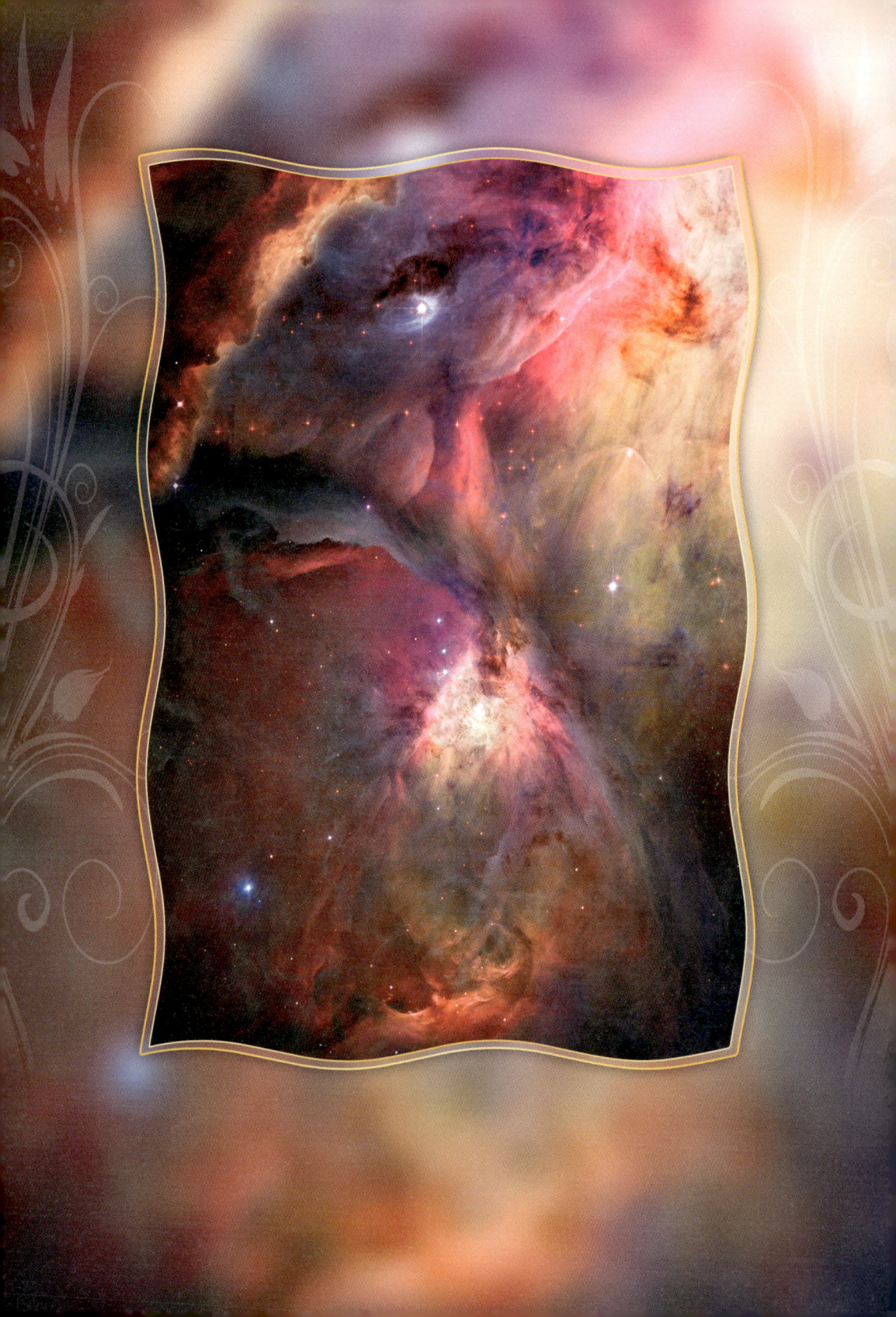

Wesen des Äthers

KOSMISCHE KRAFT, GÖTTLICHE FÜHRUNG, LICHT

Das Ätherreich die Erde durchdringt,
hier mächtige Engelwesen und Devas zu Hause sind.
Meister und Meisterinnen dieser Reiche bauen dir Brücken, reichen dir die Hand,
wenn du sie rufst im göttlichen Band.
In diesem Reich der Lichterstätten die Einhörner grasen,
ein Pegasus fliegt auf Sternenstraßen.
Die Weisheit des Kosmos, die Quelle des Einen, offenbart sich hier in reinster Weise,
hier beginnt die göttliche Reise.
Das reinste Licht wird von hier gesendet, es alles durchdringt,
denn wir alle aus einer Quelle sind.
Engel, Devas und Feen singen und tanzen im gleißenden Licht,
sie versorgen alles Leben der Natur, auch den kleinsten Wicht,
denn alles ist leicht, rein und klar aus der göttlichen Sicht.

Hintergrund

Die Wesen des Äthers sind vielfältig in Gestalt, Farbe, Form, Klang und Schwingung. Sie arbeiten mit unermüdlichem Fleiß daran, die Natur mit ihren Lichtkräften zu durchdringen und zu beleben. Zu den Wesen des Äthers gehören unzählige Scharen von Devas, Engeln und höheren Lichtintelligenzen. Sie reichen von jenen, die in der Natur noch wirken, bis zu jenen aus den höheren bis höchsten Lichtreichen, die für den Planeten Erde zuständig sind. Ihnen allen gemeinsam ist, dass sie nur im Ätherreich zu Hause sind, im Reich der Engel, das alle anderen Reiche durchdringt, und sie damit in allen anderen Elementen arbeiten können. Sie verbinden die Elemente miteinander, die gebraucht werden, um eine bestimmte Form aufzubauen, und leiten die kosmischen Ströme und den reinen Bauplan der sichtbaren Formen. Sie hüten, leiten und führen die reinen Lichtkräfte aller Dinge und wachen über den vorbestimmten Bauplan. Im wechselnden Orchester der Epochen dirigicren sie die Eigenarten der jeweiligen Zeit. Sie lenken die göttlich segnenden Ströme in alles Lebendige.

Ordnung des Ätherreiches

Hüter des Äthers: Akasha und Devos; Symbol: Licht/Farbspiele jeder Art, Regenbogen

Vorsteher des Ätherelementes: Devas

Erste Entfaltungsstufe: Pflanzendevas, Baumdevas, Wald- und Wiesendevas, Feen

Zweite Entfaltungsstufe: Devas und Feen, die den Tieren und Menschen beistehen

Dritte Entfaltungsstufe: Deva-Meisterinnen, Ritualdevas, Devas des Ortes, Einhörner, Pegasus, höhere Engelwesen

Kosmische Ebene: Engelhierarchien, die dem gesamten Leben des Planeten Erde dienen und das Licht in alles senden und alles beleben (Erzengel, Seraphim, Cherubim etc.)

Meister und Meisterinnen der Lichtreiche: Jesus Christus, Kuan Yin, Buddha, Weiße universelle Bruderschaft des Lichtes, Götter und Göttinnen aus allen Kulturen und Völkern

Die Wesen des Ätherreichs weisen folgende Hauptmerkmale auf: Sie sind »ätherisch« zart und schimmern in den unterschiedlichsten Farben und Frequenzen, die von der Lichtkraft, die sie leiten, bestimmt werden. Die Farben zeigen auch an, aus welcher Planetensphäre das jeweilige Wesen die Kräfte zur Erde lenkt. Je höher, feiner und durchscheinender ein Wesen des Äthers leuchtet und strahlt, desto höher sind sein Wesen und seine Schwingung. Das Licht, das ein Wesen des Ätherreichs sendet, kann manchmal so hochfrequent sein, dass seine Kraft für einen Menschen nicht auszuhalten ist. Das liegt daran, dass der normale sterbliche Körper für diese hohe Schwingungsfrequenz nicht gebaut und nicht darauf ausgerichtet ist. In diesem Licht bleibt nichts als die reine, ewige Wahrheit.

Die Wesen des Äthers sind die Lenker und Hüter der vier anderen Elemente. Sie leiten die Naturwesen an, die größtenteils aus ihrem Licht hervorgegangen sind und unter ihrer Obhut stehen. Ihre Gabe ist das Licht in seiner reinsten, der göttlichen, Form. Sie führen die Menschen, die sich diesem Licht geöffnet haben.

Den Wesen des Äthers sind alle Planeten dieses Sonnensystems zugeordnet. Ihre Farben sind kosmische Farben, die Farben des Regenbogens. Sie können sich in sämtlichen Formen der Erde zeigen, in Menschen, Tieren, Pflanzen, Mineralien, Steinen, Bächen, im ruhigen Feuer, in Naturerscheinungen wie dem Nordlicht, der Morgenröte, dem Regenbogen … Sie bewegen sich mit Lichtgeschwindigkeit und können so schnell den Ort wechseln wie wir unsere Gedanken. Ihre Instrumente sind Harfen, Blasinstrumente wie Posaunen und Trompeten, der Chor und das Orchester. In der Symphonie und Harmonie der verschiedensten Instrumente klingen sie alle zusammen. Sie schaffen Harmonie, Licht und Frieden. Räucherwerk und Düfte, die zu ihnen passen, sind: Lotos, Rose, Jasmin, Veilchen, Weihrauch, Lavendel. Wenn die Wesen des Äthers sich melden, fühlst du das anhand einer inneren Wärme, einem besonderen Licht, einer gewissen Heiligkeit, die die Luft zum Leuchten bringt, an der Harmonie, die sich über den Augenblick legt, an sanften Klängen, strahlenden Farben …

Allgemeine Bedeutung

Wenn dich die kosmische Ebene berührt, so öffne dich weit für ihr Licht. Die Wesen des Lichtes, die Engel, Meister und Meisterinnen des Lebens, führen dich und leiten dich an

in deinem Leben. Menschsein ist Entwicklung und Wachstum. Wenn wir die Materie ausgeschöpft haben, stehen wir an einem Punkt, an dem wir entweder beginnen, im Kreise zu laufen und das Leben als etwas Sinnloses, Stumpfes zu empfinden, oder wir öffnen uns höheren Entwicklungsstufen. Hier geht es darum, die Erde, die Materie mit dem göttlichen Licht zu durchdringen und es auf allen Ebenen zu verankern.

Sobald du die Engel des Lichtes rufst und dich in die Lehren der großen Meister versenkst, die diese der Erde hinterlassen haben, verbindest du dich mit den höheren Ebenen. Die Wesen dort können dich dann durchdringen und dich erleuchten lassen. Dein Körper ist der Tempel deiner Seele, die sich durch die Öffnung zu den höheren Ebenen in ihrer ganzen Herrlichkeit entfalten kann. Viele Menschen nutzen allerdings noch nicht einmal 10 % ihrer vorhandenen Möglichkeiten. Sie kleben an der dichtesten Schwingung der Energie, an den sichtbaren und messbaren Erscheinungsformen. Die Wege, auf denen du dich in höhere Bereiche entwickeln kannst, sind das Licht, die Liebe und die Wahrheit, das Eintauchen in die unsichtbare Welt der Energie, der Farben, des Klanges, der Symbole und weiterer kosmischer Kräfte.

Die Wesen des Lichtes achten deinen freien Willen. Sie warten so lange, bis du sie in dein Leben bittest. Du kannst sie in jeder Situation rufen. Klopfe an, und dir wird aufgetan. Suche, und du wirst finden. Öffne dich für die höheren Ebenen. Rufe deine Engel und Meister zur Tat. Bitte um ihren Beistand und darum, dass sie dich führen und dir den Weg zeigen mögen. Unermesslicher Reichtum wird sich in dir entfalten.

Die Botschaft der Lichtwesen lautet: Kehre ein in die Stille. In der Stille bist du mit dem großen Einen verbunden. Das Licht strömt herab. Das Gute fließt reichlich.

Ritual ~ Übungen der Stille ~

Öffne dich den höheren Welten. Beschäftige dich mit den Lichtreichen. Du kannst die Engel rufen und sie bitten, in deinem Leben zu wirken. Du kannst dich in die Lehren der Meister vertiefen, Übungen machen und beginnen, deine noch schlummernden Fähigkeiten zu entfalten und dein bereits aktiviertes Potenzial zu erweitern. Es gibt kein Ende der Entwicklung. Entwicklung hört niemals auf.

Nimm dir Zeit und Raum. Du kannst in die Natur gehen oder dein Zimmer so herrichten, dass du dich darin entspannen und wohlfühlen kannst. Achte auf die richtige Körpertemperatur. Nimm eine sitzende Körperhaltung ein, bei der deine Wirbelsäule gerade sein sollte. In der ersten Übung geht es darum, deinem Atem zu folgen: Einatmen, Ausatmen. Stelle dir vor, wie du deinem Körper beim Einatmen Energie zuführst und beim Ausatmen verbrauchte Energie abgibst. In der zweiten Übung versuchst du, den Strom der Gedanken anzuhalten. Höre dem ewigen Gedankenstrom zu, ohne ihm zu folgen. Der Gedankenstrom ähnelt den sich verändernden Wolkenformationen am Himmel. Lasse die Gedanken einfach weiterziehen, bis nichts mehr da ist. Nur noch klarer blauer Himmel, Stille. Übe jeden Tag, die Stille immer länger in dir zu halten. Sie ist die Voraussetzung für die Botschaften und die Kraft der höheren Reiche.

Wesen der Luft

INFORMATION, AUSTAUSCH, VERBINDUNG

Im Luftreich der Hüter der vier Winde
mächtige Energiewirbel gebieten geschwinde.
Sylphen, Feen, Elfen und weitere Luftgestalten
das Licht erhalten und es fröhlich und leicht entfalten.
Sie tragen die Kunde, sie führen die Samen
von Ort zu Ort in lichtem Rahmen.
Versorgen die Schöpfung auf ihre Weise,
Wanderer, sie begleiten dich auf der Reise.
Lausche stets auf ihr Flüstern und mache dich bereit
für die Stimme im Innern, nimm dir für sie Zeit.

Hintergrund

Vom sanften Windhauch bis zu Orkanen: überall sind die Luftgeister zugegen. Sie lassen sich tragen. In der Leichtigkeit der Luft schwirren die Sylphen umher. Sturmgeister, Boreas, blasen und wehen. Luftfeen leiten die Luftströme an. Die Wesen der Luft bewegen die Tiere in der Luft und tragen die Samen von Ort zu Ort. Sie sorgen für den ständigen Austausch und verfügen über die heilige Kraft der Verbindung, Erneuerung und Übertragung sowie der Verbreitung und Sendung von Informationen. Sie regen die Tätigkeit des Geistes an und tragen ihn in die höchsten und tiefsten Bereiche, damit er sich erfahren kann.

Ordnung der Luftwesen

Hüter der Luft: Thor und Aries; Symbol: Schmetterling/Adler
Vorsteher des Luftelementes: Sylphen; Sylphenherrscher: Paralda
Erste Entfaltungsstufe: Formbauer der Luft, Körperelementarwesen der Luft bei Tier und Mensch, Vila (slawische Sturmgeisterart), Dialen, Elfen, Boreas
Zweite Entfaltungsstufe: Feen, Sylphen
Dritte Entfaltungsstufe: Feenvorsteher, Sylphenvorsteher/innen, Hüter der mächtigen vier Winde
Kosmische Entfaltungsstufe: Devas, alle Erzengel und mächtigen Engelwesen, die aus dem Kosmos das Element Luft versorgen
Götter und Göttinnen der Luft: Feng-Po (chinesischer Windgott), Feng Po-Po (chinesische Göttin des Windes, die auf Tigern durch die Wolken reitet), Odin (nordisch/germanischer Himmelsgott und Schöpfer), Brahma (hinduistischer Schöpfergott des Himmels und der Erde), Lilith (hebräische geflügelte Königin der Luft) u. v. a.

Luftgeister weisen folgende Hauptmerkmale auf: Sie sind zarter, lichter, weniger kompakt als andere Naturwesen. Ihr Wesen ist geprägt von Schönheit, Zartheit, Sanftmut und Weisheit. Sie sind an allem interessiert, lieben das Licht des Geistes und tragen es überallhin, wo es gebraucht wird. Sie wachen über die Atmosphäre, die sich aus verschiedenen Strömungen aufbaut, und geben der Luft ihre spezifische Eigenschaft. Ihre Aufgabe ist es, die Luft mit Energie anzureichern, den Austausch in jeder Beziehung zu ermöglichen und neue Impulse zu senden.

Einsame Berggipfel, hohe Baumwipfel, stille Wälder und Waldlichtungen, Haine, weite Flure, schöne Gärten und Parkanlagen sind ihre bevorzugten Aufenthaltsorte. Ihre magischen Geschenke sind: das Schwert der klaren Unterscheidung; der Sternenstaub, jenes Pulver, das uns Flüge in andere Welten und Dimensionen ermöglicht; der Zauberstab aus Licht, der die heilenden Lichtströme zu uns lenkt; die Kunst des Denkens und Redens; das Licht der Eingebung und Inspiration. Die Tore in die Luftwelten liegen im Ostwind aber auch in besonderen Windströmungen, Wirbeln und Spiralen jeglicher Art und Form, in einem plötzlich heranwehenden Duft, Wolkenformationen …
Die Luftgeister stehen mit dem Planeten Merkur (Beweglichkeit) in Verbindung. Ihre Farben umfassen alle Pastelltöne, vorwiegend jedoch Gelb, helle Blautöne, Weiß, aber auch Grau. Das ihnen zugeordnete Metall ist Quecksilber. Sie zeigen sich vorwiegend in den kleineren Tieren der Lüfte, in Schmetterlingen, Libellen, Glühwürmchen, Bienen, Käfern – in eben allen fliegenden Insekten. Ihre Instrumente sind Windspiele und zartere Blasinstrumente wie z. B. Flöten. Zudem mögen sie Pfeiftöne aller Art. Räucherwerk, das Luftgeister anzieht, ist: Sandelholz, Thymian, Safran o. Ä. Wenn Luftgeister sich melden, spürst du das über einen Windhauch an den Wangen, Kühle auf der Haut, Kitzeln an Ohren und Nase, durch eine Feder, die du zu Boden schweben siehst …

Allgemeine Bedeutung

Wenn die Luftwesen dich umgeben, schenke ihnen deine Aufmerksamkeit. Sie lenken die heilenden Energieströme und sorgen für ständige Erneuerung und fortlaufenden Austausch. Als Wesen der Luft sind sie beweglich, aufgeschlossen, neugierig und jederzeit bereit, zu dir Verbindung aufzunehmen. Sie reinigen und klären deinen Geist, wenn du tief und gleichmäßig atmest.

Luftgeister sind sehr unruhig. Sie flitzen hin und her, hüpfen hoch und runter, sausen im Kreis und bringen ständig neue Eingebungen, Gedanken, Ideen …, insbesondere um die Welt zu verschönern und zu verbessern, ihr den Lebensatem einzuhauchen. Wenn du mit den Wesen der Luft in Kontakt trittst, so ist es deine Aufgabe, die von ihnen eingegebenen Gedanken und Ideen zu verfolgen und zu halten, sie beständig zu hegen und zu pflegen, um sie so mit genügend Energie zu versehen, damit sie materiell zum Ausdruck kommen können.

Wenn du den Kontakt mit den Luftgeistern pflegst, helfen sie dir, Gesang, Sprache und Ausdruck zu entwickeln sowie die Macht der Gedanken, Verstandeskräfte und Willensstärke segenbringend einzusetzen. Die Luftgeister verbinden uns mit den Engeln, Meistern und höheren Welten und schaffen Frieden und Harmonie in uns und in unserer Umgebung. Sie unterstützen uns, wenn wir in die geistigen Bereiche vordringen wollen. In dunkler Gestalt, wenn du nicht in dir verankert bist, tragen sie dich in Luftschlösser, heben deine Nase zum Himmel, bringen dich dazu, viel zu reden und nichts zu sagen, blenden dich mit hohem Schein, jagen dich auf leeren Spuren in fanatische Richtungen. Lerne, die Kraft der Windwesen zu beherrschen, damit sie nicht dich beherrscht.

Die Botschaft der Luftwesen lautet: Wind, Wind, das himmlische Kind, kennt die Wege, ruft die Geister. Lehre mich, wie ich werde zum Lebensmeister.

Ritual ~ Besuch im Luftreich ~

Begib dich in die Natur. Lasse dich von der Luft und dem Wind leiten. Nimm die Düfte wahr, die sie zu dir tragen, nimm die Zeichen wahr, die sie dir senden. Das können Schmetterlinge sein, die in eine bestimmte Richtung verschwinden, eine Feder, die an dir vorüberschwebt, Blätter oder Blüten, die sie dir zuwehen, o. Ä. Bitte die Wesen der Luft, dich zu führen.

Wenn du den richtigen Platz für dich gefunden hast, um mit den Geistern der Luft Kontakt aufzunehmen, lasse dich nieder. Meistens sind es leichte Anhöhen, auf denen die Luft frei aus allen Himmelsrichtungen tanzen kann, Felsen und leichte Abhänge. Atme ganz bewusst und tief die Luft ein und aus. Atme sie in deine Füße, in deine Beine, in deinen Unterleib, in deinen Bauch, in dein Herz, in deinen Hals, in deinen Kopf, aus deinem Kopf hinaus. Du kannst durch die Atmung die Luftströme überallhin senden. Stelle dir vor, wie sich alles Negative in dir verflüchtigt und dich das heilende Licht des Kosmos mit jedem Atemzug mehr erfüllt.

Wenn du bereit bist, schließe deine Augen. Luftgeister mögen sanfte Klänge, leises Pfeifen, harmonischen Singsang und Geschichten jeder Art. Sie werden davon angezogen. Wenn du das Gefühl hast, dass sie anwesend sind, stelle dir vor, wie dich eine weiße Wolke einhüllt. In der Wolke ist ein Tor. Das Tor öffnet sich dir, und du bist direkt in der Luft. Ein Luftgeist holt dich ab. Bitte ihn, dich dorthin zu tragen, wo jetzt eine Botschaft, eine Erfahrung, ein Hinweis auf dich warten könnte. Fliege mit ihm an die Orte, an denen er dir etwas zeigen möchte. Er kann dich zu deinen Engeln, zu deinem Meister, zu heiligen Orten, zu alten Erlebnissen, in frühere Zeiten … tragen. Schaue dir an, was dir gezeigt wird. Wenn du zu dem Tor, durch das du gekommen bist, zurückgetragen wirst, bedanke dich. Schreite durch das Tor in der Wolke, und komme zu dir zurück.

Du kannst auch das Luft-Tattwa (siehe die Kapitel »Einführung in die Tattwa-Reisen« und »Thor & Aries«) als Eingangstor zum Reich der Luftgeister nehmen.

Wesen des Wassers

LEBENSSCHAU, BESINNUNG, REFLEXION

Im Wasserreich der Lebensquellen
mächtige Wesen sich finden an den Schwellen,
Nixen, Nymphen, Undinen in den Wellen.
Visionen der Tiefe, Irrung, Wirrung, Illusion und Wirklichkeit,
verschwimmen hier in Raum und Zeit.
Schönheit und Wissen, sanfte Klänge,
liebevoll heilende, reinigende Gesänge.
Die mächtige Schau des Lebens beginnt hier.
Fruchtbare Saat öffnet sich in dir.
Wanderer, halte rein dein Herz,
stelle dich frei und ehrlich deinem Schmerz,
dass dich das Wesen des Wassers nicht verschlinge
und dich in seine Untiefen bringe.
Bist du bereit, so werden sie dich tragen in ihrem Sein,
denn tiefe Weisheit, sie halten sie rein.

Hintergrund

Das Element Wasser hat ein eigenes Leben. Es ist voll mit Geschöpfen, die die Eigenheiten des Wassers verkörpern. Wo immer es Wasser gibt, gibt es auch Wasserwesen. Zu ihnen zählen die Hüter und Hüterinnen der Quellen, Undinen, Nixen, Nymphen, Nereiden, Sirenen etc. Die Wasserwesen wecken die Liebe, Freude und Schönheit sowie die Liebe zur Welt und zu sich selbst. Sie senden Inspiration und schöpferische Eingebungen über die Intuition, unsere innere Stimme. Sie können aber auch den Menschen in strudelnde Tiefen reißen und in gefahrvolle Situationen bringen.

Ordnung der Wasserwesen

Hüter des Wassers: Neptun und Lunara; Symbol: Frosch/Delfin
Vorsteher des Wasserelementes: Undinen, Herrscher: Nicksa
Erste Entfaltungsstufe: Formbauer des Wassers, Wasserelementarwesen bei Tier und Mensch, Nixenmänner, Sirenen, Wassermänner, Wasserfrauen, Flussfrauen …
Zweite Entfaltungsstufe: verschiedene Nymphenarten, Undinen
Dritte Entfaltungsstufe: Könige und Königinnen der Wasserwesen
Kosmische Ebene: Devarajahs, Devas, Wasserfeen und Engel (z.B. Erzengel Gabriel), die aus dem Kosmos über das Wasserelement wachen
Götter und Göttinnen des Wasserreiches: Poseidon (römischer Gott der Meere), Ozeanus (griechischer Gott des Weltenstroms), Neptun (griechischer Gott des Meeres), Ningyo (japanische

Fischgöttin), Ea (babylonischer Gott der See und der Künste), Aryong-Jong (koreanische Göttin des Regenfalls), Doda (serbische Regengöttin) u. v. a.

Wasserwesen weisen folgende Hauptmerkmale auf: Sie sind überwiegend weiblich und sehr schön, zart, anmutig, reizvoll, sinnlich, romantisch, verspielt, manchmal auch verlockend, verführend. Sie sind einfühlend, oft hilfsbereit, empfindsam und großzügig. Sie singen gern, lieben die Musik und den Klang. Sie bewegen sich im Wasser, unter Wasser und zum Teil auch in energetischen Formen des Wassers, z. B. über unterirdische Quellen. Oftmals können sie das Wasser für eine gewisse Zeit verlassen, sind aber an das Gewässer, für das sie zuständig sind, gebunden.

Die Aufgabe der Wassergeister besteht darin, das Wasser mit all seinen Geheimnissen zu behüten, zu erhalten, energetisch anzureichern, zu reinigen, neu zu beleben und alle anderen Lebensformen damit zu versorgen. Sie geben dem Wasser seine spezifischen Eigenheiten. Ein magisches Geschenk der Wasserwesen ist der Spiegel, in dem wir Vergangenheit, Gegenwart, Zukunft und uns selbst entdecken können. Weitere Gaben sind der Kelch der Heilung mit heilenden Elixieren wie z. B. dem Lebenswasser oder dem Wasser der ewigen Jugend. Sie beschenken uns mit den Schätzen der Wasserreiche wie Perlen, Korallen o. Ä. Die Tore in die Reiche der Wasserwelten sind oft da, wo zwei Gewässer zusammenfließen oder wo Wasser und Land aufeinanderstoßen wie z. B. bei Grotten an Gewässern.

Die den Wasserwesen zugeordneten Planeten sind Mond (Gefühl) und Venus (Liebe, Schönheit), ihre Farben reichen von Blau, Türkis bis Grün, aber auch von Rosa, Magenta bis Violett. Ihr Metall ist Silber. Sie können sich in der Form sämtlicher Wassertiere zeigen. Ihre Instrumente sind z. B. Saiteninstrumente oder die Schilfrohrflöte. Sie machen aber auch gern Musik mit ihrer eigenen Stimme. Wenn die Wesen des Wassers sich melden, wirst du das spüren als Feuchtigkeit auf der Haut oder in Form einer Träne im Augenwinkel, einem Tröpfchen, einem Spritzer …

Allgemeine Bedeutung

Erreichen dich die Wasserwesen, so widme ihnen in der nächsten Zeit deine Aufmerksamkeit. Sie wollen dich in ihre Eigenschaften und Gaben einweihen. Alle Wesen des Wassers sind fließend, flexibel und veränderlich. Sie bringen dich in Verbindung mit dem Fluss des Lebens und mit den weiblichen Seiten. Sei bereit, in den Spiegel, die glatte Wasseroberfläche, zu schauen und deine Vergangenheit, deine Gegenwart und deine Zukunft zu erkennen. Öffne dich dafür, auf deine ursprüngliche reine Quelle zurückzublicken und die Verunreinigungen deines bisherigen Weges aufzulösen, indem du gibst und vergibst. So kann das Wesen der Reinheit wieder durch dich zum Ausdruck kommen. Im Kontakt mit den Wassergeistern ist viel Heilung möglich. Viele emotionale Verletzungen können in ihrer Gegenwart geheilt werden. Sie zeigen dir den Weg der Liebe, der Schönheit und der Freude, der deinem Leben seine besondere Eigenart gibt. Sie zeigen dir das Geschenk des Gebens, des Mitfühlens, der inneren Schau, der Sammlung, der Besinnung und des

Heilens. Indem sie dein Innerstes berühren, werden die Samen, die schon lange in dir ruhen, bewässert. Sie können beginnen, sich zu entfalten, zu wachsen, zu blühen und schließlich Früchte zu tragen, die du dann ernten kannst.

Die Wasserwesen lehren dich den Rhythmus der Gezeiten. Sie unterrichten dich in der Kunst, zur richtigen Zeit am richtigen Ort zu sein und das Richtige zu tun. Sie lehren dich die zyklischen Wellenbewegungen von Ebbe und Flut. Wenn du diesen Rhythmus in dich aufnimmst, so wird dein Leben fließend, denn du weißt, welche Zeit gerade ist und was für dich in dieser Zeit zu tun oder nicht zu tun ist. Sie leiten dich darin an, die negativen Kräfte des Wassers wie z. B. aufgepeitschte Gefühle, innere Gefühlsüberflutungen oder depressive Stimmungen aufzulösen und dich wieder mit höheren Gefühlsformen zu verbinden. In dunkler Gestalt prüfen uns die Wassergeister und lassen uns in den Spiegel unserer eigenen Verblendung, unserer Einbildungen und Illusionen schauen.

Die Botschaft der Wesen des Wasserreiches lautet: Heilende Klänge, zarte Gesänge berühren deine Seele. Dringen tief in dich ein. Erkenne den Ton, erkenne den Klang, sie heilen deinen eigenen Wesensgesang.

Ritual ~ Der Blick in den Spiegel ~

Die Übung ist am besten in der Natur an einem See oder an einem anderen ruhigen Gewässer in deiner Nähe durchzuführen. Wenn dies nicht möglich ist, so kannst du auch Regenwasser in einer Schale aus Naturmaterial, z. B. Ton, zu Hilfe nehmen. Der Wasserspiegel ist überall das Fenster in die Welt des Wasserreiches. Schaue in deinen Wasserspiegel. Halte deine Hand darüber, und schicke von deinem Herzen aus über die Hand deine Liebe in das Wasser. Bitte die Wesen des Wassers, sich dir zu zeigen und dir das zu offenbaren, was für dich im Augenblick wichtig ist. Du kannst ihnen auch ein schönes Lied, eine schöne Melodie oder sanfte Töne schicken, denn am meisten lieben die Wasserwesen Musik. So wird dir das Tor geöffnet.

Wasserwesen sind meist scheu. Doch wenn sie eine liebevolle Absicht erkennen, zeigen sie sich. Blicke in den Wasserspiegel. Manchmal bildet sich über dem Wasser oder im Wasser ein Nebel. Dies ist die Pforte in die andere Welt. Atme tief, lasse alles los. Tauche ein. Lasse dich in deiner Vorstellung richtig in das Wasser hineinfallen. Du kannst Wesen erkennen, aber auch Szenen deiner Vergangenheit, deiner Gegenwart oder deiner Zukunft. Manchmal siehst du Menschen, an die du schon ewig nicht mehr gedacht hast, Dinge, die tief in dir verborgen waren und für dich in Vergessenheit geraten sind. Wenn sich dir die Wasserwesen zu erkennen geben, so kannst du mit ihnen reden, ihnen Fragen stellen oder sie um etwas bitten. Sie sind sehr hilfsbereit und wissen um die verborgenen Schätze des Wassers. Folge ihnen. Wenn sie dich an die Pforte zurückbringen, durch die du gekommen bist, wenn der Nebel wieder erscheint, ist es an der Zeit, aufzutauchen. Danke den Wesen des Wassers. Immer wenn du auf deinem Weg ein magisches Fenster in der Wasserwelt entdeckst, denke an die Wasserwesen. Wenn du Zeit hast, wirf einen Blick hinein. Vergiss nicht, sie in allen Formen, in denen sie auf deinem Lebensweg auftauchen, zu grüßen.

Wesen der Erde

MANIFESTATION, LEBENSWEG, FORM

Im Reich der Erde sind sie zu Hause, unten und oben:
Gnome, Kobolde, Trolle, Riesen und Zwerge,
gar viele Erdgeister, auch der Alte vom Berge.
Sie warten am Wegrand deiner Reise,
ziehen im Rhythmus der Erde ihre Kreise,
sind tief mit den Kräften der Natur verwoben.
Sie hüten, sie kennen, sie tragen das lichte Ideal
und wirken mit Humor das formbare Material.
Hier findest du dich wieder in dichten Wäldern,
tiefen Schluchten, hohen Bergen, weiten Tälern.
Kargheit und Fülle sind hier gepaart.
Nimm deinen Lebenspfad, so, wie er sich dir offenbart.
Sei im Hier und Jetzt, denn die Wesen der Erde
lehren dich Weisheit nebst dem Prinzip von Stirb und Werde.
Hörst du ihnen zu, findest du in dir Ruh'.
Sie hüten die wahren Lebensschätze
und führen dich an die richtigen Plätze.

Hintergrund

Die Erdgeister, die das Element Erde hüten, bewohnen und lenken, sind vielfältig in ihrer Gestalt, ihrer Form und ihren Aufgabengebieten. Zu ihnen gehören neben den Baum-, Wald- und Wiesengeistern, allen Zwergenarten und Elfen auch die Riesen, die über die mächtigen rohen Kräfte der Erde wachen. Die Erdwesen verfügen über eine starke Verbindung zur Erde und haben ein tief gehendes Verständnis für deren Urkräfte. Sie versorgen die Erde und verfügen über allerlei magische Zauberkräfte: Sie kennen die Kräfte der Manifestation (die Kraft, durch die eine Idee langsam und beständig sichtbare Formen annimmt) und der Materialisation (die Kraft, durch die aus dem Nichts plötzlich eine Form entsteht). Sie kennen die Kräfte des Werdens und Vergehens, der ewigen Zyklen. Sie hüten uralte Erdrituale, die Traditionen sowie die Weisheit und verfügen über große Reichtümer und Schätze.

Ordnung der Erdwesen

Hüter der Erde: Virgo und Pelleur, Symbol: Schildkröte/Stier

Vorsteher des Erdelementes: Gnome; Herrscher: Gob; König: Urinaphton

Erste Entfaltungsstufe: Formbauer des Erdelementes, Erdelementarwesen bei Tier und Mensch, Körperelementarwesen, alle Zwerge, Wichtel, Kobolde, Satyrn, Pixis, Puck, Brownies, Trolle, Riesen, Erdelfen, Alben, Schwarzalben

Zweite Entfaltungsstufe: Gnome, der weise Alte, das liebende alte Mütterchen, Faune, …

Dritte Entfaltungsstufe: Pan, Erdmütter wie Tanna und Stanna, Erdhüter und Vorsteher

Kosmische Stufe: Lenkerin der Kristalle, Erdfeen, Devas und Engel (Buriel, die Erzengel Zadkiel und Jophiel), die dem Erdelement mit all seinen Entfaltungsebenen und Eigenschaften aus dem Kosmos beistehen und es lenken und leiten

Götter und Göttinnen der Erde: Gaia (Göttin der Erde), Gaea (griechische Göttin der Erde), Mawu (afrikanische Schöpfergöttin), Geb (ägyptische Göttin der Erde), Changing Woman (Göttin der Erde der Apachen), Demeter (griechische Göttin des Wachstums), Hou Tu (chinesische Erdgöttin und Urmutter), Ceres (römische Göttin der Fruchtbarkeit), Spinnenfrau/Spiderwoman (Urmutter der Hopi) u. v. a.

Erdwesen, von denen es männliche und weibliche gibt, weisen folgende Hauptmerkmale auf: Sie sind stets unverhältnismäßig klein oder unverhältnismäßig groß. Ihr Körper ist eher füllig, doch können sie ihre Gestalt nach Belieben verändern. Ihre Gesichter sehen oft wie die Haut der Erde aus: zerfurcht, knubbelig, in Falten gelegt, wie in Stein und Felsen gehauen. Sie sind meist vergnügt und froh, haben viel Humor und treiben gern ihren Schabernack mit den Menschen. Sie leben in allen Gebirgsgegenden in den steilen, felsigen Hängen und Schluchten, in knorrigen Wurzeln, mächtigen Bäumen usw. Sie dichten und reimen gern und lieben es, diese Reime in einem gleichförmigen Singsang zu wiederholen. Sie sind fleißig und unermüdlich am Arbeiten, sodass die meisten von ihnen Handwerker sind und ordentlich zupacken können.

Die Tore in die Erdwelten liegen in alten Wurzeln, Höhlen, Grotten etc. Da die Erdgeister ihr Element vollkommen beherrschen, können sie sich in vielen Erscheinungen materialisieren, z. B. in Form sämtlicher Tiere der Erde. Sie können blitzschnell unsichtbar werden und wieder auftauchen, ebenso wie sie Dinge verschwinden und wieder sichtbar werden lassen können. Ihre Aufgabe ist es, die Erde und ihre Kräfte zu schützen, sie zu hegen und zu pflegen sowie sich um andere Lebensformen zu kümmern. Die Erdgeister geben der Erde ihr lebendiges Gesicht. Teile der Erde, die nicht von ihnen bevölkert sind, sind tot und unfruchtbar.

Geschenke und Gaben der Erdwesen sind: magische Gegenstände wie Tarnkappen oder Tarnmäntel, die dem Träger die Kraft verleihen, sich unsichtbar zu machen; Amulette oder Münzen, die Reichtum und Überfluss schenken; fassbarere Schätze wie Edelsteine, Gold, Silber und andere Schätze der Erde. Die Erdgeister bringen uns inneren Frieden und ein höheres Verständnis vom Wesen der Erde. Sie stehen mit den Planeten Saturn (Ernsthaftigkeit, Pflichtbewusstsein) und Jupiter (Erfolg, Macht) in Verbindung.

Die Farben der Erdwesen sind Erdfarben wie Braun, viele Grüntöne, Rottöne in allen Schattierungen, Ocker und andere gelbliche Töne. Die ihnen zugeordneten Metalle sind Zinn und Blei. Ihre Instrumente sind Trommeln, Rhythmusinstrumente, Didgeridoos, tiefe Gongs. Zu ihnen passendes Räucherwerk sind verschiedene Baumhölzer, Storax, Sandelholz oder Copalharz.

Wenn Wesen der Erde sich bei dir melden, merkst du das daran, dass dich etwas an den Füßen oder an den Beinen berührt oder daran zupft, dass Dinge plötzlich verschwinden und wieder auftauchen, dass dein Weg sich plötzlich für einen Moment verändert, dass dir Dinge in Reimform durch den Kopf schießen.

Allgemeine Bedeutung

Die Wesen der Erde sind allgegenwärtig. Sie sind da, egal, ob du ihnen deine Aufmerksamkeit zuwendest oder nicht. Wenn wir uns mit ihnen verbinden, können wir jede Menge von ihnen lernen. Wir begreifen, wie wir unsere Ideale, Träume, Ziele und Ideen in der Welt verwirklichen können. Wir erfahren, wie wir unsere Kraft, unseren Willen und unsere Energie einsetzen müssen, um die Dinge in die Welt zu bringen. Wir öffnen uns dem Erfolg. Die Erdwesen hüten die wunderbaren Kräfte der Gestaltungsmagie. Sie lehren dich Beständigkeit, Ausdauer, Geduld und geben dir eine Portion Humor. Wir bekommen Hilfe bei der Planung der Schritte zu unserem Ziel, indem wir lernen, uns auf den Rhythmus der Natur einzustellen. Im Einklang mit diesem Kreislauf geht vieles leichter. Wir werden getragen. Wir erfahren, wie wir unsere geistigen Schöpfungen handwerklich zum Ausdruck bringen können.

Von den Erdgeistern lernen wir, dass ein Handlungsbogen nur erfolgreich sein kann, wenn er beständig und mit Geduld bis zu seinem Ende durchgezogen wird. Wenn wir eine Idee haben, müssen wir planen, wie wir sie umsetzen können. Dann müssen wir konsequent und ausdauernd dranbleiben, auch wenn uns die erforderlichen Handlungen manchmal gleichförmig und langwierig erscheinen. Doch ist es wichtig, den Handlungsbogen zu vollenden, damit wir das, was wir geschaffen haben, auch genießen können. Wenn wir z. B. ein Beet anlegen, müssen wir es betreuen und beständig gießen, die Erde lockern, Unkraut jäten etc. Wir brauchen Geduld, bis die Zeit reif für die Ernte ist. Erst mit der Ernte ist der Zyklus beendet, und ein neuer kann beginnen.

Die Wesen der Erde sind die Hüter der Mysterien, die hinter dem alltäglichen Geschehen liegen. Sie helfen uns, das Element Erde zu verstehen und zu meistern.

In dunkler Gestalt sind sie die Kräfte, die uns auf unsere Schwächen aufmerksam machen. Sie prüfen uns, senden uns durch die Verdichtung der Materie Hindernisse, stellen uns vor Entscheidungen, bei denen wir zwischen Gut und Böse entscheiden müssen, zeigen uns unsere negativen Eigenheiten in aller Deutlichkeit und schauen, ob wir für den wahren Schatz der Erde bereit sind.

Die Botschaft der Erdwesen lautet: Wisse, lieber Wandersmann, für alles gibt es eine Zeit. Eine Zeit zum Lachen, eine Zeit zum Saubermachen. Eine Zeit zum Feiern nur, eine Zeit zum Arbeiten in der Natur. Eine Zeit der Müßigkeit, eine Zeit der Tätigkeit. Lerne den Rhythmus der Erdenzeiten, sie führen dich in neue Weiten. Mit Fleiß, Ausdauer und Beständigkeit folge diesen Wegen, sie führen dich letztlich zu unbegrenztem Segen.

Ritual ~ Die Kraft der Erde ~

Diese Übung ist am besten in der Natur, im Wald durchzuführen, z. B. an einem schönen Platz in der Nähe von alten Bäumen. Ziehe deine Schuhe aus, und fühle die Erde unter deinen Füßen. Spüre, wie sie dich trägt. Nimm sie ganz bewusst wahr. Halte Ausschau nach Plätzen des Übergangs in die Erdreiche: knorrige Wurzeln, Erdlöcher, Felshöhlen. Wenn du einen Eingang gefunden hast, so lasse dich in seiner Nähe nieder. Bitte die Wesen der Erde, in ihre Welten eintreten zu dürfen. Dort liegt eine Kraft verborgen, die dir auf deinen Wegen hilft.

Entspanne dich, atme tief ein und aus. Wenn du bereit bist, stelle dir vor, wie dich ein Nebel umhüllt. Wenn du ganz in den Nebel eingehüllt bist, siehst du ein Tor. Du trittst durch das Tor in der Nebelwand und begibst dich zu dem für dich ausgesuchten Eingang in die unteren Welten. Die Erdgeister lieben Gedichte, Reime und rhythmischen Singsang. Sie werden davon angezogen. Wenn du einen Erdgeist entdeckst, so bitte ihn, dich in die Welt der Erde zu begleiten. Manchmal stehst du dann plötzlich von einer Schar von Zwergen und fühlst dich dazwischen wie ein Riese. Oder du stehst vor einem Riesen und fühlst dich wie ein Zwerg. Bitte die Erdgeister, dir das zu zeigen, was für dich gerade wichtig ist. Lasse dich im sicheren Schein ihrer Laternen führen. Manchmal bringen sie dich zu einem Erdhüter, sie können dich aber auch zu einem heiligen Ort, zu einem Schatz oder zu einem Tier führen, wodurch du Kraft bekommst. Ebenso können sie dir einen magischen Gegenstand überreichen, der dich schützt, oder sie können dir ein Ritual oder einen magischen Satz geben, der dir hilft. Auf alle Fälle ist das, was sie dir zeigen, Medizin auf deinem Weg. Dinge, die dreimal auftauchen und wieder verschwinden, sind für dich gedacht.

Wann deine Zeit im Erdreich um ist, bemerkst du daran, dass du wieder vor die Tür in der Nebelwand gebracht wirst, durch die du gekommen bist. Bedanke dich bei den Wesen der Erde. Tritt durch die Tür, und kehre zurück in deinen Körper. Öffne deine Augen. Bewahre das, was du erlebt hast, in deinem Herzen auf. Arbeite damit. Es wird dich tiefer in dich selbst und in deine wahre Kraft führen.

So, wie hier beschrieben, kannst du mit jedem Erdvölkchen oder Erdbewohner in der Natur Verbindung aufnehmen. Du kannst auch das Erd-Tattwa (siehe die Kapitel »Einführung in die Tattwa-Reisen« und »Pelleur & Virgo«) als Eingangstor in die Erdwelten nehmen.

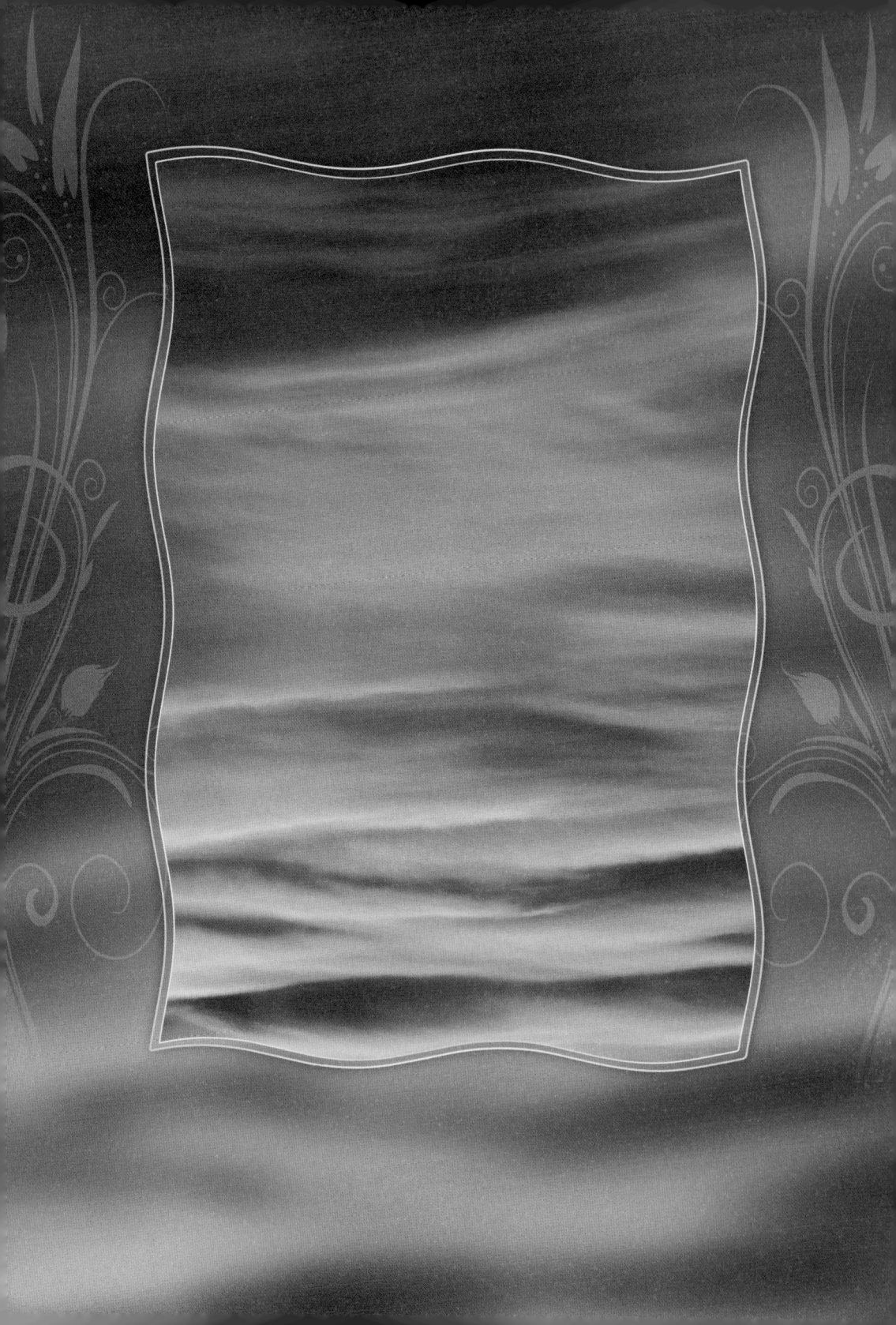

Wesen des Feuers

DYNAMIK, WANDLUNG, WILLENSKRAFT

Im Feuerreich nun angelangt, die Flammen brausen,
weitab vom Menschen Salamander und Feuergeister hausen.
Die Herren der Flammen und mächtigen Drachen
seit Äonen an diesem Ort die machtvollen Energien bewachen.
Die Kraft, der Mut, die Feuerprobe, sie erwarten dich hier,
doch ebenso Wille, persönliche Macht und Gier.
Im Spiel von Energie und Wandlung
erschließen Zerfall, Zerstörung und Zersetzung
neue Formen, die die Materie meistern.
Trittst du über die Schwelle der Feuergeister,
so lernst du, die Kräfte der Welt zu verstehen.
Energien, die niemals vergehen, sich in ewigen Zyklen drehen.
Geprüft wirst du an diesen Orten
fort und fort auf deinem Weg, in allen Taten und in Worten.
Doch bringt es dich zurück zu jenen fernen Reichen,
die Flammen langsam im Licht entweichen.
Denn aus Feuer wird Licht,
und Licht ist der Äther. Wähle weise!
So schließen sich die Kreise der
irdischen Dimensionenreise.

Hintergrund

Die Wesen des Feuerreiches verkörpern alle Eigenschaften des Feuers und sind weit vielfältiger, als wir vielleicht annehmen: Vulkani zucken in Bränden, wohnen in Vulkanen und unterirdischen Feuerwelten; Rauchgeister reiten durch die Luft; Salamander, Feuerkobolde, Druden u. v. a. wärmen und beseelen den Feuerschein in Öfen, Kaminen und im Lagerfeuer. In den Kerzenflammen drehen sich Feuerfeen im Tanz. Kleine Devas des Feuers zeigen uns in der Dunkelheit mit ihrem Licht den Weg.

Die Feuerwesen hüten eine unzerstörbare dynamische, mächtige Energie. Diese Energie kann je nach Intensität und Kraft einerseits höchste Liebe, Vereinigung, Erleuchtung, Ekstase, tiefe Freude, andererseits Gewalt, Wut, Rache, Zorn etc. hervorbringen. Feuer und Licht gehören zusammen, dementsprechend fließend ist der Übergang von den Feuer- zu den Lichtreichen bzw. zwischen den Feuer- und den Lichtwesen. Die Feuerenergie hat dynamische, wandelnde und reinigende Eigenschaften – auch Zerstörung ist Transformation der Energie.

Ordnung der Feuerwesen

Hüter des Feuers: Helios und Vesta; Symbol: Drache/Löwe

Vorsteher des Feuerelementes: Salamander; Herrscher: Djinn

Erste Entfaltungsstufe: Formbauer des Feuers, Feuerelementarwesen bei Tier und Mensch, Feuerpünktchen, sämtliche Dämonenarten, Schwarzalben, Vulkani, Druden, Rauchgeister

Zweite Entfaltungsstufe: Salamander, Drachen, Flamin (kleine Funkenwesen des Erleuchtungsfeuers)

Dritte Entfaltungsstufe: Musen, Sonnenwesen

Kosmische Ebene: Engel im Dienste des Christuslichtes (z. B. die Erzengel Uriel und Michael), Engel der Sonnen- und der Marssphäre (z. B. Samael und Anael)

Götter und Göttinnen des Feuers: Kali (indische Göttin der Zerstörung), Da Derga (keltischer »Roter Gott«), Typhon (griechisch-sizilianisches Ungeheuer), Agni (hinduistischer Gott des Feuers und Hüter des Menschen), Ra (ägyptischer Sonnengott), Brigid (keltische Göttin, die Lichtbringerin), Surya (hinduistischer strahlender Sonnengott), Tu-Njami (sibirische Mutter des Feuers), Apollo (griechischer Sonnengott), Latiaran (irische Göttin, die die Saat des Feuers trägt) u. v. a.

Feuerwesen weisen folgende Hauptmerkmale auf: Sie sind mächtig, dynamisch, lichtvoll, strahlend oder lodernd. Sie sind in der einen oder anderen Form immer in Bewegung und Wandlung und lieben es, alles in Schwung zu halten. Sie sind intelligent und schätzen ihre Freiheit und Unabhängigkeit. Ihre Bewegungen sind oft eckig, zackig, blitzschnell, und sie verändern ständig ihre Gestalt, die sich eher in männlicher als in weiblicher Form ausdrückt. Sie sind in ihrer Beständigkeit unbeständig, folgen der Energie und sind da zu Hause, wo das Feuer erglimmt. Sie hausen in Hitzeschlünden der Erdtiefen, Kratern, friedlichen Feuern, Hochöfen … Sie lieben heiße Rhythmen und die flinke Fortbewegung, und ihre Verständigung ist oft sehr schnell und gebündelt.

Die Wesen des Feuers folgen den kosmischen Strömungen und eigenen Gesetzen. Je mehr sich das Feuer in Licht verwandelt, desto ruhiger, höher, andächtiger und stiller sind die Wesen und desto heiliger die Bereiche, über die sie wachen. An den Übergängen vom

Feuer zum Licht hüten meist mächtige Drachen die Schwellen. Den Menschen begleiten die Feuergeister in seiner Energie, seinen Trieben, seiner Antriebskraft, seinem Willen und seiner Stärke.

Magische Geschenke der Feuergeister sind der Stab der Wandlung (Zauberstab), der Dreizack, das magische Horn (Wille), die Keule, die sowohl belebt, als auch tötet, der Kessel der Fülle und der Schmelztiegel, in dem alte Energien gewandelt und neu gestaltet werden. Tore in die Feuerwelt sind je nach Grad der Umwandlung ins Licht unterschiedlich: Wo die Sonne die Erde berührt, geht es in die oberen Welten; wo das Feuer aus der Erde kommt, geht es in die unteren Welten; wo Feuer auf der Erde entfacht wird, geht es in die mittleren Energiewelten.

Die Wesen des Feuers stehen mit Pluto (Wandlung), Mars (Kampf) und Sonne (Kraft) in Verbindung. Ihre Farben sind kräftig und strahlend wie die des Feuers: intensives Rot, leuchtendes Gelb, knalliges Orange. Aber auch Schwarz, helles Gelb und bläuliche bis violette Töne können ihre Farben sein. Die ihnen zugeordneten Metalle sind Eisen und Gold. Feuergeister können sich in sämtlichen Reptilienarten zeigen. Ihre Instrumente sind Rasseln. Zudem lieben sie alle Arten von Zisch- und Knalllauten. Sie mögen Räucherwerk wie Kampfer, Schellharz, Weihrauch und gern auch Schwefel, freilich nur ganz wenig. Wenn Wesen des Feuers sich melden, merkt man dies an Wärme oder Hitze auf der Haut, an einem leichten Brennen oder Beißen, an im Augenwinkel aufblitzenden Funken oder daran, dass einen etwas zwickt, pikt oder sticht. Der Kontakt mit ihnen hat oftmals etwas angenehm Wärmendes, das auch leicht scharf sein kann, je nachdem, welche Gattung Feuerwesen sich meldet.

Allgemeine Bedeutung

Die Kraft der Feuergeister ist mächtig und dynamisch, ursprünglich, wendig und schlau. Sie ist in höchstem Maße zerstörerisch und gleichermaßen schöpferisch. Feuerwesen lassen sich nur schwer unter Kontrolle halten und sind recht eigenwillig. Sie folgen ihren eigenen Gesetzen, werden durch die kosmischen Ströme gelenkt.

Von allen Naturwesen beachten Feuergeister den Menschen am wenigsten, haben am wenigsten Interesse am Menschen. Sie geben sich ihm gegenüber meist erst einmal gleichgültig. Wenn der Mensch nicht aufpasst, beherrschen sie ihn, und nicht er sie. Es lohnt sich jedoch, zu diesen Wesen den Kontakt zu suchen. Sie haben eine belebende Wirkung und bringen unsere Kräfte in Schwung. Sie schenken uns Mut, Zuversicht und neue Lebenskraft. Sie helfen uns im Prozess der Wandlung. Sie unterstützen uns dabei, unsere ursprüngliche Energie zu reinigen, umzuwandeln und zu erneuern. Sie stehen uns bei der Auflösung alter Denkmuster und Verhaltensweisen bei, zeigen uns, welche Barrikaden niedergerissen werden müssen, damit die Energie wieder frei fließen kann. Sie helfen uns, unsere Kraft und Energie mithilfe unseres Willens in die richtigen Kanäle zu lenken und damit neue Kräfte zu entwickeln. Die Wesen des Feuers leiten uns dazu an, unsere Energie kennenzulernen und sie zum Ausdruck zu bringen. Sie treiben uns voran in neue

Zeiten. Sie lehren uns, die Gesetze und Kreisläufe von Ursache und Wirkung zu verstehen. Mit Selbstdisziplin und Beständigkeit wird die Verbindung zu den Feuergeistern zu einem gleichmäßig lodernden Feuer, das uns in der Entwicklung höherer Energieformen voranbringen kann. Alle Energie, die, in welcher Form auch immer, von uns ausgesandt wird, kehrt zu uns zurück. Die Feuerwesen sind die Lenker. In dunkler Form prüfen sie uns. Sie erscheinen in allen Trieben, tierischen Instinkten und Gelüsten unseres Egos. Sie verführen uns mit ihrer mächtigen Kraft und bringen uns vom Wege ab. Es macht ihnen Spaß, ihre Kräfte mit uns zu messen. Bekommen wir sie nicht unter Kontrolle, so haben sie uns am Wickel.

Die Botschaft der Feuerwesen lautet: Licht und Feuer gehören zusammen. Aus Licht entsteht Feuer, und aus Feuer entsteht Licht. Wer mit dem Feuer spielt, kann sich verbrennen. Das einzige Beständige ist der Wandel. Nichts wird so stark sein, wie eine Sache, deren Zeit gekommen ist. Die Energieströme lenken wir.

Ritual ~ Antwort der Feuergeister ~

Um in Kontakt mit den Wesen des Feuers zu kommen, nimm dir Zeit, und betrachte ein offenes Feuer, z. B. ein Lager- oder ein Kaminfeuer. Entspanne dich, und konzentriere dich auf die Flammen. Schaue, wie sie sich bewegen und tanzen. Während du das Feuer fest im Auge behältst, folgst du im Geiste den Flammen. Mit der Zeit wirst du Gesichter und Gestalten in den Flammen tanzen sehen. Wenn du die Wesen erkennen kannst, dann ist der Weg zu ihnen offen.

Nimm dir einen Zettel und einen Stift. Schreibe das auf, was du demnächst verwirklichen möchtest, oder eine Frage, die du hast, ein Problem, das dich beschäftigt. Notiere dazu deinen Namen und dein Geburtsdatum. Weihe den Zettel, sprich ein Gebet. Halte den Zettel in der Hand, und lade ihn mit deiner Energie auf. Atme tief ein und aus. Bitte die Feuergeister um eine Antwort oder ein Zeichen. Bitte die Feuerfeen, Salamander und Rauchgeister des Feuers, dir eine Botschaft zu senden. Entspanne dich erneut, und warte, bis der Weg zu ihnen sich öffnet. Wenn du ein Zeichen erhältst, z. B. ein lautes Knacken, Funken oder das Gefühl, dass eine der sich bewegenden Gestalten dich anschaut, dann ist es so weit.

Bedanke dich, und halte deinen Zettel so über das Feuer, dass Hitze und Rauch sich darunter sammeln können, ihn jedoch nicht verbrennen. Bewege das Blatt Papier über den Flammen. Lasse dich dabei führen. Du kannst immer wieder überprüfen, wie weit es vom Rauch schon gezeichnet wurde. Wenn du meinst, dass es genug ist, bedanke dich wieder bei den Feuergeistern. Manchmal zeigen dir auch die Feuergeister, dass die Botschaft vollständig ist, z. B. durch ein lautes Knacken, durch einen Wärmestoß oder indem, sie sich abwenden.

Du kannst für dieses Ritual auch eine Kerze in den Farben des Feuers wählen, die du zuvor den Feuergeistern weihst. Der Vorgang ist ähnlich. Wenn du die Feuerfee in der

Kerzenflamme tanzen siehst, die Kerze stark zu rauchen oder die Flamme zu zucken beginnt, kannst du mit dem Ritual anfangen. Ziehe den geweihten Zettel immer wieder über das Feuer.

Wenn der Zettel fertig gezeichnet ist, entspanne dich, und schaue auf die Rauchmuster. Was siehst du? Welche Botschaft haben dir die Feuergeister gesandt? Suche nach Mustern, Symbolen, Gegenständen o. Ä. Hebe den Zettel auf, und betrachte ihn öfter, bis die Botschaft angekommen ist. Dies ist der erste Kontakt mit den Wesen des Feuers. Denke immer an sie, wenn du mit dem Element Feuer zu tun hast. Geht ein Feuer einmal nicht an, so rufe sie herbei, dann wird es sicher nicht lange dauern, bis es brennt.

VORSICHT: Feuergeister sind nicht so leicht zu handhaben. Stelle dir, je nachdem, welche Art Feuer du vor dir hast, eine Schale oder einen Eimer mit Wasser daneben, auch bei Kerzen! Will das Blatt sich nur schwer zeichnen lassen, so fehlt dem Feuer die Energie. Fackelt das Blatt hingegen ab, so kann eine schnelle Transformation oder Veränderung bevorstehen.

Blauer Schmetterling

EINHEIT, METAMORPHOSE, WUNDER

Zarte blaue Lichtgestalten
im Himmel über Wunder walten.
Zeigen sie sich dir im Lebensverlauf
kommst du jederzeit wieder gut drauf.
Erwarte Wunder und den Zauber der Natur,
verbinde dich wieder, fühle die Einheit jetzt pur.
Eine frohe Botschaft, sie möchte dich erreichen,
sie stellt jetzt in deinem Leben neue Weichen.
Öffne dein Herz für die Liebe zu allem Leben,
du kannst dich der göttlichen Kraft hingeben.
Sei still, schaue in den Himmel jetzt,
es kann heilen, was dich einst verletzt.
Eine Wandlung steht bevor,
öffne dein Herz und dein Himmelstor.

Hintergrund

Der Schmetterling ist allgemein ein Tier der Transformation, der Veränderung und der Metamorphose. Er zeigt einen Durchbruch an, den nur du von innen in deiner Zeit vollziehen kannst. Du verlässt für immer einen alten Zustand, da du dich ganz neu erfährst. Der blaue Schmetterling hat eine besondere Bedeutung: Er zeigt, dass dir bei diesem Übergangs- oder Wandlungsprozess Hilfe aus dem Himmel zuteil wird. Der Himmelsfalter oder Blaue Morphofalter ist einzigartig in seinem Wesen. Er zeugt von einer besonderen Kraft und lebt in den tropischen Regenwäldern Mexikos, Mittelamerikas, Südamerikas und Trinidads auf einer Seehöhe von 1400 Metern. Bei seinem Anblick hüpft das Herz vor Freude. Er verzaubert und berührt unsere Seele ganz tief und erinnert uns an die Leichtigkeit und das Licht in uns. Bei den Naturvölkern Südamerikas steht er für Heilung, Einheit, Wunder und Führung.

Allgemeine Bedeutung

Landet der blaue Schmetterling bei dir, so werden Wunder geschehen. Dinge, die du nicht für möglich gehalten hast, werden wahr. Er ist ein Glücks- und Heilungsbote. Er berührt die Seele ganz tief und bringt Erinnerungen an deine einstigen feinstofflichen Fähigkeiten zurück. Alles ist mit allem verbunden, und jede Information ist im Einheitsfeld vorhanden.

Der blaue Schmetterling kann dich zu alten Erinnerungen aus Atlantis und Lemurien führen und dich zu Lichtstätten im Ätherreich tragen. Er lässt dich das Wissen um die tiefe Verbundenheit mit allem Leben erfahren. Seine Farbe verweist auf den Himmel und das Meer – die Räume der Einheit und Unendlichkeit. Schmetterlinge zeigen sich oft als Wissende und als Hüter positiv geladener Plätze, an denen Heilung und Wunder geschehen können.

Berührt dich der blaue Schmetterling oder Himmelsfalter, so erwarte ein Wunder und den Segen des Himmels. Achte auf deine Träume. Die Naturreiche werden dich führen. Hülle dich in das strahlende Blau, und folge deinen inneren Impulsen. Setze dich für das ein, was dir wichtig ist. Warte nicht, sondern beginne, deine Träume und Visionen in die Tat umzusetzen. Folge deinen Eingebungen. Du bist verbunden mit allem Sein.

Der blaue Schmetterling kann dir auch eine liebe Botschaft von deinen Ahnen oder von Menschen bringen, die bereits die Seite gewechselt haben. Liebevolle Wesen wachen über dich und deinen Weg.

Die Botschaft des blauen Schmetterlings lautet: Du bist verbunden mit allem Sein, das Gute fließt reichlich. Richte dich auf höhere Ebenen aus, breite die Flügel deines Geistes aus, und verlasse deine selbst auferlegten Begrenzungen. Der Himmel ist grenzenlos und frei.

Ritual ~ Der blaue Nebelschleier ~

Gehe in die Natur. Nimm dir heute Zeit, in den Himmel zu schauen und die grenzenlose Weite und Allverbundenheit wahrzunehmen. Verbinde dich mit dem Blau des Himmels und der Energie des blauen Schmetterlings. Öffne dein Herz für die Liebe zu allem Leben. Fühle die zarte, empfängliche Seite in dir.

Nimm das blaue Licht des Himmels mit jedem Atemzug in dein Energiefeld auf, und fühle, wie es sich mit dem Ausatmen in deinem Energiefeld verteilt und dich immer weiter öffnet. Dieses Blau wirkt nun immer stärker in deinem Energiefeld.

Schließe nun die Augen, und stelle dir einen zartblauen Schleier, einen feinen Nebel zwischen den Welten vor. Ein blauer Schmetterling zeigt dir in deiner Vorstellung den Weg. Du gehst durch diesen Schleier, ziehst ihn entweder zur Seite oder durchschreitest die Nebelwand.

Vor dir steht jetzt jemand, mit dem du in tiefer Liebe verbunden bist. Das kann ein Mensch sein, ein Tier, dein Lehrer, ein Engel, ein Lichtwesen oder eine Person, die schon auf die andere Seite gegangen ist und dich grenzenlos liebt. Nimm in deiner Vorstellung Platz, und nimm wahr, was dir dieses Wesen mitteilen, zeigen, geben oder sagen möchte. Du kannst auch Fragen stellen. Bedanke dich anschließend für alles, was du in dieser Sequenz erfahren hast. Wenn du einen Beweis brauchst, kannst du dieses Wesen auch um ein deutliches Zeichen bitten, das sich dir in deiner Welt zeigt. Bedanke dich auch dafür bei dem Wesen. Kehre in deiner Vorstellung durch den bläulichen Schleier wieder zurück in diese Ebene. Fühle für einen Moment die Verbundenheit mit allem Sein und den Segen der Geistigen Welten, die immer in Liebe und Fürsorge für dich da sind.

Stelle das, was du gehört, bekommen oder erfahren hast, nicht infrage. Es ist eine andere, viel feinstofflichere Wirklichkeit, die die grobstofflichen Ebenen durchwebt. Wunder geschehen, Träume können wahr werden. Der blaue Schmetterling trägt dir Botschaften zu.

ÜBRIGENS: Wenn du dich vor dem Schlafengehen mit dem Himmelsblau und dem blauen Schmetterling verbindest, wirkt sich dies stark auf dein Traumerleben aus. Bevor du am Morgen aufwachst, halte deine Augen geschlossen, und spüre der Energie der Nacht nach.

Boreas

STURM, AUFGEPEITSCHTE EMOTIONEN

Große Windmutter! Ihr Reiter der vier Winde!
Wind, Wind, blase, mein Kind!
Wir Windkinder treiben die Luft hoch, toben in dir. Luft, du bist unser Lebenselixier.
In wilden Tänzen wir wirbeln umher, je wilder, je toller, wir lieben es sehr.
Ausgelassen wir toben im treibenden Rausch der Meereswogen,
jagen die Brandung, entfachen die Wellen in gefährlichen Schnellen.
Hin und her, auf und nieder, wirbeln wir im Kreis immer wieder.
Blasen hier, pfeifen dort, rauschen an jedem windigen Ort.
Stürmisch ziehen wir in die Luft, umgeben alles mit unserem wilden Duft.
Tragen hoch, lassen fallen, lassen wildes Gelächter aus den Lüften erschallen.
Stürmische Winde sind unsre Natur, in ihnen sind wir zu Hause nur.
Große Windmutter, ihr Reiter auf den vier Winden,
euch wir dienen, auf euren Ruf wir verschwinden.
Für eine Pause zu euch nach Haus, bis ihr uns wieder schickt hinaus.

Hintergrund

Die Boreas sind Sturmgeister, die dem Element Luft angehören. Sie sind im Gegensatz zu den Sylphen die treibenden, bewegenden Kräfte von Wind und Sturm. Sie sind gröber und derber als die Sylphen. Die Sturmgeister beherrschen das Element Luft in allen heftigen Formen. Bei Stürmen in Wassernähe sind sie es, die munter durch das Wasser tauchen und die Wellen heftig hochpeitschen. In Landnähe fegen sie die leichten Dinge über den Boden, wirbeln sie hoch, um sie woanders fallen zu lassen. In Feuernähe treiben sie die Flammen hoch und heizen sie an, sodass die Funken sprühen und sich Brände entfachen können, wo es nicht sein soll. Sie treiben freudig die Wolken voran und fegen Regen und Schnee in unberechenbare Richtungen. Sie versperren die Sicht.

Die Eltern der Boreas sind die Windmutter, die sie auch lenkt, und die Reiter der vier Winde. Das Wort »Boreas« ist griechischen Ursprungs und bedeutet »der vom Berg Kommende«. Es ist ursprünglich der Name des Windgottes des heftigen und rauen Nordnordostwindes. Der Nordwind ist der Anführer der Stürme. Die Sturmgeister, die nach ihm benannt wurden, sind jedoch in allen vier Winden zu finden.

Bei hellem Sonnenschein vermögen sich die Sturmgeister kaum zu bewegen. Sie schweben dann wie gelähmt in den höheren Luftregionen dahin. Bei einer solchen Wetterlage kehren sie zur großen Windmutter und zu den Reitern auf den vier Winden heim und bleiben dort, bis ihre Zeit wieder gekommen ist. Sie fühlen sich aber an keinen Ort, an kein Gebiet gebunden. Ihr wahres Zuhause ist die Luft. Da, wo der Wind peitscht – je heftiger, desto besser – sind sie in ihrem Element. Ihre Leidenschaft ist das Toben, Aufpeitschen, das wilde Wirbeln im Kreis. Sie sind die Wesen der Luft, die für uns die zerstörerischen Kräfte dieses Elementes ausleben.

Wir haben verlernt, mit den Naturerscheinungen zu reden und sie zu verstehen, doch wir können wieder Verbindung zu ihnen aufnehmen. Wir können wieder lernen, mit den Winden, mit dem Regen, mit den Stürmen zu sprechen, ihnen zuzuhören und ihren Botschaften zu lauschen. So lösen wir uns langsam aus dem Gefühl, kleine Spielbälle uns unverständlicher Kräfte zu sein.

Allgemeine Bedeutung

Stürme gibt es auf allen Ebenen – in der Natur, in den eigenen Gefühlen, im Geist. Wenn die Boreas wüten, wenn sie um die Ecken sausen, wenn es pfeift und weht, wenn es stürmt und braust, wenn alles hinfortgerissen wird und Chaos entsteht, verlieren wir die Gabe der klaren Unterscheidung. Wir handeln dann wild und ziellos, versuchen, unseren Besitz zu retten und unseren Standpunkt zu verteidigen. Unser Blickfeld ist verengt. Wir verlieren uns im Getümmel, und je mehr wir versuchen, die Dinge zu packen, desto heftiger wirbeln die Boreas um uns herum und verwickeln uns immer stärker in ihr Spiel. So kann es passieren, dass wir aus der Fassung geraten, schimpfen und toben und Dinge von uns geben, die wir in einer ruhigen Stimmung niemals sagen würden.

Wenn du die Anwesenheit der Boreas wahrnimmst, wenn du keinen klaren Gedanken mehr fassen kannst, dann ist es an der Zeit, dich zu sammeln, dich in dich selbst zurückzuziehen und dich auf deine Kraft zu besinnen. Akzeptiere das, was gerade ist. Werde zum Beobachter, indem du still in dich einkehrst. Wenn dir in einem Streit Worte anderer Menschen um die Ohren fliegen oder in einer Stresssituation alles drunter und drüber geht, atme tief durch. Lasse dich von den Boreas nicht aus der Ruhe bringen: Sie folgen höheren Anweisungen. Konzentriere dich auf deine Kraft im Inneren. Wenn du deine Stärke fühlst, dann kontrolliere sie. Du kannst um Ruhe bitten oder den Ort verlassen und das, was gerade so wichtig war, auf einen anderen Zeitpunkt verschieben. Wenn die Sturmgeister sich zurückgezogen haben und die Sonne wieder beginnt, zwischen den Wolken hindurchzublinzeln, kannst du dein Anliegen noch einmal in Ruhe vorbringen. Die Botschaft der Boreas lautet: Uns macht es Spaß, herumzuwirbeln und die Geister zu verzwirbeln.

Ritual ~ Wetterzauber ~

Wenn dich die Boreas erreichen, beschäftige dich mit den Stürmen in deinem Leben. Lerne sie kennen, und lasse dich nicht von ihnen beherrschen. Werde zu ihrem Beobachter und lerne, ihre Botschaften zu verstehen, indem du ihnen zuhörst. Lerne, dein Schwert der klaren Unterscheidung zu führen. Die Boreas können dazu deine Lehrmeister werden. Frage dich: Was unterstützt und was verhindert meine innere Klarheit?

Wenn du etwas im Freien unternehmen willst und dort von den Boreas überrascht wirst, so kannst du mit ihnen sprechen. Wenn ihr zu mehreren seid, so bildet einen Kreis. Konzentriere dich oder konzentriert euch auf die Winde, auf die große Windmutter, die Reiter der vier Winde und ihre Kinder, die Boreas. Stelle dich oder stellt euch in die Richtung, aus der der Wind bläst. Atme ihn tief in dich ein, und öffne ihm dein Herz. Dann kannst du entweder in Worten deines Herzens mit den Boreas, der großen Windmutter und den Herren der vier Winde sprechen, oder du kannst Folgendes sagen:

Boreas, Boreas, Boreas, ihr Reiter auf den vier Winden, große Windmutter!
Ich rufe euch an. Ich bitte euch kraft meines Herzens,
ruft eure Tiere in die warmen Ställe zurück,
zieht euren Atem zurück in die Wolken über mir!
Blast sanft für mich (uns), Boreas, Reiter auf den vier Winden, Großmutter Wind.
Boreas, blast ihr über mich (uns), blast ihr über mich (uns) hinweg,
lasse ich (lassen wir) Kerzen euch zu Ehren brennen.
Windmutter, ihr Reiter auf den vier Winden, ihr Boreas, nehmt eure Kräfte zurück!
Seid gesegnet!

Warte hier einen Augenblick. Dann sprich wie folgt weiter:
Wir wissen um die Wahrheit in den Kräften der Natur.
Wir verstehen, dass du weißt, was nötig ist.
Falls deine Winde in einer Viertelstunde nicht aufgehört haben zu blasen, …

Variante 1:
… werden wir unsere Feier im Hause verrichten.
Aber wenn ihr unsere Gesellschaft schätzt,
große Windmutter, ihr Reiter auf den vier Winden, ihr Boreas, so gebt uns ein Zeichen.

Variante 2:
… sende mir ein Zeichen des Schutzes auf meinem Weg.
Weise mir einen Ort, einen Platz, eine Richtung.
Große Windmutter, ihr Reiter auf den vier Winden,
ihr Boreas, gebt mir ein Zeichen, behütet mich auf meinem Weg!

Oft dauert es ein paar Minuten, bis der Wind sich legt oder bis ein Zeichen kommt. Es kann jedoch auch sein, dass die Boreas noch heftiger anfangen, zu toben, nachdem du mit ihnen gesprochen hast. Sie antworten dir. Denn möglicherweise hat der Sturm einen wichtigen Sinn und Zweck. Wir erhalten oft Schutz, wenn wir mit den Kräften des Windes und des Regens sprechen, aber nicht immer. Lerne, der Antwort zu lauschen.

Devas

KOSMISCHES LICHT

Gegenwärtige strahlende Wesen,
deren Bewusstsein die Ewigkeit umfasst,
deren Dienst auch das Begrenzte einschließt,
deren Licht alles beleuchtet, belebt und erhellt.
Sie enthüllen den Ursprung der Welt,
den Plan der Natur,
die geschaffen sind aus einer Hand nur.
Trotz ihrer Vielfalt und trotz ihrer Pracht
nur das Licht des Einen aus ihnen lacht.
Devas erhalten rein die wahre Natur in ihrem Sein.

Hintergrund

Das Wort »Deva« stammt aus dem Sanskrit und bedeutet »Schein«, »Glanz«. Die Devas kommen aus dem Ätherreich, der Welt der Engel, und gehören zu den Engeln der Natur, die wiederum höheren Engelwesen unterstehen. Im Unterschied zu den Engeln der Natur befinden sich Devas in den lebendigen Formen der Schöpfung. Die Engel der Natur sind ungebunden und frei beweglich, eine Pflanzendeva z. B. wohnt hingegen in der Pflanze. Die Devas verfügen nicht über Zauberkräfte im herkömmlichen Sinne. Ihre Aufgabe ist anderer Natur. Sie sind die Mystiker unter den Naturwesen, die sich in ihrem ganzen Wesen mit dem göttlichen Licht vereinen. Sie leiten das kosmische Licht aus dem Kosmos in alle Wesen und erhalten es aufrecht, sodass sich der göttliche Plan entfalten kann. Sie sind es, die das Licht aus dem Kosmos, die Kräfte der Planeten, in alle Formen der Natur, die sie bewohnen, leiten und auf die Erdschwingungen herunterdrosseln. Sie speisen das Lichtfeld der Natur mit dem vollkommenen Plan des Göttlichen. Die Formbauer modellieren nach diesem von den Devas durchgegebenen Plan die lebendigen Formen der Schöpfung. So, wie in einem Samen schon der Bauplan für die Pflanze angelegt ist, so ist im Äther der vollkommene Bauplan für jede sich auf der Erde befindliche Lebensform mit ihren bestimmten kosmischen Kräften angelegt. Durch ihre Tätigkeiten bauen die Devas das Lichtfeld (die Aura) der Pflanzen und Bäume auf und stärken es.

Devas gibt es in allen Größen und Gestalten, als winzige Lichtpunkte ebenso wie als Gebirgsketten. Es gibt Blumendevas, Baumdevas, Walddevas, Bergdevas, Platzdevas u.v.m. Sie wachen darüber, dass alles Leben in der Natur sich nach göttlichem Plan und Gesetz entfalten kann. Ohne das Licht der Devas könnte sich kein Baum, keine Pflanze, kein Mineral, kein Gebirge, keine Landschaft, keine Blume entfalten. Die Deva des Ortes empfängt und leitet den großen kosmischen Lichtstrom in die Blumen und Baumdevas in ihrem Umkreis. Diese wiederum leiten das Licht in die Erde und verankern es dort.

Die Devas sind zuständig für den ständigen Austausch der Lichtsubstanz. Sie sind der Atem der Natur, von übernatürlicher Schönheit und völlig versunken im Licht. Ihr Wesen ist immer und ausnahmslos nach dem Licht ausgerichtet. Ihre unpersönlichen Dienste, ihre wunderbare Anmut, Selbstlosigkeit, Hingabe und Liebe erinnern die Menschen daran, dass sie nicht die einzige Schöpfung des Göttlichen sind. Die Devas sind stets bemüht, das Licht, die Schönheit, die Reinheit und die Harmonie zurückzubringen, die wir einst kannten und die oft tief in unserem Sein als Sehnsucht verborgen schlummern.

Allgemeine Bedeutung

Wenn dich die Devas mit ihrem Licht berühren, würdige ihre Arbeit. Sie sind es, die die Tätigkeit des Lichtes in allen Formen aufrechterhalten. Im Licht sind sie in stiller Andacht und ewigem Gebet vereint. Sie verteilen die Leben spendenden Energien, ohne zu werten. Sie verschenken sich und ihr Licht.

Menschen, die die Natur lieben, ziehen die Devas an. Dort, wo man sie anerkennt und schätzt, entfaltet sich die Natur in ihrer vollen Blüte und Pracht, und die Pflanzen scheinen besonders stark zu duften. Diese Orte hüllen einen in Liebe ein. In großen Städten, überall, wo das Prana, die Energie der Luft, sehr dünn ist, findet man sie weniger. Manche Plätze sind so zugerichtet, dass die Devas dort nicht mehr mit ihrer vollen Kraft wirken können.

Wenn wir die Devas um Schutz und Segen bitten, sie mit der Kraft unseres Herzens rufen, zeigen sie sich uns und stehen uns bei allen lebensbejahenden Tätigkeiten in der Natur bei. Devas arbeiten mit allen Naturwesen zusammen. Diese werden von ihrem Licht angezogen und helfen in dessen Schein. Für die Naturwesen ist das Licht der Devas das, was die Sonne für den Menschen ist. Die Devas hüten und beschützen die Orte, an denen sie wirken, bringen ihnen Frieden, Herrlichkeit, Fülle und Segen. Verbinde dich mit dem Licht der Devas. Würdige sie. Sie erhalten die reine Lichttätigkeit aufrecht.

Die Botschaft der Devas lautet: Alles ist in Licht getaucht, in wunderbare Farben. Frieden sei mit allen Wesen. Frieden und Ruhe sei mit dir und mit allem, was von uns berührt wird.

Ritual ~ Senden des Lichtes ~

Devas senden ihr Licht in alles, was ist. Sieh, wie dich das Licht des Kosmos beständig versorgt. Schicke heute allen, die dir begegnen, Licht. Wenn dich jemand aus der Fassung bringen möchte, so sende ihm deinen Frieden: »Frieden sei mit dir.« »Das Licht möge dich begleiten.«

Wenn du dich mit den Devas verbinden möchtest, so kannst du sie über die Kraft deines Herzens rufen. Hier ein Beispiel für ein Gebet:

Ein Gebet an die Devas

✳✳✳

Ihr Devas, Engel der Natur,
erscheint mit eurem Licht,
taucht diesen Platz, diesen Ort,
in euren segenspendenden Schein.
Ich rufe und bitte euch,
hütet, erneuert und beschützt diesen Platz, diesen Ort.
In eure Obhut gebe ich ihn.
Frieden soll hier sein,
jetzt und für alle Zeiten.
Ich danke euch für euer Wirken. Amen.

Deva des Ortes

HÜTERIN, INFORMATION

Deva des Platzes, Deva des Ortes,
sie kennt jede Pflanze, jedes Tier in jeder Sorte.
Sie hütet den reinen Himmelsplan, damit er sich vollkommen entfalten kann.
Devas, sie halten das Licht auf dem Platz, sie sind der Hüter, der kosmische Schatz.
Durch sie sprechen die Erde und das alltägliche Gesicht
von denkwürdigen Dingen, vom ewigen Licht.
Alles, was war, was je geschah, was je sein wird, was ist und stirbt,
finden wir in ihr Licht geschrieben. Sie sind das Buch der feineren Lieben.
Nichts entgeht ihrem Sein, alles finden wir in ihrem Schrein.
Höre ihnen zu, so wirst du wissen, was zu tun ist, was zu lassen.
Ist deine Absicht selbstlos und rein, so werden sie stets mit dir sein.

Hintergrund

Die Deva des Ortes, auch Deva des Platzes genannt, gehört zu der großen Gruppe der Devas. Sie ist im Ätherreich zu Hause und gehört in die mächtige Welt der Engel. Sie dient dem Licht. Sie kann sehr groß sein und ihr Licht sehr weit reichen, sie kann aber auch klein sein. Das hängt von dem Ort, dem Platz ab, den sie betreut.

Die Deva des Ortes empfängt die großen kosmischen Lichtströme und leitet sie zu den Pflanzendevas und Baumdevas in ihrem Umkreis, die das Licht tief in der Erde verankern. Sie ist das Herz eines Platzes, das mit seinem Lichtpuls das Licht verteilt und zirkulieren lässt. Als Hüter der Natur eines Ortes hat sie die Aufgabe, alles, was dort geschieht, in ihrem Licht aufzuzeichnen. Die Devas des Ortes sind das Gedächtnis der Natur. Jede kann die Geschichten ihres Platzes erzählen, die sich dort seit Anbeginn der Zeit abgespielt haben. Sie kennt alle Wesen, die sich im Umkreis aufhalten und aufgehalten haben.

Die Deva des Ortes baut die Aura, das Lichtfeld der Natur an einem Platz auf und erhält das Licht aufrecht. Auch kennt sie die uralten Rituale und Gesetzmäßigkeiten, die ein Platz braucht, damit er in vollkommener Harmonie erstrahlen kann. Ist das Licht an einem Platz gestört, die Deva durch die Unachtsamkeit der Menschen verletzt, was u.a. durch Gift, Müll, Abwässer, negative Gedanken und Gefühle, schwarzmagische Handlungen etc. geschehen kann, so kann sich der göttliche Plan für diesen Platz, diese Pflanze, diesen Baum … nicht richtig entfalten, und durch diese negativen Einflüsse entstehen Störungen, Misstöne und Missbildungen.

In der Deva des Ortes sind die heilenden, helfenden Lichtessenzen der göttlichen Natur enthalten, die auch im Menschen schlummern. Sie wirkt auf der Seelenebene und ist mit den kosmischen und planetaren Kräften des Universums verbunden, aus denen unsere Erde und unser Sein aufgebaut sind. Sie unterstützt uns dabei, wieder mit diesen Kräften in Kontakt zu treten. Wenn wir in Berührung mit einer Deva des Platzes kommen, so können wir dies an dem mächtigen Lichtstrom, an der starken Kraft des Platzes erkennen. Der starke Kraftstrom ist meist das Zentrum eines Ortes, z. B. ein Hügel, eine Lichtung, ein Steinkreis, ein freier Platz inmitten der Natur.

Allgemeine Bedeutung

Erreicht dich das Lichtfeld der Deva des Ortes, so lasse dich berühren. Die Deva ist der Hüter der göttlich-geistigen Natur und erhält alles Licht in vollkommener Weise aufrecht. Zu früheren Zeiten, als die Natur noch ursprünglicher und der Mensch noch mehr ein Teil von ihr war, waren viele Plätze heilig und in vollkommener Harmonie mit dem Kosmos ausgerichtet. Viele dieser »heiligen Plätze« wurden zu Zeremonie- und Ritualplätzen, an denen man zu bestimmten Zeiten, nach bestimmten Gesetzmäßigkeiten Rituale vollzog, um die Natur zu stärken und sich mit ihrer Kraft zu verbinden. Die Deva des Ortes mehrte an solchen Plätzen das Licht. Hier wurde die Verbindung zwischen den Naturgeistern und den Menschen geehrt, und die Plätze wurden mit den Kräften von Himmel und Erde aufgeladen. Hier lauschte der Mensch der Stimme des Kosmos und den Gesetzmäßigkeiten der Erde. Hier erfuhr er seine Aufgaben für die nächste Zeit. Die Deva des Ortes hütet das göttliche Licht und die gesetzmäßigen Abläufe.

Auf vielen solcher Kraftplätze wurden später Kapellen, Kirchen und Kathedralen errichtet. Viele Devas des Ortes wurden dabei gebannt und teilweise schlimm zugerichtet, sodass sie ihre eigentliche Kraft nicht mehr richtig entfalten konnten. Alles, was an einem Platz oder Ort geschehen ist, wird im Licht der Devas wie in einem Buch aufgezeichnet. Je mehr der Mensch sich von der Natur entfernte, desto weniger verstand er sie und damit sich und seinen Lebenssinn. Heute sind allerorts viele Plätze in der Natur durch die Ereignisse der Epochen, den technischen Fortschritt und verschiedene Entwicklungen zutiefst gestört. Die Devas des Ortes können dort nicht mehr rein wirken. Sie rufen dich zur Umkehr und zur Mithilfe am großen Plan auf und erinnern dich an deine früheren Fähigkeiten, zu heilen, in lebendigem Austausch mit der Natur zu stehen und mit den Kräften der Natur hilfreich zu wirken.

Die Botschaft der Deva des Ortes lautet: Licht, Licht, Licht, erstrahle in der reinsten Form. Alles Lebendige unterliegt unsrer Norm. Frage uns, wir sind das Buch aus Licht, die Geschichten des Platzes erzählen wir aus geistiger Sicht. Ich rufe dich her, unterstütze mich nun. Damit Frieden wird und Altes kann ruh'n.

Ritual ~ Gebet für Segen und Heilung der Erde und der Naturdevas ~

Das, was die Devas für die Erde und die Natur tun, können wir unterstützen. Gehe dazu in die Natur. Suche Plätze auf, die ihre wundervolle Energie verloren haben, die trübe oder krank wirken. Du kannst diese Übung auch mit mehreren Leuten zusammen machen, dann bietet es sich an, dass ihr euch in einem Kreis aufstellt. Konzentriere dich auf deine Mitte. Atme ein paarmal tief ein und aus, und nimm Kontakt mit der Energie des Platzes auf. Bitte deine Engel, den Engel der Natur oder den Engel der Landschaftsheilung, dich zu unterstützen. Sprich z. B. wie folgt:

»Ihr Engel ich rufe euch. Schutzengel, Engel der Natur, Engel des Platzes, kommt, schützt und begleitet dieses Erdheilungsritual. Wirkt durch mich in Tat und Wort. Sendet euer heilendes Licht durch mich, damit der Boden wieder seine lichte Kraft bekommt.«

Schließe deine Augen, und frage, welche Farbe für diesen Platz jetzt gut ist. Der erste Gedanke, die erste Farbe, die dir spontan in den Sinn kommt, ist richtig. Atme tief. Stelle dir vor, wie das Licht des Kosmos durch deinen Scheitel in dich fließt – aufgeladen in der entsprechenden Farbe. Spüre, wie es sich in deinem Herzen sammelt und durch deine auf den Boden gerichteten Handflächen unablässig in die Erde strömt.

Wenn der Prozess für dich abgeschlossen ist, frage die Deva des Platzes, ob es hier noch etwas zu tun gibt. Schließe deine Augen, und warte auf eine Antwort. Sie kann als Gefühl, als Zeichen, als Laut etc. kommen. Manchmal sind auf dem Platz noch dunkle Energien vergangener Tage zu spüren. Rufe die Wesen des Lichtes: »Wesen des Lichtes, alles, was an diesem Platz geschehen ist, ist vergeben und verziehen. Geht zurück in das Licht. Dieser Platz sei nun wieder frei. Er wird jetzt wieder heller und heller.«

Sieh, wie alles Dunkel an diesem Platz jetzt ins Licht gezogen wird. Du kannst dir dies vorstellen wie einen mächtigen Wirbelsturm, der alles Dunkle in seine Mitte und nach oben zieht. Wenn du das Gefühl hast, alles Dunkle ist weg, dann beende das Ritual mit einem kleinen Gesang oder einem kleinen Abschlußgebet, z. B.: »Möge dieser Platz rein sein, rein bleiben und die ursprüngliche Kraft zurückkehren.«

Wisse, es ist getan. Die Engel werden deine oder eure Arbeit segnen. Du und all jene, mit denen du dieses Ritual durchgeführt hast, stehen unter ihrem Schutz. Die Deva des Ortes kann sich nun erholen und ihre ursprüngliche Arbeit wiederaufnehmen.

Drachen

MACHT, ZERSTÖRUNG, SELBSTMEISTERUNG, HÖCHSTES GLÜCK

Drachen machen starke Sachen,
nichts ist zu hoch, nichts ist zu weit, die mächt'gen Drachen kommen aus der Ewigkeit.
Verborgen in der Tiefe bewachen so manch kostbaren Schatz die Drachen.
Du kommst nicht vorbei an ihnen, kannst ihnen nicht entrinnen
und auch nicht so schnell entfliehen. Einmal erspäht,
sind sie bereit, dich zu verschlingen.
Drachenkraft, Drachenblut, Drachenmut, das tut gut!
Verstehe seine Kraft, die aus dem Chaos die Ordnung bewacht.
Welche widersprüchliche Natur in seinem Sein ist seine Macht?
Doch ihm nah so leicht kommt keiner,
zu ihm vorzudringen, schafft so schnell nicht einer.
Schutz vor was und Schutz vor wem?
Wem dient er? Wo ist er nicht zu seh'n?
Lerne, auf dem Drachen reiten,
dann wird das Glück dich ewig begleiten.
Er ist da, das ist klar, hast du Angst oder bist du bereit,
an der Schwelle der Ewigkeit.

Hintergrund

Das Wort »Drache« leitet sich von dem griechischen Wort »drakon« ab, was »Schlange« oder »Wurm« bedeutet. Die meisten Drachen werden jedoch als eine Verknüpfung von mehreren Tieren dargestellt. So können sie z. B. die riesig vergrößerten Flügel einer Fledermaus, Klauen wie Adler, den Körper einer Schlange oder eines Krokodils, die Masse eines Elefanten und den Rachen eines Löwen haben. Meist sind es allerdings riesige Reptilien mit mehreren Köpfen und Schwänzen. Sie leben häufig in den Tiefen der Erde, in Höhlen und Grotten. Sie sind mit so manchen magischen Kräften ausgestattet, z. B. mit Drachenblut, das unsterblich macht, mit Asche, die alles in Gold verwandelt, mit einem Drachenherz, das unendliche Kraft und Stärke verleiht, oder mit Kristallen in ihren Augen, die nur die Wahrheit sehen können.

Drachen sind die mächtigsten Kräfte des Ätherreiches, gehören aber gleichzeitig dem Feuerelement an und können sich auch in den Elementen Wasser, Luft und Erde zeigen. So gibt es Feuerdrachen, Erddrachen, Luftdrachen und Wasserdrachen. Sie sind überall auf der Welt aus unzähligen Sagen und Legenden bekannt. In Europa, Vorderasien und Westasien ist der Drache meist die Verkörperung des Bösen, der chaotischen, widergöttlichen Kräfte, des Feindes der Gottheiten und des Menschen, der im Kampf getötet werden muss. In Ostasien hingegen ist der Drache für die Menschen die Verkörperung des Guten und des Glücks.

Erzengel Michael kämpfte gegen einen Drachen. Er wird als Drachenbezwinger und später als Drachentöter beschrieben. Tatsächlich stach er in einen mächtigen Kraftpunkt (verkörpert durch einen Drachen) und kanalisierte so die Energie in höhere Bereiche. Das meint der Ausdruck »Drachenbezwinger«. Viele Kirchen und Kapellen sind an sogenannten Drachenpunkten errichtet, als Symbol der in höhere Reiche gelenkten Drachenenergie. An diesen Punkten werden die höchsten Heilkräfte freigesetzt.

Der Drache Typhon, »der Dampfende«, auch Python genannt, ist ein Riesenungeheuer der Unterwelt. Mit 100 Drachenköpfen und Schlangenfüßen verkörpert er die zerstörerischen Naturkräfte wie Vulkanismus, vergiftende radioaktive Strahlungen oder Überflutungen. In der Johannesoffenbarung 13,1–5 können wir lesen: »Und ich sah ein Tier aus dem Meer steigen, das hatte zehn Hörner und sieben Häupter und auf seinen Hörnern zehn Kronen … Und das Tier, das ich sah, war gleich einem Panther und seine Füße wie Bärenfüße und sein Rachen wie ein Löwenrachen. Und der Drache gab ihm seine Kraft und seinen Thron und große Macht. … und sie beteten den Drachen an, weil er dem Tier Macht gab …« So wird der Drache als Gegenspieler des Göttlichen beschrieben.

Drachen sind auch Hüter an den Schwellen, Wächter der kostbaren Schätze, die nur hinter diesem bestimmten Tor zu finden sind. Sie wachen an den Übergängen vom Feuer ins Licht, vom Wissen zur Weisheit. Das zeigt sich in östlichen Kulturen, wo Drachen oft himmlische Boten sind, die die Wohnstätten und Schätze der Gottheiten bewachen und alle Kräfte beherrschen. Hier gibt es Donner-, Wolken- und Regendrachen, Erddrachen, die die Flüsse reinigen, kaiserliche Drachen, die die Kaiserreiche beschützen und sie mit höchster Macht versehen, Drachen, die die Kräfte von Yin und Yang beherrschen, die für die Verwirklichung des Tao (östlicher Weisheitsweg) notwendig sind. Einen Meister, der gelernt hat, diese Kräfte zu beherrschen, nennt man jemanden, der auf dem Drachen reiten kann. Mächtiger Schutz, Vollkommenheit, übergeordnete Sicht, höchstes Glück und größte Macht und Stärke werden demjenigen zuteil, der unter seiner Kraft geboren ist, mit seiner Kraft gesegnet ist oder unter dem Schutz seiner Kraft steht. Begründer vieler östlicher Reiche waren Drachenkämpfer.

Drachen stehen für Sexualkraft, unbändige Energie, Macht und Schutz, größtes Unheil und Gift und größte Heilung und Heiligung. Solange Drachen geboren werden, erneuert sich die gesamte Lebensenergie. Drachen treten immer dann auf den Plan, wenn der Einsatz aller Kräfte gefragt ist, um über eine Schwelle zu schreiten. Die Kraftlinien der Erde, die Leylines, werden »Drachenspuren« genannt. Auch die Energiepunkte des Körpers, die Akupunkturpunkte, heißen Drachenpunkte. Der aufsteigende und absteigende Mondknoten im Horoskop ist die Drachenkraft, die verrät, woher der Mensch kommt, mit welcher Kraft er ausgestattet ist und wohin er geht.

Drachen sind mächtige Kräfte, die auch in uns schlummern. Je öfter wir den Drachenspuren folgen, desto mehr entfalten wir unsere innere Kraft und gelangen an die Macht. Macht an sich ist eine neutrale Energie. Wichtig ist, wofür ein Mensch sie einsetzt – ob er sie beherrscht, sie lenkt und sie einsetzt, um höhere Ziele zu erreichen, oder ob sie ihn beherrscht. Ein Mensch, der seine Macht und Stärke nicht lebt, begegnet dieser Kraft oft von außen.

Allgemeine Bedeutung

Die mächtige Drachenkraft ist da. Sie schlummert tief in allen Kräften, verborgen in Höhlen und unterirdischen Gefilden. Drachen hüten die größten Schätze. Ein Drache zeigt sich selten, doch wenn er sich dir offenbart, so ist die Zeit nah, in der sich alte Dinge ein für allemal abschließen, ja sich sogar abschließen müssen, damit das Neue kommen kann. Drachen wachen an den Übergängen. Hier gibt es keine Kompromisse mehr, kein Vielleicht, kein Wenn-und-Aber, kein Oder-doch-lieber-Nicht. Wenn der Drache vor dir steht, sich in all seiner Größe zeigt, dann heißt es, aufzupassen und allen Mut in dir zusammenzunehmen. Mache dich bereit. Hier wirst du alle Kräfte, alle Fähigkeiten aufbieten müssen, die du je erlernt, dir angeeignet hast und in dir trägst. Deine Gedanken sind in völliger Ruhe, damit deine Intuition dich führen kann. Deine Handlung ist von einer inneren Kraft gesteuert. Du bist wach und gegenwärtig, damit du den nächsten Schritt wagen kannst. Hier gibt es kein Zurück mehr.

Wir alle kommen einmal in die Situation, lange an einer Sache gearbeitet und uns mit ihr beschäftigt zu haben, eine Entwicklung vollzogen zu haben und bereit zu sein, alte Dinge zu beenden und endgültig gehen zu lassen. Wir sind den Drachenspuren der sich in uns entwickelnden Kraft gefolgt und stehen nun vor der Abschlussprüfung. Doch so einfach geht es nicht. Bevor alte Dinge wirklich gehen können, bäumen sie sich noch einmal mit ihrer ganzen Kraft, Macht und Größe auf. Sie zeigen ihr wahres Gesicht, das wir bisher nur erahnen konnten. Sie stellen sich dir mit aller Macht als das größte Hindernis auf deinem Weg zum Glück entgegen. Sie scheinen unüberwindbar. Dies ist die letzte und schwerste Prüfung auf deinem langen Weg. Besiegst du sie in diesem Augenblick nicht, so verschlingen sie dich für alle Zeiten, und du wirst ihr Knecht. Besiegst du sie, so wird die Kraft, die sich dir entgegenstellte, ein stärkender Teil von dir. Sie wird zu deinem Licht. Du hast dann ein Drachenherz, und Drachenblut fließt in deinen Adern. Du kannst auf dem Drachen reiten, da du die mächtige Kraft in dir freigelegt hast. Die alten Dinge können dich nicht mehr behindern. Sie können niemals wieder Macht über dich gewinnen, denn sie sind ein für allemal erledigt. Der Durchgang ist nun frei. Der gehütete Schatz strahlt dir schon entgegen und ist nun ganz leicht zugänglich. Es gibt danach nichts mehr zu tun. Dir kann nichts mehr passieren. Wer den Drachen bezwungen hat, dem winkt das Glück schon von Weitem, es kommt ganz von allein herbeigeeilt.

Die Botschaft der Drachen lautet: »Größere Felder der Kraft warten auf dich. Meistere dich selbst. Stelle dich mutig deinem Schicksal. Ich fordere dich heraus. Lerne, deine Kräfte zu beherrschen, Verantwortung für dein Tun zu übernehmen und deine Gefühle und Gedanken auf rechte Weise zu lenken, damit sich die Kraft von Zeitalter zu Zeitalter erneuern kann. Als Meister deines Selbst kannst du auf meinen Schwingen ruhen, und ich werde dir nichts tun.«

Ritual ~ Den Drachen schrumpfen lassen ~

Wie stehst du zu der Kraft der Drachen? Meidest du sie? Dienst du ihr? Dient sie dir? Bezwingst du sie, um sie zu lenken und in höhere Bereiche zu kanalisieren?

Gehe der Macht, die auch in dir wohnt, nicht aus dem Weg, denn dann begegnet sie dir von außen. Lerne sie kennen, lerne, sie zu entfalten und sie lichtvoll zu lenken. Folge den Spuren des Drachen zu den höchsten Weisheitsschätzen des Lichtes.

Wenn du das Gefühl hast, der Drache, das Ungeheuer, die Macht begegnet dir von außen, durch eine Situation, durch einen Umstand, durch einen oder mehrere Menschen, kannst du folgende Übung machen:

Nimm dir Raum und Zeit. Atme tief ein und aus, und errichte zuerst eine undurchdringliche, durchsichtige magische Wand. Stelle sie dir so vor, wie du sie brauchst. Wenn sie errichtet ist, lasse den Drachen, das Ungeheuer hinter diesem Geschehen, das dich in Ohnmacht versetzt und in Verteidigungsposition zwingt, vor dir entstehen. Rufe den Menschen, die Situation, den Umstand, das, was auf dich wie ein »Ungeheuer« wirkt, hinter diese Wand. Lasse es zu seiner ganzen Größe und Mächtigkeit anwachsen. Betrachte es in allen Einzelheiten: Es ist das Wesen, mit dem du zu tun hast. Wie viele Köpfe hat es? Welchem Element entspringt es? Welche Farben hat es? Was kann es? Wozu will es dich zwingen? …

Rufe nun deine Engel und lichtvollen Helfer. Stelle dir vor, wie dir dein Engel oder dein lichtvoller Helfer einen magischen Gegenstand überreicht, mit dem du dieses Ungeheuer, das sich vor dir auftürmt, bezwingen kannst. Er gibt dir genau das, was du jetzt brauchst, um es zu bezwingen, und nennt dir den Schwachpunkt des Ungeheuers. Er überreicht dir z. B. eine magische Lupe, mit der du das Ungeheuer auf eine Größe schrumpfen lassen kannst, die dir angenehm erscheint, z. B. auf Taschenformat. Er zeigt dir den Stöpsel, den du ziehen musst, damit dieses Ungeheuer Luft verliert und klein wird. Er überreicht dir ein magisches Schwert und zeigt dir den Punkt, den du anstechen musst, damit dieses Ungeheuer seine gesamte Kraft verliert … Lasse dich von deinem Engel führen. Er kennt das Geheimnis des Ungeheuers. Er weiß, wie es besiegt werden kann.

Wenn du es bezwungen hast, kannst du schauen, ob es einen Schatz hinter sich gehütet hat. Nimm diesen Schatz, er ist für dich. Wenn dein Kampf bestanden ist, so widme dich dem Alltag. Jedes Mal, wenn du das Gefühl hast, irgendetwas wird übermächtig, wird für dich zum Ungeheuer, so nimm dir Zeit für dieses Ungeheuer. Gehe ihm nicht aus dem Weg. Die lichten Kräfte helfen dir jederzeit, es zu bezwingen, es schrumpfen zu lassen und auf ein für dich erträgliches Maß zu reduzieren. Du wirst danach einen Unterschied bei deiner nächsten Begegnung mit den Menschen, der Situation, dem Umstand feststellen können.

Magische Drei

MANIFESTATION, WANDLUNG DER ENERGIE

Die Trinität ist eine Kraft, die Substanz zerstört, erhält und erschafft.
Der Kreis der Drei, so lasse dir sagen, er wird dich durch das Leben tragen.
Dreimal erscheinen die guten Feen, danach sind sie nicht mehr zu seh'n.
Drei Wünsche hast du, wähle weise, sie erfüllen sich auf deiner Lebensreise.
Drei Aufgaben hast du zu erfüllen, dann wird sich die Kraft enthüllen.
Dreimal erscheint die prüfende Kraft, den Herzensklang sie erschafft.
Rot, Schwarz und Weiß sind der dreifältige Göttinnenkreis.
Silber, Gold und Diamant, drei Farben hat das Prachtgewand.
Mond, Sonne und Sterne, ja, diese Kräfte haben viele gerne.
Zeigt sich ein Tier dreimal von allen Seiten, so wird dich seine Kraft begleiten.
Dreimal sprich diesen Spruch, dreimal klopfe auf das Tuch,
dreimal drehe dich im Kreise, und schon erscheint der alte Weise.
Drei ist eine magische Zahl, sie führt dich zum heiligen Gral.
Folge den Spuren der Drei. Denn eins, zwei, drei, und du bist frei.
Denn drei mache gleich, so bist du reich.

Hintergrund

Die Drei ist eine heilige und magische Zahl, die mit dem Übernatürlichen in Verbindung steht. Es ist die Zahl, die sich nicht nur für die Gegenüberstellung von Dingen eignet, sondern sich auch für deren Durchdringung anbietet (Tag – Zwielicht – Nacht, heiß – lau – kalt etc.). So lassen sich Gegensätze ohne harte Übergänge miteinander verbinden. In zahlreichen Mythen, Legenden, Erzählungen und Ritualen spielt die Zahl Drei eine große Rolle. Sie steht auf besondere Weise mit der mystischen Seele des Naturreichs in Verbindung. Sie ist die Zahl der Manifestation (des Form gewordenen Gedankens), der Verbindung, des Aufstiegs …

In der Dreiheit ist alles Geistige und Körperliche enthalten, nämlich Anfang, Mitte und Ende. In der Drei zeigt sich der Tanz der Energien. Jede Größe kann durch die Dreiheit erfasst werden, in Linie, Fläche und Körper, Länge, Breite und Höhe. Drei Akkorde, Oktave, Quinte und Terz, bilden eine Harmonie. Aus den drei Farben Rot, Gelb und Blau entstehen unglaublich viele Variationen an Farben. Dreifach sind die Lebensgeister: seiend, fühlend und verständigend. Die Dreiheit in männlicher Form bilden Vater, Sohn und Heiliger Geist, Gedächtnis, Vernunft und Wille. Die Dreiheit in weiblicher Form bilden die dreifaltige Göttin – die Jungfrau, die Mutter und die alte Weise, Liebe, Hoffnung und

Glaube. Dreifaltig ist die Flamme, die in den Farben Rosa für die Liebe, Goldgelb für die Weisheit und Blau für den Willen leuchtet.

Drei Reiche gibt es vor dem Menschenreich: das Mineralreich, das Pflanzenreich und das Tierreich. Helden vieler Legenden und Mythen kommen an der heiligen Zahl Drei nicht vorbei: Meistens gibt es drei Geschwister, drei Aufgaben müssen erfüllt werden, dreimal erscheint die gute Fee, dreimal begegnet der Held oder die Heldin den Schicksalsmächten, ein ein-, zwei- und dreiköpfiger Drache muss besiegt werden. Auch in der griechischen Mythologie erscheint die Drei in vielen Formen: Die Welt ist aufgeteilt in Oberwelt, mittlere Welt und Unterwelt. Es gibt drei Erinnyen, die auch Rachegöttinnen genannt werden. Ihre Namen sind Alekto, Teisiphone und Megaira. Sie beschützen die göttliche und die sittliche Weltordnung. Weiterhin sind da die drei Schicksalsgöttinnen, die Moiren (bei den Griechen), auch Parzen genannt, oder Nornen (bei den Germanen). Sie spinnen, bemessen und durchtrennen den Lebensfaden des Menschen. Bei den Griechen sind es Klotho, die Spinnerin, Lachesis, die Zuteilerin des Materials, und Atropos, die Unabwendbare, die den Lebensfaden durchtrennt. Drei Horen wachen über Recht und Ordnung: Dike, die Göttin des Rechts, Eirene, Göttin des Friedens, und Eunomia, Göttin der staatlichen Ordnung. Es gibt drei Gorgonen: Steno, Euryale und Medusa – jene Ungeheuer, die im äußersten Westen der Erde lebten, mit schreckenerregendem Antlitz, deren Abbildungen an Tempeln und Gräbern angebracht zur Abwehr böser Mächte dienen. Da sind die drei Grazien, auch Charités genannt: Anmut, Huld und Dichtung. Sie wachen über die bildenden Künste.

In vielen magischen Ritualen und Beschwörungsformeln spielt die Drei eine große Rolle. Das Dreieck im Kreis mit drei mächtigen Engelwesen erzeugt die Kraft der Manifestation. Wenn sich eine Kraft – sei es ein Engel, ein Naturwesen, ein Tier, eine Aussage, ein Hinweis etc. – dreimal in verschiedenen Formen offenbart, so spielt sie eine tragende Rolle im Leben eines Menschen und ist für ihn gedacht. Auch für den Aufstieg zur Meisterschaft ist die Drei bedeutend. Die Heiligen Drei Könige erschienen zu Jesu Geburt. Jesus ist am dritten Tage auferstanden. Drei große Stationen – Geburt, Leben und Tod – durchläuft das Leben, bevor es sich in eine neue Energie verändert. Das Symbol der Drei ist das allsehende Auge Gottes.

Allgemeine Bedeutung

Erreicht dich der Ruf der Drei, so höre auf ihren magischen Klang. Auch im Alltagsleben spielt die Drei eine große Bedeutung. Wenn wir z. B. an einen Ort reisen, so kommt die Seele erst am dritten Tag dort an. Der dritte Tag ist bei Unternehmungen oft der kritischste, weil sich hier die Energien anpassen und auf das Neue einstellen. Ob wir mit Gepäck wandern, fasten, reisen, ein Kind bekommen, mit einer Gruppe von Menschen unterwegs sind … am dritten Tag ist die Umstellung auf das Neue geschafft. Im Traum ist die Drei der deutlichste Hinweis darauf, dass ein Wechsel, eine Energieänderung, eine Neueinstellung stattfinden sollte oder wird. Die Kraft der Seele entfaltet sich dreimal.

Folge den Spuren der Drei in deinem Leben. Gehe achtsam und aufmerksam damit um, denn auch Worte, dreimal wiederholt, haben ihre Wirkung, egal, welche Energie sie ausdrücken. Lasse dich auf das Abenteuer deines Lebens ein – auf die Reise der Drei. Sie schafft die Verbindung mit allem, was war, was ist und was sein wird. In der Drei liegt die richtige Spannung, in der die Energie zirkulieren kann. Das Dritte von allem öffnet dir ein Tor. Dahinter findest du einen neuen Bereich. Folge der Drei. Sie ist der Tanz der Energien im Reich der lebendigen Natur.

Die Botschaft der magischen Drei lautet: Erscheine ich dreimal in meiner Weise dir auf deiner Lebensreise, so habe ich Bedeutung für dich, beachte mich.

Ritual ~ Drei Wünsche ~

Achte auf die Drei in deinem Leben. Wenn du etwas Neues beginnst, so sei die ersten drei Tage besonders aufmerksam. Nimm wahr, welchen Prozess du durchläufst. Wenn eine Nachricht, ein Wesen, ein Mensch, ein Tier, ein Traum, ein Gegenstand … dir dreimal begegnet, so hat dies eine Bedeutung, und du solltest diesem Zeichen nachgehen. Wenn dir auf einer Fantasiereise, im Traum oder in der Meditation ein Wesen dreimal begegnet, so ist das ein sicheres Zeichen dafür, dass dies für deine Lebenssituation wichtig ist. Wenn du etwas manifestieren, in die Welt bringen willst, so sprich es dreimal laut aus. Richte die Antennen auf die Drei in deinem Leben aus.

Wenn eine Fee vor dir auftaucht und dir sagt: »Du hast drei Wünsche frei«, was würdest du dir wünschen? Wie würde sich dein Leben verändern? Was würde passieren oder nicht passieren? Welche Möglichkeiten hättest du mit den drei Wünschen? Welche Möglichkeiten würdest du dir nehmen, wenn die drei Wünsche in Erfüllung gehen würden? Mit der Vorstellung der drei Wünsche betrittst du den unbegrenzten Raum, den spirituellen Raum deiner Seele. Mit den drei Wünschen steht dir das Universum offen. Jeden deiner drei Wünsche male dir bis in alle Einzelheiten aus, und zwar mit all den Vorteilen und Nachteilen, die er hat. Übe dich darin, dich von den Begrenzungen deines Denkens zu befreien. Öffne dich der magischen Seele, in der alles Leben in anderer Form existiert. Begegne dem Land, in dem alles möglich ist, dem Land der unbekannten Möglichkeiten. Immer wenn in deinem Leben die Grenzen und Welten zu eng werden, denke an die drei Wünsche, die du frei hast.

Die Drei lässt den Körper sich entspannen. Stelle dir z. B. drei Gegenstände vor, und du sinkst tief in einen ruhigen und entspannten Zustand. Die Zahl Drei führt dich in den Raum der Imagination. Hier wird das Licht verdichtet, das sich irgendwann in der Materie zeigt. Wenn du ein Ritual durchführst, so mache es dreimal. Wenn du auf einer Imaginationsreise beim ersten Mal nichts erlebst und auch im Leben manches nicht sofort klappt, so gib dir drei Chancen, bevor du eine Sache als Unsinn ablegst. Die Drei öffnet dir das Tor in das lebendige, magische Reich der Natur.

Einhorn

REINHEIT, HOFFNUNG, CHRISTUSKRAFT

Einhorn, deine Heimat sind die unbefleckten Gegenden der Seelen.
Es ziehen dich an die idyllischen Plätze die klaren Bäche und reinen Quellen.
Frei bist du und wild und zu finden schwer,
scherst dich nicht, kommt auch der Suchende von weit her.
Nimmst dich in acht vor der männlichen Kraft,
die trennt, spaltet und künstliches Leben erschafft.
Hütest die wahre Natur, sie ist rein, sie verbindet, heilt und sieht alles im Ein'n.
Nur mit List und Tücke lässt du dich fangen,
deine Schwäche sind allein der Jungfrauen zarte Wangen.
Sie locken dich an mit ihrem lieblichen Duft,
der über weite Strecken getragen wird von der Luft,
du legst deinen Kopf in ihren Schoß, hier bist du zahm und fühlst dich geborgen bloß.
Wer sich dir nähert mit Achtung und Liebe, wer bezähmt seine wilden Triebe,
wer deine Freundschaft gewinnt, wer geben kann statt nehmen will, dem bist du zugetan.
Mit der magischen Kraft deines Horns reinigst du die wildesten Kräfte,
die wollen zerstören die Lebenssäfte.
Denn du bist die Brücke in höhere Welten, wo andere Gesetze gelten.

Hintergrund

Das Einhorn, auch als Unicorn, Licorn, Kartazon und Monokeros bezeichnet, ist uns aus Legenden und Mythen bekannt. Die älteste erhaltene Beschreibung eines Einhorns stammt von Ktesias, einem griechischen Arzt, der mit dem König von Persien, Artaxerxes Mnemon II., und der Königin Parysatis auf Reisen war. Er schrieb ca. 400 v. Chr. in seiner Schrift »Indika«, in Indien gebe es flinke wilde Esel mit weißem Körper, dunkelrotem Kopf und einem spitzen Horn in der Mitte der Stirn. Dieses Horn sei ca. einen halben Meter lang, unten weiß, in der Mitte schwarz und an der Spitze rot. Wer aus einem Becher trinke, der aus diesem Horn gefertigt sei, werde vor allen Giften geschützt und von allen Krankheiten und Unreinheiten befreit. Er bleibe rein und gesund, nichts könne ihm etwas anhaben. Diese und zahlreiche weitere Heilkräfte wurden dem gedrehten Horn des Einhorns über viele Jahrhunderte zugeschrieben. Der Glaube daran führte in Europa im Mittelalter zu einem regen Handel von Trinkgefäßen, die angeblich aus echtem Einhorn waren. Meist stellte sich hinterher allerdings heraus, dass sie aus dem Horn eines Narwales gefertigt waren.

Einhörner stehen für Reinheit und Unschuld und verfügen über viele magische Fähigkeiten. In Gefangenschaft jedoch sind Einhörner nicht lebensfähig. Sie sind die Tiere der Feen und Elfen, die die Einhörner behüten und beschützen. Einhörner gehören in das Ätherreich, in die erhabenen Lichtreiche. In den Himmelsgärten grasen sie frei und friedlich. Wer an sie glaubt und sie sieht, hat ein Tor gefunden, an dem sich die Welten berühren. Einhörner sind schwer zu finden. Sie bewohnen die letzten reinen unschuldigen Flecken der Erde. In Legenden und Mythen wird berichtet, dass sie nur von Jungfrauen oder von Menschen, die sehr viel auf sich nehmen und reinen Herzens sind, gefunden werden können. Im Verlauf der Jahrhunderte wurde das Einhorn in vielerlei Formen beschrieben, verwandelte sich jedoch, zumindest in unserem Kulturkreis, immer mehr in ein weißes Pferd, das ein meist goldenes gedrehtes Horn auf der Stirn trägt.

Das Heim des Einhorns ist der Apfelbaum. Kostbarkeiten hütet es gern in einer Schachtel aus Zedernholz, und es wacht auch über das alte Wissen und die Schätze der Alchimie. Ein Einhorn zu töten bedeutet, seine Unschuld zu verlieren. Manchmal werden in der Natur Feen mit Einhörnern an ihrer Seite wahrgenommen. Sie reinigen und entgiften mit dem Einhorn die Landschaften, Seen und Flüsse, sodass sich die Wesen der Natur wieder erholen können. Wenn ein See vergiftet ist, so warten dort alle Tiere mit dem Trinken, bis ein Einhorn mit seinem Horn das Wasser entgiftet hat. Einhörner sind zum Symbol der Christuskraft geworden. Oftmals finden wir in christlichen Darstellungen Maria mit dem Einhorn auf dem Schoß als Symbol für die unbefleckte, reine Empfängnis. Das Einhorn ist ein Symbol der Reinheit, Hoffnung und des Lichtes. Solange es Einhörner gibt, hat der Mensch, der reinen Herzens ist, nichts zu befürchten. Die Tore zwischen allen Welten sind noch offen. Landschaft und Natur können sich in diesem Licht immer wieder reinigen und erneuern.

Allgemeine Bedeutung

Erscheint dir das Einhorn, so folge dem Ruf der lichten Reiche. Das Einhorn ist frei, wild, unbezähmbar und nicht für jedermann erreichbar, seine Sichtung ist ein Geschenk an dich. Wenn du mit ihm in Kontakt kommst, so stehst du an einem Tor zwischen den Reichen in einer Landschaft, in der sich alle Welten treffen. Es ist der Augenblick, in dem dein Herz weit geöffnet ist und tiefe Stille und Frieden in dich eingedrungen sind. Der Anblick wird dein Herz mit Liebe und Freude füllen. Aber Einhörner sind scheu. Der leiseste Gedanke, die kleinste Unruhe verschrecken sie, und die Magie, die eben begonnen hat, dich in ihren Bann zu ziehen, löst sich wieder auf.

Das Einhorn zu entdecken ist ein langer Weg. Es ist der Weg vom Licht durch die Materie in das Licht, zurück in die ureigene Unschuld und in die Reinheit der Liebeskraft. Es ist der Weg der Selbstläuterung, der Sehnsucht nach der Kraft des »Einsseins mit allem«. Je reiner du wirst, desto feiner werden deine Antennen. Du verbindest dich wieder mit der Natur und ihren Wesen, und diese führen dich auf die Lichtung, auf der die Einhörner grasen und wo alle Welten im Einklang miteinander verbunden sind. Hier erfährst du die Einweihung in die höheren Welten.

Der Kontakt mit dem Einhorn ist leicht, flüchtig, zart. In dem Moment, in dem du glaubst, ihn fassen zu können, löst er sich auf. Es ist eine Verbindung, in der andere Kräfte in dir aktiviert werden, nämlich das Stillsein, das Innehalten, das Beobachten und das tiefe Aufnehmen dieses lichtvollen Augenblicks in dein Herz. Nichts gehört dir, nur der Augenblick. Nichts kannst du mitnehmen, nur die Erinnerung. Nichts kannst du tun, nur sein und dich in diesem Moment dem Leben mit deinem ganzen Herzen öffnen.

Das Einhorn ist Teil einer anderen Welt. Einer Welt, die auch in dir auf ihr Erwachen wartet oder bereits in dir am Erwachen ist. Es ist die Welt der Fantasie, die Welt des Traumes, die Welt der jenseitigen lichten Reiche. Das Einhorn weckt die Sehnsucht nach der Welt des Lichtes in dir. Lasse dich von ihm berühren, tief in deinem Sein. Es erinnert dich an deine Reinheit und deine Unschuld, die tief in dir immer noch da sind. Es führt dich zurück in diese Kraft.

Die Botschaft des Einhorns lautet: Ein neues Verständnis öffnet sich dir, begegnest du mir. Wild und frei, rein und klar ist die Welt, die einstmals war. Suche mich, ich führe dich. Verbinde dich innerlich mit der reinen Kraft, die Hoffnung schafft.

Rituale ~ Übungen der Wahrnehmung ~

Wenn dir das Einhorn über den Weg läuft, weckt es eine tiefe Sehnsucht nach dem Reich des Lichtes. Andere Kräfte werden in dir aktiv. Lausche deinen Träumen. Lausche den Stimmen in deinem Inneren. Lausche dem Flüstern der Ewigkeit.

Das Einhorn lehrt dich, achtsam auf Dinge zuzugehen. Alles Lebendige ist mit einer Aura, einem Lichtfeld umgeben. Oftmals dringen wir in diese Felder ein, ohne den richtigen Abstand zu wahren oder anzuklopfen und um Einlass zu bitten. Kein Wunder also, dass wir viele Wesen verscheuchen und zum Rückzug zwingen, dass sich uns viele Geheimnisse nicht offenbaren. Sie schützen sich und zeigen uns nur ihre sichtbare feste Form. Gehe auf die lebendigen Formen zu, als ob du einem Einhorn begegnetest: behutsam, vorsichtig und sanft, mit Geduld, Ausdauer und Liebe. Wenn z. B. der Hüter eines Baumes, ein Faun, diese Achtung fühlt, so wird er sich dir offenbaren. Genauso wohnen in Steinen, Edelsteinen, Höhlen und in der gesamten belebten Natur Wesen, die sich dem Menschen nur offenbaren, wenn er achtsam ist und rein in seinen Absichten.

Bevor du dem Einhorn begegnen kannst, übe dich darin, weitere Fähigkeiten zu entfalten: die der Beobachtung, der Wahrnehmung und der Achtsamkeit. Spüre in der nächsten Zeit den Licht- und Energiefeldern nach, die die lebendigen Dinge der Natur umgeben. Sonnenaufgang und Sonnenuntergang sind in der Natur die besten Zeiten dafür, da zu diesen Zeiten die Kräfte wechseln und besonders aktiv sind.

Suche dir einen schönen Platz, einen Baum, einen Busch, was immer dir gefällt. Du kannst auch einen Menschen deines Vertrauens wählen. Konzentriere dich auf die lebendige Form. Atme tief ein und aus. Stelle dir vor, wie sich dein Herz öffnet wie ein Blumenkelch und sich in sanften Strömen zu der lebendigen Form hinbewegt. Konzentriere dich auf alle Einzelheiten. Versuche, mit deinem Blick das ganze Wesen zu erfassen. Du kannst auch deine Hände zur Hilfe nehmen, um den Energiefeldern nachzuspüren. Nimm Kontakt auf mit der Form. Ziehe die Hände langsam zurück und versuche, zu erspüren, bis wohin sich die Kraft von dem Gegenstand ausdehnt. Es kann ein leichtes Kribbeln sein, das du in den Handflächen fühlst, eine Spannung, ein leichter Widerstand. Die Unterschiede sind sehr fein, und es bedarf einiger Zeit des Übens, bis man sie wahrnehmen kann. Übe immer wieder, das Energiefeld mit dem gesamten Spektrum deiner Sinne wahrzunehmen: mit deinen Händen, deinen Ohren, deinen Augen, deiner Nase … Nimm die Dinge aktiv wahr. Schließe dann die Augen und versuche, sie mit den inneren Sinnen wahrzunehmen.

Folge deinen Eingebungen und deinem Gefühl. Bevor du z. B. das Energiefeld eines Baumes betrittst, frage innerlich, ob das in Ordnung ist. Gehe einfach in der nächsten Zeit etwas achtsamer mit den lebendigen Dingen um, die dich umgeben. Wahre den richtigen Abstand. Lebe mit dem Bewusstsein, dass alles beseelt ist. Fühle und spüre der Energie nach. Die Öffnung des Bewusstseins von den unsichtbaren Energiefeldern und die Schulung der Wahrnehmung derselben, sind die ersten Schritte auf der Suche nach dem Einhorn und der Begegnung mit ihm.

~ Die Kraft des Einhorns ~

Das Einhorn ist ein Symbol der Reinheit, des Lichtes und der Christuskraft. Du kannst dich in deiner Vorstellung von einem Einhorn berühren lassen, und sehen, wie deine Aura, der Lichtschutzmantel um deinen Körper, durch diese Berührung gereinigt und entgiftet wird. Wenn du einen Raum betrittst, kannst du das Einhorn rufen, damit es den Raum reinigt und ihn wieder in seine ursprüngliche Kraft bringt. Für alles, was der Reinheit, des Lichtes und der Reinigung bedarf, rufe das Einhorn. Mit seiner Macht und Kraft wird es die ursprüngliche Reinheit wiederherstellen. Will es nicht kommen und meidet es in deiner Vorstellung einen Ort oder einen Umstand, so vertraue ihm. Dort ist es energetisch für dich nicht gut. Schaue, was nötig ist, damit das Einhorn sich auch dort wohlfühlen kann und diesen Platz aufsucht, um ihn zu reinigen. Lasse dich von seiner Kraft führen.

Elben

SPIRITUELLES ERWACHEN, ÖFFNUNG, ERKENNTNIS

Du Schöne, Himmelsgleiche – Sanfte, Weiche,
öffne dich für die feinen Reiche.
Luft umweht dich, achte auf den Wind,
Botschaften bringt er dir geschwind.
Höre die sanften Elbenklänge, die reinen feinen Elbengesänge.
Sie öffnen die Seele und reinigen das Herz,
neuer Mut, statt ewigem Schmerz.
Überirdische Liebe zu allem Leben
wird dir frisch goldene Energie jetzt geben.
Verweile bei den Elben, den zauberhaft Starken,
du kannst jetzt neue Schritte wagen.
Lerne deine schöpferischen Kräfte weise anzuwenden,
bei den Elben bist du in den besten Händen.

Hintergrund

Die Elben sind das älteste Volk auf Erden. Der größte Teil der Elbenvölker hat nur gute und lichtvolle Seiten. Sie hüten das alte Wissen, eine starke Magie und die Weisheit dieser Erde. Sie werden die Erstgeborenen genannt, da sie lange vor den Menschen in die Welt gekommen sind. Sie sind schöngestaltige, anmutige, schlanke Wesen, die sich mühelos, leichtfüßig, schnell und elegant bewegen. Ihre Füße hinterlassen keine Spuren. Ihre Gesichtszüge sind ebenmäßig, fein, ihre Haut makellos und von schimmerndem Glanz. Elben sind oft über zwei Meter groß. Ein Teil in ihnen ist immer wach. Sie ruhen sich zwar aus, doch die hell leuchtenden Augen bleiben klar und wach. Sie besitzen ein hohes Zauberwissen, sind geschickte und gerechte Krieger sowie die besten Schmiede für Schwerter, außergewöhnlichen schutzbringenden Schmuck und magische Gegenstände. Sie sind wunderbare Heiler, genaue Beobachter, begnadete Künstler und Musiker, die die Naturseele öffnen. Sie beschützen und behüten die Natur, die Tiere, Wälder und Berge – wenn es sein muss, auch mit ihrem eigenen Leben. Sie lenken die Spure der Tiere und lassen mit ihrer Vorstellungsgabe Pflanzen gedeihen. Ihnen kann man nichts vormachen, sie erkennen jedwede Absicht sofort, da ihr Blick rein ist. Sie sind hellfühlig, hellsichtig und ihre Sinne sind weit geöffnet. Es ist ein Segen, ihnen zu begegnen. Sie helfen den Menschen, wenn sie guter Absicht sind, und hüten ihre Reiche und ihr Wissen. Ihre Waffen sind meist Pfeil und Bogen. Ihre Sprache ist so sanft und geheimnisvoll wie der Wind. Der

Klang ihrer Stimme weckt die Seele auf. Orte, an denen Elben leben, sind harmonisch, bezaubernd, erhaben, atemberaubend schön und verströmen einen traumhaften Glanz.

Allgemeine Bedeutung

Ein uraltes und spirituelles Volk berührt deine Seele. Sanft, kraftvoll und weise. Die Elben sind wunderbare Lehrer, die uns vieles lehren können – im Einklang mit der Natur und im Einklang mit dem Gesamten. Eine neue Stufe der spirituellen Entwicklung erwartet dich. Die Welt befindet sich in der Veränderung, und wir verändern uns mit ihr. Lerne, mit dir selbst im Einklang zu schwingen und deine Kräfte zu erwecken. Richte dich in der Liebe aus. Beobachte eine Situation erst, bevor du handelst, und richte deinen Blick auf Frieden, Harmonie, Freude und Kraft aus. Bringe mit deinen Worten und Taten Hoffnung und Zuversicht in die Welt. Richte dich auf das Ziel in deinem Herzen aus, bevor du etwas anfängst. Nimm hoch schwingende Nahrung zu dir, die deinem Körper Kraft und Energie schenkt. Meditiere in der Natur, und verbinde dich mit höheren Ebenen. Alle Weisheit ist bereits in dir. Eine Phase der Neuausrichtung und Selbstschulung steht bevor.

Die Botschaft der Elben lautet: Öffne dich für die Kraft in allem, dann wird dir diese Welt gefallen. In dir wohnt ein großes Potenzial, du bist verbunden mit dem All. Harmonie und Liebe machen dich frei, die Schönheit wird dich führen. Es öffnen sich jetzt die verborgenen Türen. Wir schulen dich in den feinen Dingen, hier kannst du wachsen, hier wird's gelingen.

Ritual

Elben sind weise sanfte Lehrer, die dir helfen, dein Sternenauge zu öffnen. Es gibt einiges, was du von ihnen lernen und für eine längere Zeit beachten kannst, um dich zu reinigen und dich frei von Abhängigkeiten zu machen.

1. Ernährung: Elben bevorzugen flüssige Nahrung – Suppen, Säfte aus Kräutern, Beeren und Früchten. Diese helfen dir, dich zu reinigen und die feinstofflichen Sinne zu öffnen. Nimm dir vor, dich eine Zeit lang gesund zu ernähren, keine Chemie, Zusatzstoffe oder künstlichen Zucker oder Salze zu dir zu nehmen. Du wirst bemerken, dass deine feinstofflichen Sinne sich schärfen.

2. Harmonie in deiner Umgebung: Bringe deinen Lebensbereich in Harmonie. Entrümple, und mache dich frei von Ballast. Lebe in Schönheit und Würde.

3. Künste: Schule dich in den Künsten: im Schnitzen, Bogenschießen, Malen, Musizieren ...

4. Meditation und Atemübungen: Lade dich über die Atmung, Bewegungen und Meditationen mit Licht auf, und sorge damit für dich selbst, für deine Balance und dein Wohlbefinden.

Tritt in Kontakt mit den Elben: Wähle dir dafür ein feines Plätzchen in der Natur. Lasse deine Seele sprechen, indem du Silben und Töne formst, die nicht unbedingt einen Sinn ergeben, sondern dein Energiefeld harmonisieren. Du kannst singen, ein Instrument spielen und dich auf den Klang der Schöpfung einstimmen. Schließe nun deine Augen, und verbinde dich mit dem Volk der Elben. Warte, bis du ihre Gegenwart fühlst. Dies können ein sanfter Windhauch, goldenes Licht, zarte Wohlgerüche, die dich umweben, oder eine sanfte liebende Schwingung, die dich einhüllt, sein. Begrüße die Elben auf deine Weise, und lasse dich von ihnen in ihre Reiche führen. Sie schulen dich oder öffnen mit Kristallen oder magischen Gegenständen deine feinstofflichen Lichtkanäle. Du fühlst, wie neue, feine Energie in dich einströmt, Bereiche in dir geöffnet werden, Energie sich befreit und reinigt und du immer mehr in Harmonie mit dir und deiner Umgebung kommst. Du spürst eine deutliche Energieanhebung. Vielleicht erhältst du auch eine Schulung oder dir werden besondere Plätze, Pflanzen oder Künste gezeigt. Lasse dich von den Elben führen. Sie überreichen dir ein Geschenk aus ihrer Welt. Bedanke dich bei ihnen. Frage sie, ob du auch etwas für sie tun kannst. Vielleicht haben sie noch eine Botschaft für dich? Anschließend wirst du an deinen Platz zurückgeführt. Noch einmal fühlst du ihre Gegenwart und bedankst dich für alles, was du erfahren konntest. Öffne deine Augen, komme an den Platz wieder an. Oft ist es nach einer Elbenbegegnung so, dass einem besondere Plätze ins Auge fallen, Pflanzen, die man bisher noch nicht bemerkt hat, oder man sich stärker mit dem Lebendigen Feld und den Zeichen, die uns dieses Feld sendet, verbunden fühlt.

Elementale

GEDANKEN UND GEFÜHLSKRÄFTE

Mensch, Erbauer deiner Form, deines Lebens, deiner Norm,
erschaffst den ganzen Tag, was aus Gefühlen und Gedanken ausströmen mag.
Sei wachsam jetzt. Alle Dinge ziehen ihre Kreise.
Du erschaffst die Welt, lichtvoll oder trüb, auf deiner Reise.
Von dir wieder und wieder ausgesandt, kehrt alles zurück in deinen Bann.
Ein Raum voll von negativen Kräften, die sich nähren von deinen Säften.
Ein Raum voll Freude von Liebe erfüllt, sie deine guten Kräfte enthüllt.
Alles kehrt zu dir zurück und beeinflusst dein zukünftiges Glück.
Gefühle und Gedanken sind Magie, drum benutze unendlich sorgsam sie.
Mit ihnen erschaffst du eine Wesenskraft, welche Energie aufbaut oder wegrafft.

Hintergrund

Elementale sind durch die Gedanken von Menschen erschaffene und geformte Wesen. Jeder Gedanke, jedes Gefühl, jeder Wunsch sendet ein Elemental aus, auch Gedankenform genannt. Jedes Elemental besitzt eine eigene Existenz, eine eigene Gestalt und lebt unabhängig von dem, der es geschaffen hat. Elementale sind bleibend.

Wir erschaffen und aktivieren zwei Typen von Elementalen. Wenn ein negatives Gefühl einen Gedanken beherrscht, erzeugen wir eine emotionale Gedankenform niederer Schwingung. Wenn unsere Ideen, Wünsche und Emotionen von Liebe und Einsicht durchdrungen werden, erschaffen wir heilende Gedankenformen. Ein einmal geschaffenes Elemental kann nicht zerstört, sondern nur entkräftet werden, indem es nicht weiter genährt wird, d. h., indem wir aufhören, dem Gedanken durch ständige Wiederholung Energie zu geben.

Elementale ähnlicher oder gleicher Art verbinden sich miteinander und bilden ein machtvolles Gruppenelemental, das sind machtvolle Wesenheiten. Wenn ein Mensch oder eine Gruppe von Menschen die gleiche Schwingungsfrequenz aufweist, werden in Resonanz stehende Gruppenelementale angezogen, und die Atmosphäre verdichtet sich. Wir alle kennen Gruppendruck, unausgesprochene Erwartungen und Stimmungen, die sich mit einem Schlag ändern, wenn wir einen Raum betreten. Hier wirken die Elementale, die von den Menschen, die an diesem Ort sind (und waren), geschaffen wurden. Elementale erhalten die ausgesandte Energie aufrecht. Sie beeinflussen alles, was mit diesem Ort, mit diesem Schwingungsfeld in Kontakt kommt, auch die Naturwesen.

Einige Naturwesen nehmen von den Menschen und den von ihnen erzeugten Schwingungen wenig Notiz, da sie aus der göttlicher Quelle gespeist werden oder in der unberührten

Natur walten und nah an ihr dran sind. Doch gibt es auch Naturwesen, die von den Gedanken und Empfindungen der Menschen beeinflusst, ja dadurch sogar erschaffen und geformt werden. Unreine, heftige, depressive, aggressive oder ängstliche Gedanken, die fortwährend durch den Menschen erzeugt und gehegt werden, bilden entsprechende Gedankenformen und Wesenheiten, die diesen Schwingungen entsprechen. Derartige durch den Menschen erschaffene Wesenheiten sind um ihn herum und beeinflussen ihn und die gesamte Umgebung mit all den anderen sichtbaren und unsichtbaren Mitbewohnern. Der menschliche Energieabdruck hinterlässt seine Spuren bei den unsichtbaren Bewohnern, die sich in seiner Nähe aufhalten. So können dunkle oder Schaden bringende Wesen der Natur entstehen oder die hilfreichen Geister belebt werden. Nicht umsonst werden Menschen, die dunkle Absichten hegen, in Märchenbüchern oft mit allerlei düsteren Gestalten um sie herum abgebildet oder so geschildert. Wir nehmen diese Wesen wahr. Wir können sie spüren als helfende oder unerwünschte Geistwesen um uns herum. Diese Geistwesen sind die Erzeugnisse unserer Gedankenkräfte. Viele Naturwesen sind aus dem Licht der Engel erschaffene Elementale.

Allgemeine Bedeutung

Werde dir bewusst, dass wir Miterschaffer, Miterzeuger und Mitschöpfer der Welt um uns herum sind, eingeschlossen die Welt, die wir nicht sehen. Wir beeinflussen sie und sie wiederum uns. Alle Ströme sind miteinander verbunden. In diesem Wissen liegt eine große Verantwortung und Aufgabe. Wir befinden uns in einem ständigen Zustand der Veränderung. Je nachdem, welche Elementale wir durch ständige dauerhafte gedankliche Wiederholung aufbauen, schaffen wir eine düstere oder lichtvolle Umgebung.

Wir alle bewegen uns in einer Atmosphäre, die die Summe alles Bösen aus früheren Zeiten und aus der Gegenwart enthält. Gleichzeitig jedoch birgt diese Atmosphäre auch die Summe alles Guten, das heute geleistet wird und das die Menschheit in früheren Zeiten getan hat, sowie auch das göttliche Licht. Wohin wir auch gehen, wir sind alle von guten und schlechten, heftigen und weniger heftigen Elementalen umgeben. Was wir davon jedoch anziehen und aufnehmen, liegt eindeutig in unserer Verantwortung. Denn wir nehmen nur das auf und ziehen nur das an, was im Einklang mit unserer Schwingungsfrequenz ist. So können wir in einem Raum die lichten Kräfte auffangen oder die dunklen Wesenheiten, die Engel oder die Dämonen.

Es liegt an uns, unser Energiefeld zu harmonisieren und einen Magnetpol aufzubauen, der die einen anzieht und die anderen abstößt. Welche Elementale erschaffst du? Welche Wesen sind in deiner Atmosphäre zu Hause? Beobachte deine Gedanken und deine Ausstrahlung, und du erfährst etwas über die Elementale, die du erschaffst und anziehst. Die Botschaft der Elementale lautet: Sei ehrlich mit dir, und liebe die Wahrheit. Pflege Liebe und Harmonie.

Ritual ~ Schutzschild ~

Um die Wesen, die wir erzeugen, zu erkennen, ist es wichtig, dass wir unsere Gedanken lenken können. Beobachte eine Woche lang deine Gedanken. Schreibe auf, was du den ganzen Tag am meisten denkst und fühlst. Versuche immer öfter, lichtvolle und friedliche Gedanken zu denken, sie zu halten und zu hegen oder ganz in die Stille zu gehen.

Ziehe dich an einen Ort zurück, an dem du ungestört sein kannst. Nimm eine entspannte Haltung ein. Drehe die Handflächen zu deinem Körper. Mit jedem Ausatmen male dir aus, wie aus deinen Händen das violette Licht der Reinigung und Wandlung pulsierend herausfließt. Streiche mit deinen Händen über deinen Körper, und stelle dir vor, wie das violette Licht alle angesammelte negative Energie aus deinem Körper zieht wie ein mächtiger Magnet. Wenn du das Gefühl hast, dass alles gereinigt ist, dann denke dir eine elektrisch-violette Lichtkugel um dein Energiefeld, deinen Körper, die alles nach außen ableitet. Zuletzt stelle dir ein silbernes Licht vor. Umhülle deine violette Lichtkugel mit silbernem Licht. Dieses silberne Licht spiegelt alles zurück, was von außen zu dir kommt, und lässt nichts Negatives durch. Programmiere den so aufgebauten Schutzschild im Geiste mit folgenden Worten: »Ich bin von allen negativen Elementalen abgeschirmt! Ich bin geschützt. So sei es!« Du kannst diese Übung täglich zweimal machen, z. B. morgens und abends. Mit der Zeit wirst du den Schutz und die Stärkung spüren.

~ Harmonisieren von Räumen und Plätzen ~

Räume und Orte kannst du harmonisieren, indem du z. B. räucherst und die Engel bittest, an diesen Orten zu wirken. Sprich ein Gebet mit den Worten, die dir dein Herz eingibt, und bitte die Engel, diesen Raum oder Ort zu segnen und zu heiligen. Es gibt viele Möglichkeiten.

~ Heilen durch die Macht deiner Worte ~

Wenn du negative Elementale bemerkst, schaffe dir Raum und Zeit. Gib gedanklich oder laut – das gesprochene Wort hat mehr Macht als das gedachte – folgende Befehle:
Im Namen der Macht Gottes (oder: Im Namen meines Christselbst / Im Namen meiner Ich-bin-Gegenwart), verschwindet, ihr negativen Elementale! Kehrt nicht zurück! Unreine Geister, verschwindet! Kehrt niemals mehr zurück!

Du kannst diesen Befehl mehrmals hintereinander aussprechen und immer dann, wenn du es als notwendig erachtest.

Elfen

HEILUNG, RESPEKT, ZAUBERKRAFT

Elfenschweigen, Elfenreigen, sie beleben die Natur.
Elfen, sie leben in einer Welt, in der jedes Blatt und jeder Grashalm zählt.
Sie pulsieren im Rhythmus der Gezeiten unter dem Licht der Ewigkeiten.
Beschwingt umkreisen Blumenelfen die üppige Vielfalt der Natur.
Die ist mit ihrer bunten Pracht für sie das Abenteuer pur.
Wunder, Wandlung, Alpenraunen, Elfenzauber, Elbenstaunen,
springlebendige Geschöpfe huschen über Blütenköpfe,
fliegen durch die Lüfte, verstreuen Blumendüfte.
Sie helfen dem Licht der Engel, ja, auch die Elfenblumenbengel.
Sie sehen aus wie Nebel, schillernd und sanft,
sind wie Schmetterlinge, zart und bunt,
Doch unterschätze nicht ihre Macht,
sind ihre Gaben ihnen doch vom Licht gebracht.
Sie beleben die Kräfte aller Pflanzen,
die Heilkraft aus und in sie tanzen.

Hintergrund

In den germanischen Mythen findet man Beschreibungen eines Reiches der Anderswelt, das als »Alfheim« bezeichnet wird. Hier sind die »elfar«, was die Mehrzahl von »alfar« ist, zu Hause. Die ältere Bezeichnung »Alben/Elben«, die sich sowohl auf die Elfen als auch auf das Zwergenvolk bezog, stammt von dem germanischen Wort »albi« ab, das heißt »glänzend, strahlend«, und dem lateinischen Wort »albus«, das »weiß« bedeutet. Somit bedeutete Elben ursprünglich die »weiß glänzenden Strahlenden«. Erst im 18. Jahrhundert kam der Begriff »Elfe/Elf« auf und löste die früheren Bezeichnungen ab. Im Unterschied zu den Zwergen, die ein reines Erdvolk sind, gehören Elfen gleichzeitig dem Erd- und dem Luftreich an.

Elfen sind etwa handtellergroß und sehen aus wie Kinder mit Schmetterlingsflügeln. Sie haben nach oben zugespitzte Ohren, leicht schräg gestellte Augen und sind von einer kleinen bunten Wolke aus Licht umgeben. Sie haben Flugpulver aus Sternenstaub oder Goldnebel bei sich. Es gibt weibliche und männliche Elfen, deren Verhalten gekennzeichnet ist von Leichtigkeit, Offenheit, Spontaneität, Beweglichkeit und Schöpfungskraft. Manche Elfen, Lichtelfen genannt, wirken über der Erde im Sonnenlicht, und manche Elfen walten unter der Erde, sie werden Schwarzalben oder Dunkelelfen genannt. Elfennamen sind z. B. Mirilla, Sirilla, Myrris oder Gorjus.

Die Aufgabe der Elfen ist es, in der gesamten Flora zu wirken und allen Pflanzen, von den Bäumen und Büschen bis hin zur kleinsten Wiesenblume, ihre Zauberkraft, ihre Heilwirkung und ihre besondere Ausstrahlung zu verleihen. Die Elfen sind zuständig für die Lebenskraft der Pflanzen und damit auch für die Kraft der aus diesen gewonnenen Arznei. Wer mit ihnen zusammenarbeitet, kann sehr tief in die heilenden Kräfte und das wahre Wesen der Pflanzen eindringen. Dass Elfen in der Nähe sind, kann man z. B. an einem unerklärlichen Rascheln, Wackeln oder Zittern in Pflanzen oder Blättern erkennen, an Gras- und Blumenhalmen, die sich unter einer unsichtbaren Last beugen, an dem Gefühl, als ob Insekten durch die Haare oder über die Haut krabbelten, am Verlust des Zeitgefühls.

In den altnordischen Sagen werden die Elben/Elfen als ein Naturgeistervolk beschrieben, das mit den Göttern verbunden ist und diese in ihren Unternehmungen hilfreich unterstützt. Die alten Quellen erzählen von den Elfen als freundlichen, lustigen und leichten Wesen mit großer Zaubermacht, welche die Kräfte der Natur unterstützen, die ihnen wiederum Macht verleihen. Erst mit dem aufkommenden Christentum wurden die Elfen dämonisiert, und man begann, sie zu verteufeln. Sie wurden als »gefallene Engel« eingestuft. Ihnen wurde allerlei zugeschrieben, u.a. Krankheiten hervorzurufen. So hießen z. B. Mitesser »zehrende Elben«, Krankheiten, die angeflogen kamen, »fliegende Elben«, und Kopfweh wurde als »verkehrte Elben« bezeichnet. Das noch zum Teil weitverbreitete Eigenschaftswort »elbisch« bedeutet stumpfsinnig, hinterlistig, wahnwitzig. Der Begriff »Elbentrötsch« steht für eine beschränkte Person, die von Elfen getreten wurde. Weiterhin wurde ihnen unterstellt, sie brächten Quellen zum Versiegen und suchten Weiden heim, wo sie die Tiere mit Krankheit schlügen. Die Kirche veranstaltete Prozessionen gegen sie, und man rief Vertreter der Kirche, um sie »auszutreiben«.

Natürlich wirkten die weisen Frauen, Heilerinnen und Hebammen einst mit den Elben zusammen, da sie mit den Kräften der Natur in tiefer Beziehung standen. In den Hexenprozessen Ende des 16. Jahrhunderts wurden diese Frauen teuflischer Machenschaften angeklagt, und es wurden ihnen die Elben ausgetrieben, mit denen sie laut Kirche Schaden herbeizauberten. Vor einem solchen geschichtlichen Hintergrund ist es zu verstehen, dass die Elfen für einige Zeit in Vergessenheit gerieten und ihre wahren Aufgaben verkannt wurden.

Elfen beleben die Natur mit ihren schöpferischen Lichtkräften. Sie sind die Geburtshelfer, Hüter und Sterbebegleiter der Natur. Sie wachen mit großer Liebe über Gräser, Blumen, Früchte, Bäume, auch über Tiere und Schätze der Natur. Doch wer sich an der Natur vergeht, sie ausbeutet und zerstört, der zieht sich ihren Zorn zu. Sie verfluchen und verwünschen den Übeltäter und gehen manchmal zum tätlichen Angriff über, was verhängnisvolle Folgen haben und zu Krankheiten und sogar Tod führen kann. In vielen Ländern, darunter Island, England und Irland, gibt es dazu zahlreiche Berichte über Erfahrungen, die Menschen mit Elfen machten. Elfen sind im Sinne unseres Bewertungssystems nicht böse, sondern sie reagieren auf unsere Respektlosigkeit und Rohheit. Mit großer Liebe und Verantwortung erfüllen sie ihre Aufgaben im Sinne des göttlichen Plans. Machen wir uns einfach klar: Jede Tat trägt ihre Folgen. Die Natur ist heilig, und die Elfen vermitteln den Respekt vor den Kräften der Natur.

Allgemeine Bedeutung

Elfen haben vielerlei Aufgaben: Sie scheuchen die Bienen und Insekten über die Wiesen und Felder, damit diese den Pollen verteilen und die Blüten bestäuben, sodass daraus Früchte werden können. Sie öffnen und schließen die Blumenkelche. Sie behüten den ihnen zugeordneten Pflanzenschützling. Sie verteilen den Duft in der Luft … Sie halten die Natur im Gleichgewicht. Sie verleihen allen Pflanzen, Kräutern, auch den sogenannten Unkräutern, ihre besondere Kraft, Ausstrahlung und Wirkung. Sie schaffen Harmonie und Schönheit, leiten das göttliche Licht durch ihren Rhythmus in Gesang und Tanz in spielerischer Leichtigkeit weiter.

Elfen leben ihr eigenes Leben und suchen nicht unbedingt den Kontakt zu den Menschen. Den Menschen jedoch, die die Elfen von Herzen liebhaben und ihnen Respekt entgegenbringen, sind die Elfen treu zugetan. Sie unterstützen diese Menschen mit ihrem ganzen Wesen und all ihrer Kraft. Wird ihre Harmonie mit der Natur von den Menschen allerdings aus dem Rhythmus gebracht, so können sie schnell beleidigt reagieren und boshaft werden. Solch einem Menschen heften sie sich an die Fersen. Sie ziehen sich nicht zurück, sondern gehen zum Angriff über und lassen den Menschen den von ihm selbst geschaffenen Missklang in aller Deutlichkeit spüren.

Sich mit den Elfen zu verbinden heißt, sich wieder in Einklang mit der Natur zu bringen, die Natur zu achten und zu würdigen und die Wunder, die täglich tausendfach in der Natur geschehen, zu erkennen. Es bedeutet, sich wieder an einen übergeordneten Rhythmus anzuschließen. Im Menschen zeigen sich unharmonische Wesensanteile oft in Form von Krankheit und Kummer. Elfen können dem Menschen helfen, diese Disharmonien zu erkennen und zu beheben. Keine Krankheit, kein Leid ist zufällig. Sie entstehen, weil der Mensch sich von seiner höheren Natur abgewandt hat, als er aus der Einheit mit allem, was ist, aus der Harmonie, gefallen ist. Den Elfen zuzuhören heißt, die Disharmonie, den Missklang, im eigenen Wesen zu erkennen und mit den entsprechenden Mitteln der Natur zu heilen.

Beschäftige dich mit deiner eigenen Natur und den aus dem Gleichgewicht geratenen Teilen deines Wesens. Wie viel Achtung und Respekt bringst du dir, anderen Menschen und Lebensformen entgegen? Inwieweit bist du bemüht, den wahren Botschaften deines Inneren zuzuhören? Hier beginnt die Heilung.

Die Botschaft der Elfen lautet: Aus der Natur kommt die Krankheit, und aus der Natur kommt die Arznei. Beide wollen dem Menschen etwas zeigen, widerspiegeln, ihn lehren, ja, ihn wach wiegeln. Hui, und eins und zwei und drei, schwups, und schon ist alles wieder vorbei. Uns gehört die Kraft, die Gift und Medizin erschafft. Drum folg du uns und nicht wir dir, schon sind wir da, schon sind wir hier, dich einzuführen in das Wesen der Natur, deren Wunder wir kennen, wir können sie beim Namen nennen. Folge uns in dieses Reich, dann erfährst du die Wunderkraft sogleich.

Ritual ~ Elfentrost ~

Natur ist göttlich. Licht ist leicht. Disharmonie und Krankheit sind das selbst verursachte Fehlen von Licht in bestimmten Teilen der Seele. Elfentrost bringt die Heilung deines Seelenlichtes. Die Elfen kennen die heilenden Wirkungen von Pflanzen aller Art, da sie diese mit ihrer Kraft versorgen. Die Wirkung der Pflanzen zielt nicht zuerst auf den Körper ab, sondern auf die Seele, in der jede Krankheit durch Disharmonie und Störung beginnt. Sie kann durch unseren Geist, unsere Lebensweise, unsere Verhaltensmuster hervorgerufen werden. Wenn wir lernen, den Elfen zuzuhören, erfahren wir nicht nur etwas darüber, wie wir unseren Körper mit welchen Pflanzen wieder heilen können, sondern was in unserer Seele gestört ist und wie dies in Resonanz mit der Wirkung der Pflanze steht. Manchmal genügt schon die Nähe einer Pflanze, eines Baumes, um uns zu heilen. Manchmal ist es die Farbe, die eine Pflanze hat. Manchmal ist die Kraft ihrer Wurzel für uns wichtig und manchmal ihre Frucht oder ihr Samen. Doch wie, warum, was das mit unserem Leid und der hervorgerufenen Krankheit zu tun hat, das erfahren wir nur, wenn wir aufmerksam in uns gehen und mit unserem inneren Ohr den Elfen lauschen und uns von ihnen führen lassen. Wenn du dich mit deiner ganzen Liebe den Elfen öffnest, können zauberhafte Offenbarungen dein Wesen heilen und erhellen.

Begib dich in die Natur. Bitte und rufe die Elfen auf deine Weise, dich zu führen. Zeige ihnen deine Achtung, indem du ihnen z. B. einen schönen Duft, etwas Mehlstaub, feine Brotkrumen oder im Geiste ein schönes Licht mitbringst, eben das, was dir gerade einfällt. Atme in dein Herz, und stelle dir vor, wie es sich mit jedem Schritt, den du in der Natur tust, weiter und weiter öffnet. Folge deiner Intuition, und lasse dich auf einem Platz nieder, der dich anzieht. Atme ein paarmal tief ein und aus. Schließe die Augen, und lasse deine Gedanken ruhen. Versenke dich in die Natur, atme einfach nur eine Zeit lang tief.

Gehe Schritt für Schritt durch deinen Körper. Fange mit den Füßen an, und gehe durch alle Körperteile bis zum Scheitel. Entdeckst du Schmerzen und Verspannungen, folge ihnen, und atme in sie hinein. Sieh, wie du in eine Wolke von Sternenstaub oder Goldstaub eingehüllt wirst. Eine Tür öffnet sich, und eine oder mehrere Elfen tanzen vor dir. Bitte die Elfen, dir zu helfen, dir zu zeigen, was da wirklich sitzt. Vielleicht ist es ein Gefühl, vielleicht ein Bild, vielleicht ein Misston, vielleicht ein ungeliebtes Wesen … Folge dem, was kommt, und lasse zu, was passiert.

Die Elfen helfen dir mit ihrer mächtigen Zauberkraft. Sie können Gefühle, Bilder und Misstöne verwandeln, ungeliebte Wesen befreien und dir einen heilenden Pflanzenduft zuführen… Ihre Wege sind vielfältig und unbegrenzt. Vertraue ihnen. Wenn das geschehen ist, was geschehen musste, bedanke dich auf deine Weise. Öffne die Augen, und sieh dich an deinem Platz um. Vielleicht stehen hier besondere Pflanzen, die dich jetzt sofort ansprechen, obwohl sie dir vorher nicht aufgefallen sind. Vielleicht steht hier ein schöner Baum. Nimm die Farben und Gerüche in dich auf.

Wenn die Elfen dein Leben berühren, ist es wieder an der Zeit, sich mit der Flora zu beschäftigen, mit der Pflanzenwelt und ihren Heilwirkungen in deiner Umgebung. Begib dich, sooft es geht, in die Natur. Dort kannst du viel von den Elfen erfahren, wenn du lernst, deine innere Sicht zu öffnen und ihnen zuzuhören. Durch deine Liebe zu ihnen öffnest du die Tore in ihre Welt. Mit der Zeit wirst du feststellen, dass du hier alles findest, was du brauchst, um gesund, glücklich und zufrieden zu leben. Die wahren Schätze sind unbegrenzt.

Engel der Natur

SEGNUNG, ÖFFNEN, EMPFANGEN

Atme die Luft, die die Engel atmen,
indem du hinauf in die Berge steigst.
Tiefe Liebe, Begeisterung für die Schönheit der Natur
ermöglichen dir einen Blick in die Mysterien des Lebens.
Schaue mit liebevollen wachen Augen.
Erkenne die Altäre in mächtigen Felsen,
die Naturkathedralen in unberührten Landschaften.
Die majestätischen Bäume, die die Säulen
der heiligen Tempel der höheren Reiche bilden.
Heilige Chöre erfüllen die Luft an reinen idyllischen Plätzen
mit wundersamen, schönen, sanft fließenden Klängen.
An einsamen, unbewohnten Orten gelangst du in Bereiche tiefen Friedens,
in dem anmutige strahlende Wesen weilen.
Sie hüten die Heiligtümer der großen Gebirgsketten,
der Tiefe der Meere und der heiligen Plätze in der Natur.
Sie senden ihre heilige Strahlung aus,
um das Leben auf diesem Planeten emporzuheben und zu entfalten.
Sie sorgen für die endlose Wiedergeburt des Lichtes.

Hintergrund

Die Engel der Natur dienen allem Leben auf diesem Planeten bedingungslos. Von den mächtigen Cherubim, Seraphim, über die Erzengel, die Engel, die Devas, die Feen, die Erbauer der Formen bis zur kleinsten dem Göttlichen dienenden Einheit ergießt sich das kosmische Licht wie ein unsichtbarer Strom von oben nach unten. Die Engel der Natur, die in den unterschiedlichsten Formen, Größen und Gestalten auftreten, dienen allein dem Licht des göttlichen Willens, indem sie es in alle lebendigen Formen senden, diese damit zur Entfaltung und Entwicklung bringen und sie bis zur Vollendung tragen.

Bei der Evolution der Engellinie handelt es sich um eine sich langsam aber beständig entfaltende Entwicklung. In ihrem Licht tragen sie den vollkommenen Plan des Göttlichen und leiten ihn auf die Erde. Alles Wachstum dieses Planeten, dessen Natur sie dienen, steht unter der Obhut der Engel. Um die vielfältigen Aufgaben der Engel der Natur zu verdeutlichen, hier ein paar Beispiele: Airwee sind hohe Engel der Luftreiche, sie beaufsichtigen die Atmosphäre und das Wetter. Allsees sind hohe Engel, die dem Reich der Erde, dem Erdelement, dienen; sie wohnen in Gebirgsgegenden des Planeten und wachen über große und weite Gebiete. Aqui sind hohe Engel, die sich um das Tierreich kümmern; sie bereiten Tiere auf höhere Entwicklungsstufen vor. Folatel sind Engel, die sich um das Wohlbefinden und die Sicherheit der Tiere kümmern. Die verschiedenen Devas sorgen für die Pflanzenwelt des Naturreiches. Tija sind höchst erhabene Engelwesen, die die Luft und Wasserreiche behüten; sie stehen auf der Stufe eines Erzengels oder höher und halten sich in der Stratosphäre auf. Seelzal sind Engel, die die Muster des Instinktes festlegen. Pitris sind hoch entwickelte Engelwesen, die über das Feuerreich wachen. Flamin sind Engel auf der Stufe einer Deva, die sich um das Feuerreich kümmern. Die Herren der Berge sind hoch entwickelte himmlische Wesenheiten, die über die Energiezentren von Felsmassiven wachen und einer gesamten Bergregion ihre besondere Ausstrahlung verleihen. Allrays, die Engel der Gipfel, sind die jüngsten Engel der Reiche der Erde, sie verbreiten das Licht. Murmlo sind Engel des Luftreiches, die Stürme und Wetterveränderungen herbeiführen. Twan sind Devas, die die Evolution der Arten innerhalb des Wasserelementes überwachen.

Darüber hinaus gibt es noch unzählige Arten von Engeln, die sich z. B. um Naturerscheinungen kümmern, wie Regenbögen, Morgenröte, Sonnenuntergang, Nordlichter, Luftspiegelungen, kosmische Farbenspiele, Tag und Nacht, das Wechseln des Wesens der Zeiten und Gezeiten … Die Hauptaufgabe der Engel der Natur ist es, den vollkommenen göttlichen Plan auf der Erde zu entfalten, alles in ihrem Licht zu speichern, zu überwachen und zu behüten.

Allgemeine Bedeutung

Die Engel der Natur dienen, für die meisten von uns unsichtbar, dem Leben auf der Erde. Wenn wir die Tempel der unberührten reinen Natur betreten, erfahren wir die Anwesenheit dieser strahlenden lichtvollen Kräfte als Gefühle von tiefem innerem Frieden, überwältigender Schönheit, plötzlicher Klarheit und Reinheit, wir erleben ihre Offenheit, die unsere Herzen tief berührt. Ungeachtet unserer Mängel und Begabungen, ob wir alt sind oder jung, hässlich oder schön, klein oder groß, liebevoll oder kalt, die Wesen der höheren Natur wirken. Sie empfangen jeden mit offenen Armen und senden ihr Licht in alle Herzen.

Nichts von Menschen Gemachtes lässt sich mit den gewaltigen Kraftorten in der Natur vergleichen. Wann immer du Plätze in der Natur aufsuchst und dich ihnen öffnest, wirst du die Engel der Natur um dich herum spüren. Sie senden ihr Licht bedingungslos in alles, was sich in ihr Feld begibt. Genauso speichern sie auch alles, was in ihrem Lichtfeld passiert. Sie tragen die lichten Lebensströme und vermitteln zwischen oben und unten. Sie senden dir Trost, Eingebungen und Klarheit. Dein Lichtfeld, das dich umgibt, deine Aura, kann sich weit ausdehnen und den Frieden und die Erneuerung aufnehmen, die durch die Engel der Natur ausgestrahlt werden. Du kannst den inneren Frieden, den du in der Natur empfängst, als Quelle der Kraft tief in dich hineinnehmen.

Die Botschaft der Engel der Natur lautet: Je mehr du dich öffnest und entfaltest, desto mehr wirst du empfangen. Jedes Mal, wenn du dich öffnest, mit deinem Herzen die Natur berührst, wirst du ein wenig mehr erschauen dürfen, das Licht wird in dich eindringen und dich tiefer in die Lebensmysterien tragen.

Ritual ~ Der heilige Gang in die Natur ~

»Der klarste Weg ins Universum führt durch einen unberührten Wald.«
(Muris, John: Mystiker und Schriftsteller des 19. Jahrhunderts)

Du kannst den Gang in die Natur allein oder mit einem Menschen deines Vertrauens unternehmen. Wenn du die Engel der Natur erfahren möchtest, bereite dich auf diesen Gang vor. Halte Ausschau nach einem Naturschutzgebiet, Nationalpark, Gebirge, heiligen Platz, eben besonders gehüteten und reinen Plätzen. Schaue, welche Gegend dich am stärksten anzieht, wohin du am liebsten gehen möchtest. Bevor du diesen Platz aufsuchst, beschäftige dich im Geiste mit ihm. Betrachte Bilder, versenke dich in Beschreibungen von ihm, lies inspirierende Literatur über Naturphänomene. Denke auch über dein Leben nach, über den Punkt, an dem du gerade stehst, über die Fragen, die dich beschäftigen. Drei Tage vor Aufbruch kannst du deinen Körper durch gesundes Essen und Wassertrinken reinigen und dich immer wieder auf diese kleine Reise in die Natur einstimmen. Bereite dich darauf vor, mit den Engeln des von dir gewählten Platzes in Kontakt zu treten, indem du übst, still und empfänglich zu sein. Wenn für dich die Zeit gekommen ist, packe das, was du mitnehmen möchtest, ein, sorge für die irdischen Dinge, d. h. buche eine Unterkunft, rüste dich für einen Wetterwechsel, plane ausreichend Essen und Trinken ein etc., damit dich diese Dinge später nicht davon abhalten, in die Natur einzutauchen. Bevor du losgehst, kannst du ein kleines Gebet sprechen, z.B.: »Lasse mich das Göttliche in allem erkennen, und führe mich auf dem Weg in die Tempel der Natur.« Wenn du dich aufmachst in die Natur, sieh, erlebe und fühle diesen Gang als etwas Heiliges, als einen Pilgerpfad zu den Tempeln der Natur, als ein Rendezvous mit den Engeln der Natur, mit dem unsichtbaren Licht.

Löse dich mit jedem Ausatmen aus deinem Alltag, und öffne dich mit jedem Einatmen der Natur, in der du dich gerade bewegst. Komme immer mehr und mehr dort an, wo du gerade läufst. Konzentriere dich auf den Schritt, den du im Augenblick machst. Löse dich von den vielen Gedanken, von der Ichbezogenheit, und öffne dich der Empfänglichkeit, Wahrnehmung und Intuition. Mache dein Herz weit. Bleibe öfter stehen, schaue dich um, und staune über die vielfältigen Formen und Ausdrücke der Schöpfung, lasse sie tief in dich hinein. Berühre sie, sprich mit ihnen, fühle sie. Schließe immer wieder einmal eine Zeit lang deine Augen, und horche nach innen. Höre mehr auf deine Gefühle als auf deinen Plan und deine Karte. Sie sind nur ein Hilfsmittel, das dich zum Losgehen ermutigte. Du aber wirst von innen geführt. Manchmal sind versteckte Plätze fernab vom meistbegangenen Weg wesentlich kraftvoller als bekannte Touristenpunkte. Wenn dein inneres Gefühl dich drängt, einem anderen Weg zu folgen, als die Karte angibt, so pack die Karte weg (wenn du einen Kompass dabeihast und damit umgehen kannst). Je unbekannter der Weg, desto mehr wird sich deine innere Wahrnehmung öffnen und die Inspiration fließen. Bitte die Engel immer wieder, dich zu führen. Gehe langsam. Beobachte den Strom deiner Gedanken und deiner Aufmerksamkeit. Blicke den kleinen Offenbarungen des Lichtes entgegen, die dir durch die erhöhte Aufnahmefähigkeit geschenkt werden.

Wenn du einen Platz entdeckst, der dich anzieht, der dich mit Frieden und Freude erfüllt, so lasse dich dort nieder. Schließe die Augen, nimm eine Haltung ein, in der du aufnahmefähig bist, und versenke dich in die Kraft des Platzes, indem du mit jedem Atemzug dein Herz weit öffnest. Lasse alles zu, was in dir aufsteigt und hochkommt. Du kannst auch die Naturwesen bitten, mit dir in Kontakt zu treten. Nimm alles, was dir auf deiner Reise begegnet, in dich auf. Du kannst es aufschreiben. Beobachte und empfange in der Stille. Die Kraft der Engel ist wie das Heraufdämmern eines Sonnenaufgangs: sanft, leise, fast unmerklich und wunderschön. Manchmal verstehen wir erst viel später, welche Botschaften auf einer solchen Wanderung durch die Natur zu uns gekommen sind und welche Wandlung sich in uns dadurch vollzogen hat. Engelkraft wirkt langsam, sanft, beinahe unbemerkt, doch sie trägt uns in die höchsten Reiche.

Faune

KRAFT, STÄRKE, SCHUTZ

Mystisches Baumwesen, wo bist du nur, du Intelligenz der lichten Natur?
Hast dich an einen Baum gebunden, so habe ich dich wiedergefunden.
Ich freue mich und bitte dich, Faun, zeig mir dein Baumgesicht.
Baum des Wissens, Baum des Lebens, beherrschst die göttliche Tugend des Gebens.
Viele sind hier gewesen, sich zu laben, sich auszuruhen in deinen Zweigen und Schatten.
Vielen Wesen bietest du ein Heim, Nymphen versorgen dich mit Wasser rein.
Gnome in so manchen Bäumen hüten die Weisheit der Alten jenseits der Blüten.
Elfen, Feen, Devas leuchten im klaren Licht, sie lassen dich werden zu einem Gedicht.
Baum, du bist die Stärke und die Kraft, die das üppige Leben erschafft.
Viele Energien dich umgeben, die die alten Weisen weben.
In meiner sonnigen Mittagsruh' hör' ich gern deinen Geschichten zu.
Du bist das Tor, du bist die Tür, heilige Reiche verbinden sich hier.

Hintergrund

Bäume erfüllen wichtige Aufgaben in der Natur und für den Menschen. Sie sind die »Klimaanlage der Natur«, produzieren Sauerstoff, kühlen, reinigen und filtern das Wasser, reinigen die Luft von Schmutz, spenden Feuchtigkeit und liefern Energie in vielfältigen Formen. Odin, der germanische Göttervater, empfing an einem Baum hängend die Runen. Buddha wurde unter einem Baum erleuchtet. Das Kreuz Jesu wurde aus einem Baum gemacht … Begriffe wie Weltenbaum, Lebensbaum, Baum des Wissens umschreiben die Weisheit und die Kraft der Bäume. Viele mystische Geschichten ranken sich um die Bäume, die seit jeher magische Symbole sind und als Brücke zwischen den Reichen gelten. Bei den Kelten z. B. war der Wald ein Tempel, eine Naturkathedrale, und der Heilige Hain der Ort, an dem man mit der Anderswelt in Verbindung trat. Die Wurzeln des Baumes, die tief in die Erde reichen, führten in die Unterwelt, sein Stamm war der Weg in die mittleren Welten, und seine Krone, die in den Himmel wächst, war die Leiter in die lichten Reiche.

Bäume sind vielfältig in ihrem Wesen. Sie spenden Schatten, Kühle, Schutz, Sauerstoff, Früchte, Holz, Harz, Kraft, Stärke, Weisheit u.v.m. Der Geist des Baumes, der Faun, wird oft auch der »grüne Mann«, »Herr des Baumes« und, wenn er eine übergeordnete Stellung einnimmt, »Herr des Waldes« genannt. Frei, niemandem verantwortlich, im Blättergewand oder mit Blattmaske verwirklicht er höhere Ideale. Er nimmt da, wo genug ist, und verteilt es dort, wo es fehlt. Er schafft den Ausgleich, er versorgt und schützt den Baum und dessen Umgebung. Er kennt die geheimen Gesetze der Natur. Sein Aussehen steht im Einklang mit dem Baum, den er bewohnt.

Kein einziger Baum dieser Erde ist ohne Geist, ohne einen Faun. Dieser ist auf höherer Ebene dem Erdelement zugeordnet. Der Faun ist die Intelligenz, der Lenker und der Hüter des Baumes. Er überwacht alle Tätigkeiten des Baumes zu allen Jahreszeiten. Er lenkt die Energie des Baumes und bringt diese in Harmonie mit dem Ort, an dem der Baum steht. Er kann sich von seinem Baum wegbewegen, doch er bleibt über eine unsichtbare Nabelschnur mit diesem verbunden. Alles, was der Baum erlebt, erlebt auch der Faun des Baumes. Wenn der Baum stirbt, ist die Zeit des Faunes um. Damit ein Faun nicht leidet, ist es wichtig, dass der Baum mit seinen Wurzeln aus der Erde gehoben wird, erst dann kann der Faun gehen.

Der Baum bietet je nach seiner Beschaffenheit vielen Naturwesen aller Elemente ein Zuhause und steht in Verbindung mit allen Naturgeistern im Umkreis. Dazu gehören Elementarwesen, Formbauer des Baumes, Blattgeister, verschiedene Nymphenarten, die den Wasserhaushalt regeln, Gnome, Zwerge, die in den Wurzeln wohnen, Elfen, Devas, Feen, Baumengel, die Licht und Kraft leiten, u.v.m. Manchmal finden sich ganze Königreiche der Naturgeister in alten Bäumen.

Faune lieben das Leben und im Allgemeinen die Menschen, besonders wenn diese ein offenes Herz für die Natur haben. Manchmal treiben sie ihren Schabernack mit dem Menschen, indem sie ihn betören und in einen anderen Bewusstseinszustand versetzen. Sie können den Menschen in einen Rausch versetzen, auf Irrwege leiten und ihm ab und zu einmal ein Bein stellen, damit er innehält und nachdenkt. Doch wer an sie denkt und mit ihnen spricht, dem stehen sie mit ihrer Liebe stets zu Diensten.

Wenn ein Ast dein Gesicht streift, Blätter und Blüten auf dich regnen oder ein Duft zu dir herüberweht, kann dies eine kleine Aufmerksamkeit vom Faun eines Baumes sein. Es gibt auch Baumgeister, die sich mit Menschen verbinden, z. B. ein Baum, der für einen Menschen anlässlich seiner Geburt gepflanzt wurde. Dessen Faun wird zum Paten des Menschen und behütet ihn auf seinen Wegen. Wenn dem Menschen, mit dem er verbunden ist, etwas passiert, so leidet der Faun mit und zeigt dies. Die Sprache der Bäume sind die Runen. Der Stein des Fauns ist der Bernstein.

Allgemeine Bedeutung

Erreicht dich der Faun des Baumes, so schenke ihm deine Beachtung. Vielleicht bist du zurzeit in irgendeiner Form unausgeglichen. Suche dir einen Baum. Der Kontakt mit seinem Faun kann dich wieder ins Gleichgewicht bringen, dich wieder ausrichten. Manchmal kann dies der Beginn einer tiefen innigen Freundschaft sein, oder der Faun enthüllt dir unerwartete Geheimnisse, sendet dir eine liebevolle Botschaft, schlägt dir eine Brücke in andere Reiche.

Ein Baum bietet viele Dienste. Er schenkt dir Schutz, Nahrung, Kraft und Zuversicht. Er ist tief verwurzelt in der Erde, und seine Zweige können weit hinaufreichen. Lehnst du dich an seinen Stamm, so spürst du eine tiefe Verbindung zur Erde, und gleichzeitig können dir Flügel wachsen. Jeder Baum hat seine eigene Medizin, seine eigene Heilkraft, sein eigenes Wesen. Wenn du dich mit dem Baumgeist, dem Faun, verständigen möchtest, so öffne diesem Baum dein Herz, so weit du kannst.

Neben den sichtbaren Dingen, die dir ein Baum schenkt, z. B. seine Früchte, kann er dir, wenn du dir Zeit nimmst und mit ihm Zwiesprache hältst, viele unerwartete, lichtvolle Überraschungen spenden. Er kann dir allerlei über sich, seine Befindlichkeit und den Platz, auf dem du dich aufhältst, mitteilen. Wenn du traurig bist, Kraft brauchst oder Kummer hast, ist der Baumgeist ein geduldiger Zuhörer, Tröster und liebevoller Energiespender. Manchmal brauchen die Bäume und ihre Bewohner jedoch auch unsere Hilfe. Sei offen, und vernimm auch diesen Ruf. Der Himmel wird es dir danken, und der Faun des Baumes wird dies nicht vergessen.

Die Botschaft des Fauns lautet: Komm her. Lehn dich einfach an mich. Stell dir vor, du bist ein Teil von mir. Ich bin mit dir. Meine Kraft und Stärke sende ich dir jetzt. Lass uns uns wieder neu verbinden, lass uns wieder zusammenfinden. Auf Heilung und Stärkung triffst du bei mir, eine Medizin sende ich dir.

Rituale ~ Begegnung mit dem Faun des Baumes ~

Beschäftige dich mit den Bäumen, mit ihren Eigenschaften, Eigenheiten, ihrer Medizin, ihrer Kraft und Stärke. Die Baummedizin ist eine der ältesten Formen der Heilung. Die Plätze, an denen besondere Bäume stehen, sind oft heilig.

Begib dich in die Natur. Während seiner Blütezeit strömen aus einem Baum die größte Kraft und Energie. Suche dir einen, der dich anspricht. Bevor du damit beginnst, Verbindung zu dem Baum aufzunehmen, schaue dir den Platz und den Baum genau an. Steht er an einem gesunden, kraftvollen Platz, wirkt er lebendig, kräftig und heil? Möchte er auch Kontakt mit dir? Frage den Faun. Schließe deine Augen, und warte auf ein Zeichen. Es kann sein, dass Blüten, Blätter, ein Windhauch deine Wange streifen, ein Duft zu dir herüberweht, dich etwas leicht und sanft kitzelt, eben ein Zeichen, das in dir das Gefühl weckt, dass du willkommen bist. Wenn du nicht willkommen bist, denn nicht jeder Baum möchte Kontakt, fühlt sich das an wie eine Mauer, dunkel, undurchdringlich, irgendetwas hält dich zurück.

Nimm den Baum wahr, indem du ihn betrachtest, anfasst, fühlst, dich an ihn lehnst, um ihn herumgehst etc. Wenn du den Baum ausgiebig betrachtet und in dich aufgenommen hast, lehne dich an ihn. Berühre mit den geöffneten Handflächen die Rinde. Du kannst dich auch zu ihm stellen oder dich unter ihn setzten. Folge deiner Intuition. Schließe deine Augen, und öffne dein Herz. Lasse all deine Liebe zu diesem Baum und dem Faun fließen, der an ihn gebunden ist. Rede mit ihm wie mit einem Freund. Dann werde still. Öffne dich ganz weit, und versetze dich in eine empfängliche Stimmung. Was empfängst du? Was erzählt dir der Faun des Baumes? Lausche den Gefühlen, die in dir entstehen, den Bildern, den Klängen.

Die Zwiesprache zwischen dir und dem Baum kann sehr vielfältig und persönlich sein. Der Faun kann dir über seinen Baum, die weiteren Bewohner des Baumes, das Hauptzentrum der Kraft u.v.m. Auskunft geben. Wenn es nicht gleich beim ersten Mal klappt oder nur sehr undeutliche Bilder entstehen, gib nicht auf. Besuche deinen Baum regelmäßig. Der Kontakt wird sich einstellen. Wenn du diese Übung mit verschiedenen Bäumen machst, wirst du ihre Eigenarten, Unterschiedlichkeiten, Aufgaben kennenlernen. Auch wirst du spüren, wie manche Faune dir Energie schenken, dir manchen Kummer und manche Sorgen vertreiben.

Die meisten Faune freuen sich, wenn die Menschen wieder beginnen mit der uralten Zwiesprache zwischen ihnen und der Natur. Auch freuen sie sich über kleine Gaben als Ausdruck der Wertschätzung und Dankbarkeit, z. B. Tabak, Mais, ein kleines Steinchen, ein besonderes Wasser (Bachblütenessenz), eine Farbe, die du dem Baum schickst, ein liebes Wort, ein Lied, eine Melodie …

~ Der Besuch im Heiligen Hain ~

Die Nähe eines Baumes oder ein Wald ist ein guter Ort zum Beten und um mit anderen Ebenen in Verbindung zu treten. Wälder sind die natürlichen Tempel und Kathedralen der höheren Welten. Bäume sind wie Antennen in den Himmel. Sie leiten die Gebetsströme schnell weiter. Lehne dich an einen Baum. Fühle die Wurzeln tief in der Erde, den tragenden und leitenden Stamm und die Äste, die in den Himmel ragen. Folge dem Stamm mit deinen Augen in den Himmel. Fühle die Kraft des Baumes, fühle, wie er seine Energie aus der Erde in den Himmel leitet. Sprich das, was dir auf dem Herzen liegt, mit deinen Worten aus: ein kleines Gebet, eine Bitte, einen Dank, was immer in deinem Herzen dich beschäftigt.

Wenn du Schutz brauchst, so lehne dich an einen starken Baum, und stelle dir so intensiv wie möglich vor, du seiest eins mit dem Baum. Du bist ein Teil seiner Rinde, seiner Äste und Wurzeln. Dann umschließt er dich und verhüllt deine Lichtsubstanz. Von außen kann dich dann niemand mehr sehen.

Tipp: Wenn dir der Baum einen Teil von sich schenkt, ein Stück Rinde, ein Ästchen, Blüten, Blätter, eine kleine Wurzel, Harz etc., dann kannst du sein Geschenk in einen kleinen Lederbeutel packen und diesen vor dem Einschlafen unter dein Kopfkissen legen. Es ist Medizin für dich. Bitte deinen Baum, den Faun des Baumes, dir einen Traum, eine Medizin zu schicken und dich in der nächtlichen Regeneration zu unterstützen. Der Baum hilft, das Immun- und Schutzsystem des Menschen wiederaufzubauen und -herzustellen. Du kannst es auch an einem Lederband mit dir tragen, vielleicht bearbeiten und mit einem Schutzsymbol versehen o. Ä. Frage den Faun des Baumes, wie du das Symbol anwenden sollst, er kennt die Geheimnisse.

Feen

SCHICKSAL, WUNDER, GLÜCK

Ich beschwöre euch drei Feenschwestern, Mila, Achila und Sybilla.
Ich rufe euch herbei, ihr drei. Ich weise euch an, euch vor mir zu zeigen,
in Form und Gestalt, im lieblichen Reigen. Ihr reizenden Frauen, in weißen Gewändern.
Ihr zierlichen Lichter, ihr herrlichen Richter, verleiht mir die Kraft der Unsichtbarkeit.
Bringt mit den magischen Ring, feengleich aus eurem Zauberreich.
Sodass ich nach eigenem Willen und Belieben verschwinden
und wieder auftauchen kann.
Zur jeder Stunde, in jeder Sekunde, zu allen Zeiten, ihr könnt mich begleiten.
Weiht mich ein in die magischen Kreise der endlosen Zeit auf meiner Reise.
Das Glück bringt ihr mit auf eure Weise.
Ich beschwöre euch, ihr drei, Mila, Achila und Sybilla,
kommt nun augenblicklich herbei.

Hintergrund

Die Bezeichnung »Fee« leitet sich von dem lateinischen Wort »fatum« her, was »Schicksal« bedeutet. Sie werden auch als die Glücklichen, auf Latein »felices«, und als die »feinen Wesen« beschrieben. Feen sind weibliche, meist gutartige und schöngestaltige Naturwesen. Ihr Wesen strahlt Licht, Leichtigkeit, Heiterkeit, ewige Jugend, jungfräuliche Mütterlichkeit, Schönheit, Harmonie, Hilfsbereitschaft, Liebe und Anmut aus. In lichte Gewänder gehüllt, immer beweglich, leicht und frei, lieben sie es, in mondhellen Nächten zu singen, zu tanzen und in Seen und Quellen zu baden. Sie besitzen Wunder wirkende Zauberkräfte und Zaubergegenstände, wie Tarnmäntel oder -kappen, Wunschringe, Schutzsteine, Feenstaub zum Fliegen, Talismane aller Art, Zauberschwerter u.v.m.

Ohne Bindungen an Eltern oder Sippe, ohne Erinnerung an Kindheit und Ahnung von Alter verschenken sie das Glück mit einem Zauberstab aus Licht und durchbrechen das Einerlei des menschlichen Daseins. Wer sie beachtet und würdigt oder sie ruft, der erfährt nach einer Prüfung seiner Herzenskraft die Gaben der Feen. Der Beschenkte gewinnt übermenschliche Zauberkräfte, erhält Führung und Hilfe, wird vor »schwarzem Zauber« jeder Art geschützt. Feen können auf ihre Weise in das Schicksal der Menschen eingreifen. Je nachdem, wie der Mensch sich bewährt, geschieht das hilfreich oder strafend. Böse Taten und Verwünschungen als Vergeltung für menschlichen Undank, Unrecht und gewaltsame Zerstörung von Feenreichen werden ihnen meistens nur nachgesagt. Solche Rachetaten entsprechen jedoch nicht ihrem Wesen. Wenn sie enttäuscht, gedemütigt oder verletzt werden, entweichen sie dem Menschenreich in die unbekannte Ferne, aus der sie kamen. Im Volksglauben werden z. B. plötzlich entstehende Staubwolken als Spuren von Feen gedeutet, die einen Ort verlassen. Damit verlieren diese Plätze ihre wunderbare Energie.

In unserem Kulturkreis gehören die Feen zu den »Engeln der Natur« und sind dem Ätherreich (Lichtreich) zugeordnet. Es gibt die unterschiedlichsten Klassen von Feen, welche die Energie und Lichtströme aller Elemente und der Natur leiten, so z. B. die Feenführerinnen (Farillis, Aspirites, Hiarrus), Naturfeen, Feuerfeen (Farisilles, Schallores), Wasserfeen (Wallines, Nerenes, Ensinnes), Erdfeen, Raumfeen, Luftfeen (Wallotes, Arienes), Sturmfeen und Feen, die sich speziell mit den Menschen beschäftigen.

Das englische Wort »fairy«, missverständlich oft mit Feen übersetzt, bezieht sich hingegen nicht nur auf Feen, sondern auf eine ganze Gruppe der unterschiedlichsten Naturwesen, welche bei uns dem »kleinen Volk« zugeordnet sind. In Sagen, Märchen, Dichtungen und Erzählungen der verschiedensten Völker dieser Erde werden Feen mit den unterschiedlichsten Wirkungsweisen und Aufgaben beschrieben. Zu den aus Sagen bekannten Feen gehören z. B. Melusine, Viviane und Morgana, und aus Shakespeares »Sommernachtstraum« kennen wir die Feenkönigin Titania. Erstaunlicherweise entgingen die Feen dem Bannstrahl der Kirche, da man ihnen nicht nachsagen konnte, dass es in ihrer Absicht läge, irgendwem Schaden zuzufügen.

Feen stehen mit dem Planeten Venus in Verbindung und damit mit der kosmischen Liebe und der wahren Herzenskraft. Sie sind die Lenkerinnen aller Licht- und Heilströme des Kosmos und der Elemente. Menschen, die sie in Heilprozessen anrufen, oder Heiler, die mit ihnen zusammenarbeiten, können wahre Heilwunder erleben. Eine der Hauptaufgaben der Feen besteht darin, das göttliche Licht auf die Erde zu senden und somit die Natur zu beleben. Sie sind im Tanz ihres ewigen Reigens wie kleine Kraftzentren, die regenbogenfarbiges, schimmerndes Licht aus dem Kosmos in der Natur und der Erde verankern und dadurch besondere kraftvolle Energieplätze schaffen. Plätze, die von ihnen belebt werden, wirken meistens sanft, märchenhaft, magisch und haben eine ganz besondere Ausstrahlung. Feen bewohnen schätzereiche Berge, Meeresfelsen, Grotten, Höhlen, Inseln, Hügel, Wälder und sanfte Landschaften der Natur. Avalon, die »Apfelinsel«, in Südwestengland gilt z. B. als Feeninsel.

Wenn wir bei einem Menschen von »feinen Wesenszügen« sprechen, so ist hier die Feenkraft in ihm gemeint. Als Feenpflanzen gelten z. B. Apfelbaum, Haselstrauch, Eiche, Wacholder und Klee. Den Feen zugeordnete Tiere sind z. B. Schwan, Schimmel und Hirsch. Der Stein der Feen ist der Fluorit, ebenso gelten sechseckig geschliffene oder in der Natur gefundene Steine, Edelsteine und Kristalle als Feensteine, die Wünsche erfüllen. Ein durch die Kräfte der Natur gelochter Stein ist ebenfalls ein Feenstein, er schützt vor bösem Zauber und Angriffen jeder Art und zeigt dem Menschen, dass dieser unter dem Schutz der Feen steht.

Allgemeine Bedeutung

Wie oft neigen wir dazu, uns das Leben schwerer zu gestalten, als es uns ohnehin schon scheint, indem wir negativen Gefühlen, düsteren Gedanken, dunklen Erlebnissen der Vergangenheit nachhängen. Auf diese Weise beleben wir sie jedoch immer wieder neu und leiten sie in gewohnten Bahnen in unsere Zukunft. Damit begrenzen wir uns, unsere Vorstellung, unsere Reichweite und unsere Möglichkeiten. Wir trennen uns aus der Einheit und machen die Erfahrungen der Einsamkeit, Angst und des Getrenntseins.

Trittst du in Kontakt mit dem Feenreich, so begegnet dir eine Welle von Licht und Liebe. Die Leichtigkeit des Seins hüllt dich ein. Die Feen leben in der Einheit mit allem, was ist. Sie haben ihren Platz in der göttlichen Natur. Sie leben im Hier und Jetzt, sind mit dem Licht des Kosmos, das alles durchströmt, verbunden und öffnen sich den Kräften, denen sie begegnen, in jedem Augenblick neu. Sie verschenken ihr Glück in die Welt. Wir können viel von ihnen lernen.

Lasse dich für einen Augenblick entführen in die Reiche der Feen. Fühle ihre Unbeschwertheit, ihre Heiterkeit, ihre lichte Leichtigkeit, ihre Hilfsbereitschaft, ihre Magie, ihre unbegrenzten Möglichkeiten jenseits von Zeit und Raum. Die Fähigkeit, zu tanzen, zu singen, zu lachen, das göttliche Licht aus dem Kosmos in die Welt zu tragen und die Umwelt zu erhellen, sie steckt auch in uns. Wir brauchen uns nur dafür zu entscheiden.

Dafür müssen wir nur einen Augenblick die gewohnten Bahnen des alltäglichen Einerleis, der immer wiederkehrenden dunklen Gefühle und Gedanken, verlassen. Es genügt, in die Natur zu gehen und vor sich hin zu träumen, sich treiben zu lassen vom Augenblick, sich hinzugeben und an den Tag zu verschenken.

Wir können die quälenden Gedanken und Gefühle in uns auf kreative Art und Weise lichtvoll und positiv verändern und die Bilder der Traumwelt und Märchenwelt, die unbegrenzte Kreativität der Feen nutzen, um innerlich wieder in das Licht zu gelangen. Wenn in dir Licht ist, verändert sich mit einem Mal deine gesamte Umgebung. Du weißt ja, das Gute siegt immer, welche Prüfungen auch bestanden werden müssen. Mithilfe des geistigen Reiches sind die Prüfungen des Lebens gut zu bewältigen und zu lösen. Vorausgesetzt, du öffnest dich diesem Reich wahrhaftig mit deinem ganzen Herzen. Lasse die ewig fließenden kosmischen Heilströme des Feenreiches durch dich fluten, und du wirst wahre Wunder erleben.

Die Botschaft der Feen lautet: Die Strahlen des Lichtes und der Liebe sind unbegrenzt und wirken da, wo sie gedacht und gefühlt werden. Sie nehmen die Dunkelheit fort, wie ein Sonnenstrahl, dessen Licht sich durch einen wolkenverhangenen Himmel bahnt. Es gibt keine Grenze, nur in deiner Vorstellungskraft. Öffne dich der Weite deines Herzens! Wunder geschehen. Glaube daran.

Ritual ~ Feenplätze, Feenschätze, eins zwei drei, ein Wunsch ist frei! ~

Feenplätze in der Natur haben eine besondere Ausstrahlung. Menschen, die ihr Herz am rechten Fleck haben und mit dem Herzen hören können, werden von diesen Plätzen leicht angezogen, da sie mit der Herzensliebe in Resonanz stehen. Feenreiche sind vom Duft grenzenloser Liebe umhüllt, und Feenplätze werden in dieser kosmischen Liebe gebadet. Ein Feenplatz hat etwas Märchenhaftes, Verwunschenes, etwas, was einen in seinen Bann zieht. Raum und Zeit beginnen, sich an solchen Orten mit Leichtigkeit zu verändern und auszudehnen. Hier kannst du den göttlichen Pulsschlag der Schöpfung fühlen, dich an den kosmischen Lichtstrom anschließen und dich damit neu aufladen. Feen sind die Lenker dieses Lichtes. Menschen, die an solch einem wundersamen Platz einschlafen, haben oft inspirierende Träume und erhalten Lösungen für die Fragen, die sie im Augenblick beschäftigen. Doch stelle dir dann einen Wecker! Oft sind Menschen, die sich in diese Reiche begeben haben, lange nicht zurückgekehrt, da sie dort das Gefühl für Raum und Zeit verloren haben.

Wenn du durch die Natur gehst, öffne dein Herz, und lasse dich von deiner Intuition leiten. Wenn du das Gefühl hast, einen Feenplatz erspürt zu haben, so lasse dich nieder, und nimm die Atmosphäre in dich auf. Atme tief ein und aus, und weite dein Herz. Schaue dich um. Wenn Bäume in der Gegend sind, achte auf ihren Wuchs. Findest du eine aus Ästen gewachsene Acht, so kannst du davon ausgehen, dass der Faun des Baumes dir die

Feenkraft an dem Ort bestätigt. Achte auch darauf, ob du kreisrunde Ringe im Gras entdeckst, manchmal siehst du Pilze so stehen. Hier haben die Feen ihren Tanzplatz.

Wenn du eine Frage hast, so stelle sie an einem solchen Ort. Wenn du einen Herzenswunsch hast, so konzentriere dich auf ihn, formuliere ihn. Lasse ihn los, indem du ihn den Feen übergibst. Sieh, wie dein Wunsch in dem Lichtstrom der Regenbogenfarben davongetragen wird, und vertraue darauf, dass er zur rechten Zeit erfüllt wird. Sei bereit, die Zeichen und Botschaften zu empfangen, die sehr unterschiedlich aussehen können. Gib dir dafür Zeit und Raum. Genieße noch ein wenig den pulsierenden Lichtstrom. Vielleicht erhältst du eine Antwort auf deine Frage oder einen Hinweis zu deinem Wunsch. Je öfter du den Wunsch hegst, mit den Feen eine Verbindung aufzubauen, und den Kontakt mit ihnen suchst, desto schneller wird es geschehen. Die Botschaften des Feenreiches sind oft sehr lichtvoll, kreativ, inspirierend und eröffnen dir eine neue Sicht auf dein Leben.

Feen freuen sich, wenn man an sie denkt und ihnen eine kleine Gabe bringt als Zeichen oder als Dank für das, was man von ihnen empfangen hat. Da Feen mit der Herzenskraft in Verbindung stehen, erschauen sie immer die wahre Absicht eines Menschen. Nur wer in seinem Kern aufrichtig und wahrhaftig ist, kann den Kontakt mit ihnen herstellen.

Feenkönig & Feenkönigin

VEREINIGUNG, BALANCE, KÖNIGLICHE WÜRDE

Mächtige Naturkönigreiche
stellen dir jetzt gleich die Weiche.
Männlich und weiblich in Balance,
schenken dir eine neue Chance.
Eins mit allem, eins mit dir,
Wunder offenbaren sich hier.
Du wirst erwartet, tritt herein
in den Heiligen Feenschrein.
Ziehe die Schleier beiseite,
erkenne die Macht und wahre Würde.
Du kannst meistern jede Hürde.
Der König und die Königin lüften die Schleier zwischen den Welten,
betritt den Pfad der wahren Helden.

Bedeutung

Es gibt weltweit mächtige Königreiche in den Feenwelten. Diese mächtigen Lichtbrennpunkte erkennt man an der erhabenen, atemberaubenden Ausstrahlung einer
Landschaft. Die Feenkönige und Feenköniginnen wurden einst als Götter und Göttinnen verehrt. Das Menschenreich wirkte im Einklang mit ihnen zusammen, um
große Kraftplätze zu errichten, geomantische Lagen zu bestimmen, bestimmte Orte
zu finden, Quellen freizulegen, Schätze zu bergen, Zugang zur verborgenen Schönheit
und Kraft eines Landes zu finden, bestimmte Aufgaben zu meistern und Fähigkeiten und Gaben zu entwickeln, um über sich selbst hinauszuwachsen. Die Menschen
erhielten aus diesen Reichen magische Waffen, Schutzamulette oder andere rituelle
Gegenstände, die ihnen Kraft und Würde verliehen und sie zum Sieg über die
dunklen Kräfte führten.

Es gibt sehr bekannte Feenkönige und Feenköniginnen, wie z.B. Aine, die in
Irland sehr verehrt wurde und für Fruchtbarkeit, Kinder und Ernte angerufen
wurde. Die Dakinis in Indien helfen dem Menschen auf seinem spirituellen Pfad.
Der Eichenkönig verleiht Gesundheit, Macht und Stabilität in allen Belangen und ist ein
Meister der Weisheit. Aus dem Sommernachtstraum kennen wir die Feenkönigin Titania
und den Feenkönig Oberon. Feenkönige und Feenköniginnen können uns in Partner-
schafts- und Fruchtbarkeitsangelegenheiten zu Liebe, Fülle und Reichtum verhelfen sowie
dabei unterstützen, den richtigen Platz, den richtigen Wohnort zu finden, neue Kräfte zu
gewinnen und Inspirationen und Wünsche wahr werden zu lassen.

Allgemeine Bedeutung

Die Selbstmeisterung steht an. Mensch, erkenne dich selbst. Du bist ein geistiges Wesen,
das für eine gewisse Zeit eine menschliche Erfahrung macht. Als dieses hast du Zugang zu
vielen Dimensionen und Ebenen der geistigen Reiche.

Die Feenkönigreiche ziehen nun ihre Schleier zur Seite. Tritt ein, erkenne dich selbst, und
meistere deine Belange. Du erhältst Hilfe aus mächtigen Reichen. Du wirst darauf geprüft,
ob den Herz und deine Absichten rein sind. Du wirst geführt in andere Welten, um Trauer, Blockaden und alte Speicher umzuwandeln und aufzulösen, die Herausforderungen,
die in dir liegen, zu meistern, mit dir und dem Gesamten in Einklang zu kommen, um
Großes in der Welt bewirken zu können und den Auftrag zu erfüllen, für den du hier auf
die Erde gekommen bist. Gewinne neue Kräfte, und entdecke deine wahren schöpferischen Fähigkeiten. Balanciere die Kräfte in dir. Entfessele und erlöse die weibliche und
männliche Kraft in dir und führe sie in eine befreiende Einheit. Bringe dich in Balance.
Erkenne: Wie innen so außen, wie oben so unten.

Früher gingen die Menschen in die heiligen Kathedralen der Natur, um ihre Wünsche an
die Feenkönige und Feenköniginnen zu richten, z.B. den richtigen Lebenspartner zu finden, ein Kind zu bekommen, ein neues Heim zu finden, Medizin und Heilung zu erlangen
oder schwere Aufgaben und Prüfungen zu meistern. Gehe in die Natur. Halte Ausschau

nach einer Naturkathedrale oder einem Naturkönigreich. Bringe eine Gabe mit. Etwas zu Essen, zu Naschen, zu Trinken. Warte auf ein Zeichen – das kann ein Windstoß sein, ein Zeichen am Himmel, Blütenregen – dann weißt du, dein Wunsch ist gehört worden, dir wird Hilfe zuteil.

Botschaft der Feenkönigin und des Feenkönigs: Tritt ein in unsere Reiche, achte auf das zarte Weiche, folge der Liebe in deinem Herzen, sei wahrhaft, und stelle dich deinen Schmerzen. Aufrichtig kannst du alles meistern, löse, wandle, und befreie, erhalte eine tiefe Weihe. Mitfühlend und achtsam gehe deinen Weg, Umwege, Irrungen und verschlungene Pfade – wähle nicht das herrische Gerade. Mitgefühl, Achtsamkeit und Mut, tapfer bändige deine Wut. Sei freundlich, halte inne, erkenne die Zeichen, sie stellen dir die erlösenden Weichen.
Wir wachen über all dein Tun, wichtig ist, im Frieden zu ruhen. Es wird sich immer eine Lösung finden, wir sind nicht da, um dich zu binden. Kehre ein in Kraft und Würde, du kannst jetzt meistern jede Hürde. Ein Zauber umweht dich, kannst du ihn spüren, das sind wir, wir öffnen die Türen.

Ritual ~ Wunscherfüllung ~

Gehe in die Natur. Nimm eine Decke, etwas zu Trinken, ein Sitzkissen, ein Papier, ein buntes Band und ein paar Gaben mit. Typische Feengaben sind zum Beispiel: Honig, Honigwein, Marmelade, ein Stück Schokolade, Brot, Holundersaft, zarte Räucherstäbchen (Bitte in der Natur sehr achtsam verwenden), Rosenwasser …
Halte Ausschau nach einem Feenkönigreich. Du erkennst es an seiner erhabenen, besonderen Ausstrahlung. Ein besonderer Zauber webt sich an solch einem Ort. Halte Ausschau nach dem Herzpunkt dieses Ortes. Das kann eine Bergspitze sein, ein besonderer Stein oder Felsen, ein Baum, eine Baumgruppe die wie eine Kathedrale aussieht, ein Platz, der etwas ganz Bezauberndes an sich hat. Bevor du diesen besonderen Ort betrittst, warte einen Moment, nimm innerlich Kontakt zu diesem Ort auf, und bitte um Einlass. Warte, bis du ein Zeichen erhältst. Das kann ein Windhauch sein, Blütenregen, eine laute Vogelstimme, Schmetterlinge, ein inneres »Ja« oder »Jetzt«, ein Sog im Bauch. Du wirst es spüren.
Dann erst tritt ein.
Fühle, wo es dich hinzieht, und lasse dich dort nieder. Verbinde dich mit dem Platz, indem du deine Augen schließt und deine Sinne öffnest. Welcher Geruch kommt dir in den Sinn? Welche Düfte nimmst du wahr? Welche Geräusche, Klänge vernimmst du? Welchen Geschmack nimmst du wahr? Wie fühlt sich der Platz an? Welche Elemente sind vorherrschend? Genieße diesen Platz, nimm ihn einfach wahr. Bitte die Feenreiche, sich zu zeigen oder sich bemerkbar zu machen.

Trage dein Anliegen, deinen sehnlichsten Wunsch vor. Führe eine innere Zwiesprache mit den Feen. Du kannst dir dabei vorstellen, wie du durch ein Lichttor in ihre Reiche gelangst. Stelle dich vor. Trage noch einmal dein Anliegen vor, und warte ab, was geschieht. Vielleicht nehmen sie dich mit auf eine innere Reise in die untere Welt, in der du jetzt eine Kraft findest, eine Blockade lösen kannst, eine Botschaft erhältst oder etwas in dir überwindest. Lasse dich einfach führen. Manchmal passiert etwas, was wir als unscheinbar und nicht besonders bewerten, da wir uns selbst nicht so ganz trauen, das aber eine immense Bedeutung hat, die wir erst viel später erkennen.

Schreibe dein Anliegen noch einmal auf einen Zettel. Halte diesen an dein Herz. Atme in deiner Vorstellung mit jedem Atemzug rosagoldenes Licht in den Zettel hinein, bis er ganz angefüllt ist. Binde das Bändchen um den Zettel, und hänge ihn an einem guten Platz auf. Bedanke dich für alles, was geschehen konnte. Lasse ein paar Gaben für die Feen zurück. Achte in nächster Zeit auf Träume, Eingebungen und Zeichen.

~ Im Reich der Feenkönigin und des Feenkönigs ~

Alles, was du denkst, alles, was du bist, alles, was du ausdrückst, wird dein Leben gestalten. Alles, was du aussendest, kehrt zu dir zurück.

Die Feenkönigreiche lehren uns, dass wir König, Königin im eigenen Reich sind und das Zepter nicht ablegen können. Das, was wir glauben, wird uns geschehen. Das, was wir ausdrücken, werden wir erschaffen. So wird es Zeit, die innere Tür zu öffnen und König, Königin im eigenen Reich zu werden.

In den nächsten 21 Tagen erhältst du aus diesen Reichen ein königliches Zepter und einen goldenen Umhang, ein Buch und einen Stift. Die Aufgabe ist, klare Ansagen zu machen, auszudrücken, was du möchtest, deine Überzeugungen wahrzunehmen und zu ändern, dein eigenes Königreich gut zu führen. Die Segenspunkte des Tages abends aufzuschreiben und dich in dem auszurichten, was du dir in deinem Leben wünschst.

Egal, was du über dich und die Welt denkst, du hast recht, denn deine Gedanken werden deine Wirklichkeit widerspiegeln. Du hast mächtige Verbündete an deiner Seite, die dich das Zaubern und den rechten Gebrauch deiner schöpferischen Kräfte lehren. Selbstmeisterung und Selbstannahme stehen jetzt an. Besuche die Reiche, wann immer es dir möglich ist. Nimm deine Träume, die Zeichen und den Segen wahr. Konzentriere dich auf Lösungen, statt auf Probleme.

Vor dem Schlafen gehen, rufe jetzt die Kraft der Feen.
Kommt, kommt und führt mich ins Licht hinein.
Lehrt mich, die Schönheit zu sehen, das feine Licht zu leiten und zu lenken,
um Glück, Heilung und Lösungswege zu überdenken.
Gebt mir heute Nacht die Lösung ein.
Danke, danke, das ist fein.

Gaia

VERSORGUNG, GEBORGENHEIT, HEIMAT

Gaia, große Mutter aller Dinge,
wir, deine Kinder, bitten dich, nimm uns in deine offenen Arme auf.
Du trocknest unsere Tränen, lässt unseren Erfahrungen freien Lauf.
Du hast immer für uns Zeit, bist stets da und auch bereit.
Mit deiner tiefen Liebe zu allem Leben, mit Fülle und Segen und ewigem Geben.
Wir erkennen langsam wieder deine lebendige Natur.
In ihr und mit ihr finden wir Heilung nur.
Du schickst deine Geister uns zum Segen, begleitest uns auf allen Wegen.
Gibst uns Nahrung, Trank und Kraft sowie das Leben, das alles erschafft.
Werden und Vergehen sind deine Kreise, du lehrst uns auf deine eigene Weise.
Viele Wesen sind deine Kinder klein und groß, ruhen geborgen in deinem Schoß,
sie unsere Brüder und Schwestern sind, doch wir haben's vergessen ganz geschwind.
Sind verblendet abgekommen vom Pfade zu unserem reinen Lebensglück.
Jetzt stehen wir ganz benommen da und wissen den Weg nicht mehr zurück.
Dein Herzschlag gibt uns wieder Kraft, der Puls der Zeit, er schlägt mit Macht,
deine und unsre tiefen Wunden lassen uns erkennen die Lebensrunden.
Vergib uns, Mutter, nimm uns wieder auf, zusammen schaffen wir einen neuen Lebenslauf
in Achtung, im Gleichklang mit der Natur, verbunden in Liebe mit allem in Wald und Flur.
Hilf uns, zu erkennen, zu sehen, zu sein, und zeig uns den Weg ins göttliche Heim.

Hintergrund

Am Anfang war das Chaos, eine ungeordnete Masse, in der es weder oben noch unten gab. Daraus erwuchs Gaia, Göttin und Urmutter der Erde. Sie gebar den Himmel über sich und den dunklen Raum unter sich, der später zur Unterwelt wurde. Nun gab es die göttliche Erde, Gaia, den Himmel (Uranos) und die Unterwelt (Tartaros). Dann wurde der männliche Liebesgott Eros geboren, der fortan die Triebkraft der ganzen Schöpfung war. Aus dem Chaos oben wurden weiterhin die Gebirge und Quellgeister, die Nymphen, geschaffen. Aus dem Chaos unten entstanden die Nacht und ihre Wesen. Gaia gebar das Meer (Pontos), die männliche Flut und die weibliche Ebbe sowie die Kinder der Meere, die Nixen. Aus der dunklen Nacht flossen die Luft (Aither) und der Tag (Hermeros), so konnten sich fortan Licht und Finsternis abwechseln, wobei nur der Tag den Sterblichen gehört. Das kosmische Licht und das heilige Feuer sind nur für die Götter und Göttinnen gedacht, denn sie sind die Lichtvollen, die Starken, die Unsterblichen. So lauten die Anfänge der Welt in der griechischen Mythologie.

Gaia stammt von dem griechischen Wort Gaea ab, das »Erde, Land« bedeutet. Ihre Attribute sind Füllhorn, Früchte und Kinder. Gaia ist die Erd- und Muttergöttin, die Urgöttin und Ahnherrin aller Götter. Sie ist die Allmutter, und aus ihrem Schoß geht alles Leben hervor. Uranos, Pontos und Tartaros sind ohne männliche Partner aus ihr entstanden. Sie entspricht der römischen Terra Mater, »Mutter Erde«. Mutter Erde ist ein lebendiges Wesen. Die Erde ist ihr Körper. Die Luft ist ihr Atem. Ihre Meere, Flüsse, Seen, Bäche sind ihre Blutbahnen, die die Erde versorgen und fruchtbar machen. Ihre Energie und Kraft, ihr Feuer, wohnen tief in ihrem Inneren verborgen. Sie ist die Mutter vieler Kinder und gibt auch vielen anderen Lebensformen, die nicht aus ihr geboren sind, ein Zuhause. In ewigen Zyklen entsteht alles Sichtbare aus ihr und kehrt zu ihr zurück. Einst lebten die Menschen im Einklang mit und in Achtung vor Mutter Erde und allen Lebensformen. Tiere und Pflanzen waren Brüder und Schwestern. Seitdem haben sich viele Menschen aus der Einheit entfernt. Aus dem Mutterland wurde ein Vaterland, das man erobern konnte und in dem Boden käuflich ist. Gaia wurde zu einem Ding, über das sich der Mensch zu herrschen anmaßte. Ihre Schätze sind Handelsware geworden. Sie ist zum Spielplatz entwurzelter und entseelter Geister geworden. All das hat viele Verletzungen in ihr, an anderen Lebensformen und damit auch in uns als Teil von ihr hinterlassen. Die verbliebenen Naturvölker sind die Hüter der Erde, an ihnen können wir uns orientieren. Immer mehr Menschen erkennen die Tiefe der Natur und kehren zurück zu Mutter Erde und ihren wahren Gaben. Sie beginnen einen neuen Austausch mit Gaia.

Allgemeine Bedeutung

Gaia, unsere Erdmutter, bietet uns so viel an Reichtum, Wachstum, Vielfalt und Schönheit, an Geheimnissen und Mysterien. Unsere Welt ist voller Möglichkeiten, und unser Leben ist ein Geschenk, all diese Möglichkeiten kennenzulernen, auszuprobieren und zu nutzen. Alle Lebensgrundlagen werden von Gaia gegeben. Wir haben Luft zum Atmen, Wasser zum Trinken, die Erde bietet reichlich Nahrung und Schutz, Material, um sich Unterstände und Häuser zu bauen, selbst schöpferisch zu sein. Wir finden dort Wege, auf denen wir wandeln und Erfahrungen machen können, Zeichen, die uns auf den richtigen Weg führen können.

Doch das scheint für uns nicht genug. Viele von uns haben sich aus der universellen Gemeinschaft, aus der Einheit mit allem, was ist, zurückgezogen. Wir haben vergessen, dass alles, was wir zum Leben brauchen, da ist. Wir haben uns entfremdet und künstliche Welten erschaffen. Durch diese Entfremdung und den Rückzug aus der Einheit sind Macht, Gier, Angst und Mangel geboren. Wir sind zu Dienern und Knechten der künstlichen Welten geworden und vergessen oft das Wahre, Eigentliche, Natürliche. Wir dürfen die Natur nicht kontrollieren, zerstören oder beherrschen, da wir doch ein Teil von ihr sind. Sprich mit der Natur. Suche den Austausch. Rede mit den Pflanzen und Tieren. Höre die Steine sprechen, die Botschaft der Wolken am Himmel, das Flüstern des Baches, die

Nachricht der Vogelboten. Lausche den Naturwesen am Rande deines Weges und den Geistern, die bei dir sind und dich führen. Dies alles ist möglich, wenn wir uns wieder mit der Natur verbinden. Wir alle verstehen die Sprache unserer Mutter Erde am besten, wenn wir in die Natur gehen und ihr in Stille und Ruhe lauschen. Wir alle sind Kinder dieser Erde. Sie ist unser Zuhause. Suche die »religio«, die Rückverbindung. Du bist geborgen im Schoße der großen Mutter Gaia, und dein Körper kehrt immer zu ihr zurück. Sie versorgt dich mit allem, was du brauchst.

Wird dir die künstliche Welt zu viel, so ziehe dich zurück von ihr, und suche die Natur auf. Verbinde dich mit ihr, und du wirst Trost, Liebe, Weisheit und das Wahrhaftige finden. Du wirst die liebevollen Botschaften am Rande des Weges erkennen, wenn dein Herz geöffnet ist. Nimm wieder einen achtungsvollen Umgang und Austausch mit Mutter Erde auf. Bedenke, dass sie nicht nur für die Menschen, sondern auch für zahlreiche andere Lebensformen ein Zuhause ist. Wie sieht deine Erdenwanderung aus? Wie ist dein Verhältnis zu Gaia? Würdigst du das, was dir täglich gegeben wird? Erkennst du die Zeichen die sie sendet? Die Botschaft von Gaia lautet: Um Botschaften von mir zu empfangen, lausche der Natur.

Ritual ~ Gaias Geschenk ~

Um mit Gaia in Verbindung zu kommen, kannst du dich z. B. eine Zeit lang mit den Botschaften der Naturvölker befassen. Sie sind eins mit Mutter Erde. Sie hüten die heiligen Rituale und kennen die tiefen Weisheiten, die sie birgt. Nimm an einem Erdritual teil, z. B. an einer Schwitzhütte. Begib dich in die Natur, sooft du kannst. Beginne, dich mit allem, was dir dort begegnet, zu verständigen, sprich mit den Bäumen, Steinen, Tieren. Beginne, ihnen zuzuhören. Nimm dir Zeit und Ruhe. Lege dich bequem auf den Boden. Fühle die Erde. Fühle, wie sie sich dreht, fühle, wie sie dich trägt. Mache dir klar, dass du auf einem Planeten liegst und in das Universum schaust. Schließe deine Augen. Atme tief ein und aus. Lasse dich in das Universum schleudern. Stelle dir vor, wie du aus deinem Körper in das All gezogen wirst. Stelle dir die vielen Sterne vor. Du schwebst schwerelos im All. Sieh die Erde, die wunderschöne blaue Kugel unter dir. Lasse dich von Gaia führen. Sie führt dich auf die Erde, weil sie dir etwas zeigen möchte. Du kommst der Erde immer näher. Du tauchst in ihre Atmosphäre ein und landest sanft und weich in ihrem Schoß. Du kannst dich in einer anderen Zeit wiederfinden, an einem fremden Ort, in einer anderen Umgebung. Du kannst neben Tieren und Menschen auch Naturwesen sehen. Wo bist du gelandet? Wo befindest du dich? Was ist um dich herum? Lasse zu, was du siehst. Welche Zeit ist gerade? Schau dich an dem Ort um. Was nimmst du wahr? Was fühlst du? Lasse dir Zeit. Was zeigt dir Mutter Erde? Es ist das, was zu erfahren jetzt für dich wichtig ist. Sie erinnert dich.

Wenn du genug gesehen hast, nimmt dich Gaia liebevoll an der Hand und bringt dich zu deinem Körper zurück. Wenn du in dir bist, öffne die Augen. Du kannst dein Erlebnis aufschreiben oder mit einem Menschen deines Vertrauens teilen. Das, was Gaia dir gezeigt hat, ist ein Geschenk an dich.

Gnome

FÜHRUNG, URALTE WEISHEIT DER ERDE

Erwacht! Erwacht!
Ihr schlafenden Formen, seht ihr nicht euer wahres Gesicht?
Verlasst eure eng gesteckten Normen, verlasst das kleine Erdengericht.
Lange, lange sitz' ich schon hier und habe gesehen
Äonen von Zeiten, die kommen und gehen.
Hüte das Wissen, hüte den Schatz, hüte die Gaben, hüte den Platz.
Erwacht! Erwacht!
Wisst ihr denn nicht, ihr Menschenkinder: Ihr seid die suchenden Gottesfinder.
Erkennt eure Kraft in euch verborgen,
verlasst den selbstgeschaffenen Kummer und die Sorgen.
Ich sitze in alten, starken Bäumen und rufe: »Erwacht aus euren Träumen!«
Seid ganz da und schaut euch um, ja, hier bin ich verborgen und stumm.
Ihr könnt mich fragen, ich kann es euch sagen.
An heiligen Quellen, mystischen Orten gibt es uns in vielerlei Sorten.
Bin Hüter der vielen alten Berge. Bin der Weise des Volkes der Zwerge.
Gnomenhaft vom langen Warten sitz' ich hier und lass' dich raten.
Was ist die Zeit? Was ist der Raum? Was ist gescheit, und was ist weise?
Was ist Illusion, und was der Traum? Wanderer, frage dich das auf deiner Erdenreise.
Erwacht! Erwacht!
Ich kann warten, bis es Tag wird auch bei Nacht.

Hintergrund

Gnome sind die Hüter der Weisheit. Ihr Name geht auf das griechische Wort »genomoi«
zurück, das Erdbewohner, bzw. auf »gnome«, das Erkenntnis bedeutet. Sie gehören dem
Erdreich an und sind die Elementarwesen der Erde, die Erdgeister mit dem größten Verstand und der tiefsten Weisheit. Ihre weibliche Ergänzung sind die liebenden alten Mütterchen, auch Gnomiden genannt. Die Gnome sind die weisen Alten des Zwergenvolkes.
Sie sind meistens an sehr alten Plätzen, Kraftplätzen, in der Natur zu finden, dort hüten sie
die Eingänge in die verborgenen Welten der mystischen Zeitzonen, wo sich Vergangenheit, Zukunft und Gegenwart treffen. Da sie zu den höher entwickelten Zwergen gehören,
findet sich rund um derlei Orte oft ein Abdruck ihres Wesens in den Steinen, Baumrinden
oder anderen Stellen in allerlei anderen, unerwarteten Formen.

Gnome sind die Zwergengreise, die die Weisheit auf der Erde hüten. Sie wachen über die wahren Schätze der göttlichen Natur. Sie haben viele Zeitalter kommen und gehen sehen, kennen den Rhythmus der Natur und sind sehr, sehr alt. Ihre Gesichter sind oft zerfurcht und ihre Haut wie gegerbtes Leder in viele Falten und Fältchen gelegt. Ihre Bärte sind lang und weiß. In ihren Augen liegt die Ruhe und Gelassenheit des Wissens um das Wesen und den Lauf der Dinge. In ihren Mundwinkeln liegt ein lustiges Schmunzeln, in ihren Wangen sitzen Grübchen. Sie sind jederzeit zu Späßen aufgelegt und kichern oft in sich hinein, was sich anhören kann wie das fröhliche Glucksen eines Baches. Sie sind es, die uns die Lebensrätsel an den Weichen des Lebens stellen. Wer sie löst, erhält Einblick in die höheren Welten und die verborgene Herrlichkeit. Wer die Gnome nicht beachtet, den beachten sie auch nicht.

Mit Vorliebe halten sich Gnome auch an Denkmälern kluger Persönlichkeiten oder in der Gegenwart gescheiter Menschen auf. Gescheitheit bzw. Klugheit und Weisheit können sehr unterschiedliche Dinge sein. Wenn jemand gescheit ist, so ist er oftmals auf der Suche nach Weisheit. Gnome lassen sich jedoch nicht leicht beirren und amüsieren sich oft köstlich über gescheite Reden. Solchen Menschen, die sich als »klug« bezeichnen, folgen sie gern in Scharen, ja werden von ihnen regelrecht angezogen. Die gescheitesten Leute der Welt werden von ganzen Heeren von Gnomen verfolgt. Jedoch nicht ohne Grund: Als Hüter der Weisheit und des alten Wissens hoffen sie, das Licht der Weisheit in den Reden der Menschen aufschimmern zu sehen und die Worte in ihre Richtung lenken zu können. Sie freuen sich, wenn sie sehen, dass altes Wissen wieder neu emporsteigt. Sie freuen sich über jede Erkenntnis, die ein Mensch auf seiner Lebensreise gewinnt. Denn jedes Licht, das im Menschen aufglimmt, führt ihn zurück zur Schöpfung und damit auch in die Welt des kleinen Volkes, das die Natur erhält und erhellt, und damit zur wahren Natur, zur Einheit mit allem, was ist.

Allgemeine Bedeutung

Die Gnome, die Alten des Zwergenvolkes, haben viel erlebt und gesehen im Laufe der Äonen. Sie behüten die Lebensweisheiten. Begegnest du dem alten weisen Gnom, so spricht er zu dir: Hallo du liebes Menschenkind, bin hier, bin da, bin sehr geschwind. Doch hab' ich auch einen festen Platz. Komm nur, ich erzähl' dir was. Alle Weisheit der Erde ist in mir. Die Möglichkeiten, ich zeige sie dir. Lerne, zu lieben diesen Ort, dann trägt er dich in tiefere Dimensionen fort. Ich erzähle dir, was einst geschah, doch klingt es für dich oft nicht wahr, oder gar zu wunderbar. So lange ist unsre Begegnung schon her, es war und ist fast schon nicht mehr. Doch öffne deine Herzenstür, so komm' ich ganz schnell zu dir hervor, reiche dir die Hand geschwind. Mach auf die Tür, mach weit das Tor, öffne dich dem zarten Wind. Dein Wunsch, mit mir einfach nur zu sein, zu reden, möge er sein in deinem Herzen rein. So bin ich da. Das ist ganz klar. Ich kann dir helfen auf allen Ebenen, kann dich führen, heilen, segnen. Keine Kraft ist mir hier fremd, für dich gäbe ich mein letztes Hemd. Vertraue mir, vertrau dem Sein. Dann führe ich dich in weitere Welten ein. Alles ist möglich, glaube mir. Komm, ich zeige dir die Tür zu den unbekannten Schätzen, zu den Toren an den heiligen Plätzen. Folge mir nur, mein Licht leuchtet uns den

Weg. Doch wenn du mir folgst, du auch Verantwortung trägst. Verärgere mich nicht, denn dann ist's vorbei mit der magischen Lichtzauberei. Die Türen schließen sich für immer, und du wirst niemals finden die Schatzzimmer. Deine Taten Folgen tragen, ich finde dich zu jeder Zeit, erinnere dich bis in die Ewigkeit. Einsicht und Vergebung ist die Kraft, die in deinem Herzen Frieden schafft. So sei wahrhaftig in deinem Sein, reiche mir die Hand, und folge mir im Laternenschein.

Die Botschaft der Gnome lautet: Ich warte auf dich, dich zu führen in die goldene Zeit, warte hier bis in alle Ewigkeit. Vielleicht bist du ja irgendwann bereit.

Ritual ~ Besuch bei den Gnomen ~

Am ehesten kannst du den Gnomen in der Natur begegnen, dort, wo sie sich bekanntlich aufhalten: in uralten Bäumen, in knotigen Wurzeln, in alten Steingruppen, an alten Kraft-plätzen … Bevor du losgehst, um die Verbindung zu den Gnomen herzustellen, rufe den Gnomgeist, dass er dich zum richtigen Ort führe.

Wenn du deinen Platz in der Natur gefunden hast, setze dich nieder. Konzentriere dich auf die Erdkraft in dir: auf deine Knochen, dein Skelett, auf deine Substanz, auf die Füße, die dich tragen. Wenn du angekommen bist und dich mit der Kraft der Erde verbunden fühlst, so bitte den Gnom, sich dir zu zeigen. Beginne, dich tief zu entspannen, indem du die Luft an diesem Ort tief durch alle Teile deines Körpers atmest und dich und alle An-spannung an die Erde abgibst. Wenn du so weit bist, schaue dich in der Umgebung um. Was könnte ein Eingang in die Welt der Erde sein?

Schließe deine Augen. Stelle dir vor, wie du zu dem von dir entdeckten Eingang in die Erde gehst. Du siehst dort eine kleine Tür. Du schreitest durch diese Tür hindurch und befindest dich augenblicklich im magischen Land der Zwerge, Elfen, Feen u. v. a. Schaue dich um. Was siehst du? Welches Wesen kommt auf dich zu? Wie sieht es aus? Begegne ihm in Liebe, und bitte es, dich zum Gnom zu führen. Sieh, wie das Wesen, es können auch mehrere sein, losgeht. Du folgst ihm. Es bringt dich zu dem Gnom. Wenn du ihn siehst, so begrüße ihn. Du kannst ihm eine Frage stellen oder dich einfach zu ihm setzen. Er weiß, was er dir auf deinen Weg mitgeben will. Wundere dich nicht, die Botschaften des Zwergenvolks kom-men manchmal in Form eines Rätsels oder in Reimform oder in einem Singsang. Höre dem Gnom zu. Wenn deine Zeit um ist, verabschiede dich von ihm. Begib dich auf den Rückweg, und gehe zu der Tür, durch die du gekommen bist. Schreite durch die Tür. Gehe wieder langsam in deinen Körper zurück. Öffne die Augen, und nimm dein Erlebnis tief in dich auf. Wenn du bereit bist, erhebe dich. Spüre der Richtung nach, in die du auf deiner Reise gegangen bist. Oftmals zeigt sich dir plötzlich das Gnomengesicht, seine Form, als ein Ab-druck in der Rinde, in den Wurzeln, in den Steinen. Der Gnom grüßt dich damit und zeigt dir, dass du nicht geträumt hast. Gnome kennen wirklich alle Geheimnisse. Sie können dich in alte Rituale einführen, dir zeigen, wie du dich unsichtbar machen kannst, wo Schätze lie-gen u.v.m. Doch bedenke die Verantwortung, die du damit für dieses Wissen übernimmst.

Hüter der Edelsteine

PLANETENKRÄFTE, SCHICKSALSWEICHEN

Edle Steine aus fernen Reichen, in den Tempeln der Natur sie keinem gleichen.
Dort werden sie gehütet in eigener Weise auf ihrer speziellen Sternenreise.
Die Urseelen sich hier verbinden, nicht jeder kann die Kräfte finden.
Alte Wesen, mächtige Hüter, ferne Reiche, stellen sie des Schicksals Weiche.
Verbinden dich mit ihrer Kraft, die Segen bringt oder Unglück schafft.
Wirken sie mit ihrer Energie, schwingen mit deinen Kräften sie.
Nimm den Kontakt auf zu ihrem Wesen, sie wissen, was gut ist und was gewesen.
Sie hüten noch mächtigere Schätze der lichten Natur,
lasse sie dir erzählen von ihnen nur.
Sie führen dich in ein tiefes Verständnis ein, lasse dich führen, oder lasse es sein.
Große Heilkraft sie in sich hegen. Öffne dich ihnen, sodass sie dich pflegen.
Lasse dich nicht verführen von Habgier und Macht,
Liebe und Verständnis breiten ihre Pracht.
Öffne dich mit deinem Herzen, dann heilen sie so manche Schmerzen.
Heilig ist die Kraft der Steine, alt und weise.
Sie begegnen dir an bestimmten Punkten auf deiner Reise.
Sei achtsam, und höre ihnen zu,
dann findet deine Seele Glück, Veredelung und Ruh'.

Hintergrund

Wenn wir uns den Hütern der Edelsteine öffnen, öffnen wir uns einem Königreich, das älter, erhabener, umfassender und unabhängiger ist als alle anderen Reiche, denen wir bisher begegnet sind. Es ist das Königreich der Elemente und Mineralien. Es existiert seit Anbeginn der Zeit, lange bevor der Mensch die Erde besiedelte. Es versorgt die Pflanzen, diese wiederum bauen die Atmosphäre auf, den Sauerstoff, Grundsubstanz des Lebens. Das Mineralreich versorgt auf diese Weise Pflanze, Tier und Mensch. Hier begegnen wir auch dem Ursprung der Engelreiche und dem der Naturreiche. Das Naturreich ist aus den lichtvollen Gedanken und Kräften des Engelreiches hervorgegangen, seine Aufgabe ist es, die Ursubstanz aus den Urelementen aufzubauen. Die Engel senden die kosmischen Strahlungen der göttlichen Quelle; die Elementar- und Naturwesen erzeugen die Grundlage, aus der alles, wirklich alles Leben erschaffen ist.

In diesem Reich beginnen die Legenden, die Märchen und Mythen, von hier strömt der wunderbare, zauberhafte Duft der fernsten Reiche. In vielen Steinen wohnen Feen, Elfen, Zwerge, ja ganze Völker und Königreiche und viele weitere Vertreter des kleinen Volkes. Sie hüten wiederum die edlen Steine, über die sie mit dem Kosmos und den kosmischen Energien und Wesen kommunizieren. Hier treten die Engelwelten in Verbindung mit den Naturwelten, mächtige Kräfte und Energien treffen und wirken in diesem Bereich zusammen. Sie kristallisieren zu den herrlichsten Formen, erschaffen die prachtvollsten Farben, Klänge, Strahlungen und Symbole. Die Edelsteine sind eine verdichtete Energieform mächtiger Wesen, die durch sie wirken. Die Naturwesen, die die Edelsteine hüten, werden Stannar oder Trupat genannt, sie gehören zum kleinen Volk.

Die Edelsteine werden oft tief in den unterirdischen Tempeln der Natur gehütet, gehegt und gepflegt. Über Edelsteinhöhlen sind oft große Lichtbrennpunkte und Lichtreiche verankert. In früheren Zeiten waren diese Höhlen mächtige Einweihungsorte. In ihnen sind alle Kräfte des Sonnensystems in verschiedener Weise verwoben. Sie sind die Spiegel von und die Verbindung zu den fernen Reichen des Kosmos, zu den mächtigen Hütern des Lichtes. Sie künden von der wahren Herkunft und den Kräften und Mächten ferner Reiche und Planeten. Aus diesen Kräften und Mächten ist auch der Mensch geschaffen.

Menschen aller Epochen wurden und werden von den edlen Steinen magisch angezogen. Edelsteine künden von höheren Mächten und Sternenkräften, die sich als sichtbarer Abdruck in den Steinen widerspiegeln. Sie können Glück, Schutz, Weisheit, Frieden, Heilung, Veredelung der Kräfte, unendliche Macht, einfach alle erdenklichen Erdenfreuden bringen, aber auch Unheil, Katastrophen, Krankheiten, Verbrechen und unnatürlicher Tod können an ihnen haften, je nachdem, in welche Hände sie geraten und mit welchen Kräften sie geladen wurden und sind. Wenn der Mensch gelernt hat, seine Gier, seine Machtansprüche und sein Besitzdenken zu zähmen, dann werden sich Welten der Edelsteine öffnen, die heute noch größtenteils verschlossen, geschützt und für uns unsichtbar sind. Die Reichtümer und Schätze der Erde sind für alle Wesen da. Unser Planet birgt ungeahnte, unschätzbare Reichtümer, die nicht von dieser Welt sind.

Allgemeine Bedeutung

Erreicht dich die Botschaft der Hüter der Edelsteine, so öffne dich ihren Kräften. Nichts ist Zufall. Kein Stein gelangt in deine Hände, ohne dass er zu dir kommen sollte. Er bringt eine Botschaft mit. Es kann dein Karma, dein Schicksal, sein, das dir diesen Stein in die Hände spielt. Er kann dir Glück oder Unglück bringen. Auf jeden Fall bringt er dir eine Energie, eine Botschaft, eine Nachricht aus dem Kosmos. Doch um diese zu verstehen, ist es gut, sich an den Hüter, die Hüterin des Steines zu wenden. Jeder Edelstein steht unter der fernen Obhut mächtiger Sternenwesen und unter der unmittelbaren Obhut des kleinen Volkes.

Ein Mensch, der im Besitz eines Edelsteins ist, kommt bewusst oder unbewusst mit der Naturseele, einer bestimmten Schwingung oder Energie in Berührung. Sie wacht ab dem Zeitpunkt, da der Stein zu ihm gekommen ist, auch über dessen Besitzer und spendet Wohltat oder schickt Ungemach. Wir sollten uns mit den Steinen in Verbindung setzen und ihnen zuhören. Sie tragen Botschaften in sich und stehen in Resonanz mit unserer Seele. Sie können uns schützen, behüten, leiten, zum Glück führen, die verschlossenen Kammern unseres Herzens und unserer Seele öffnen, genauso wie sie uns zu Gier, Machtmissbrauch und Negativem jeder Art anregen können. Auch können in den Steinen, wenn sie zuvor schon bei anderen Menschen waren, die Energien der Vorgänger gespeichert sein und uns auf die Spuren ihrer Energie lenken. Je nachdem, was der Stein und dadurch sein Wesen erfahren und gespeichert hat, kann uns das Gutes oder Schlechtes bringen.

Achte auf die Wesen der lebendigen Natur. Fühle ihren Energien nach. Sie spiegeln und erwecken in dir deine eigenen Sternenmächte. Über sie kannst du dich mit den lebendigen Wesen der Natur verbinden. Welche Steine befinden sich in deinem Besitz? Wie, wann und durch wen kamen sie zu dir?

Die Botschaft der Hüter der Edelsteine lautet: Sternenkraft, Sternenmacht, leuchtet aus unserem strahlenden Sein. Wir laden dich ein. Unsere Kraft wohnt auch in dir, tief und weit ist deine Verbindung, wir erwecken sie hier. Folge der Spur der Energie des Seins, und sie führt dich zu der Quelle des Lebensweins.

Ritual ~ Begegnung mit dem Wesen der Edelsteine ~

Wenn du einen Edelstein, einen Halbedelstein oder einfach irgendeinen Stein in der Hand hältst, öffne dich dem Gedanken, dass Steine beseelt sind, dass durch sie oft große mächtige Wesen wirken, die sie hüten, lenken und ihre Kräfte kennen. Sie sind Vertreter des ersten Königreichs, das hier auf der Erde existierte. Sie brauchen nichts und niemanden. Sie sind sehr alt. Wir aber brauchen sie, denn sie versorgen uns, bilden die Basis auf der unser Leben erst möglich wird.

Lasse immer mehr den Gedanken zu, dass alles in der Natur beseelt ist und dass der Stein nur die kleinste sichtbare Form einer unglaublichen Kraft ist, eines Wesens, das hinter dieser sichtbaren Form existiert. Das ist der erste Schritt, sich den Wesen und Kräften der Steine zu nähern und sich ihnen zu öffnen. Nur so kannst du die wahre Kraft und Botschaft des Steines langsam kennenlernen.

Nimm dir Zeit und Raum. Schaffe dir eine schöne Atmosphäre, in der du längere Zeit entspannt sein kannst. Nimm dir einen Edelstein, der schon längere Zeit bei dir ist. Betrachte ihn. Schau ihn an. Welche Form hat er? Welche Farbe? Was strahlt er für dich aus? Ist es eher etwas Warmes oder Kaltes; etwas Weiches oder Hartes; etwas Weibliches oder Männliches; etwas Helles oder Dunkles; etwas Trübes oder Klares; etwas Heiles oder Verletztes …? Betrachte deinen Stein eine ganze Zeit lang von außen. Öffne dich ihm mit all deinen Sinnen.

Wenn du ihn ausgiebig betrachtet hast, bitte den Hüter, die Hüterin, das Wesen des Edelsteines, mit dir in Kontakt zu treten. Atme tief. Betrachte ihn noch einmal. Schließe dann deine Augen. Stelle dir vor, wie die Farbe und Energie des Edelsteins dich einhüllt, immer mehr davon in jede Zelle dringt, bis du das Gefühl hast, dass du ganz im Stein drinstehst. Dein Engel steht an deiner Seite, um dich zu begleiten. Du siehst ein Tor. Begib dich dorthin. Stelle dir vor, wie du anklopfst. Das Tor öffnet sich. Du trittst ein, dein Engel begleitet dich.

Du stehst in einem Raum. Schau dich um. Welche Farbe hat er? Welche Gegenstände befinden sich darin? Wie wirkt er auf dich? Betrachte den Raum in all seinen Einzelheiten. Wenn ein Hüter darin ist, zeigt er sich oft in der Farbe und Gestalt, die die Kräfte des Steines widerspiegeln. Ein Spiegel in der Farbe des Steines hängt an der Wand. Du trittst an den Spiegel und bittest, dass dir alles gezeigt wird, was mit diesem Stein in Verbindung steht. Der Spiegel verändert sich, und die Kräfte des Steins werden sichtbar. Sie nehmen Form und Gestalt an. Du kannst mächtige Lichtreiche erblicken, Engelwesen, verstorbene Menschen, Naturwesen, Ereignisse und Erlebnisse, die mit diesem Stein in Verbindung standen. Vielleicht siehst du auch Landschaften, bekannt oder unbekannt. Vielleicht zeigt er dir seine Geschichte, vielleicht nur einen Gegenstand. Betrachte alles, was sich dir in diesem Spiegel offenbart. Es kann auch sein, dass der Hüter des Edelsteines zu dir spricht. Welche Botschaft sendet er dir? Was teilt er dir mit über diesen Stein? Was ist wichtig im Umgang mit diesem Stein? Welche Kräfte besitzt er? Frage den Hüter des Edelsteines nach einer glück-, heil- und segenbringenden Botschaft. Befolge sie. Manchmal kommt die Antwort auch erst später, in einem Traum, durch einen Menschen oder auf andere originelle Weise. Wenn du ernsthaft fragst, wird eine Antwort kommen. Zeigt sich der Spiegel wieder in seiner ursprünglichen Farbe, ist deine Begegnung mit den Wesen der Edelsteine beendet. Bedanke dich. Schaue dich noch einmal in dem Raum um. Vielleicht entdeckst du noch etwas, was dir beim Betreten des Raumes noch nicht aufgefallen ist. Bedanke dich. Dein Engel begleitet dich zurück. Du schreitest durch das Tor. Die Energie des Edelsteins zieht sich langsam zurück. Du öffnest deine Augen und betrachtest den Stein, den du in deiner Hand hältst. Bedanke dich für die Botschaften. Es kann einiger Übung bedürfen, bis sich dir alles zeigt, was mit dem Stein in Verbindung steht. Reise ruhig öfter ins Edelsteinhaus, bis du deinen Stein besser kennengelernt hast. Wenn du deinen Stein reinigen und neu aufladen möchtest (vielleicht wurde dir das ja bei deinem Besuch aufgetragen), kannst du das, indem du ihn auf einen Hämatit (Blutstein) oder in eine Amethystdruse legst, ihn eine Zeit lang in der Erde vergräbst oder unter klares fließendes Wasser/Quellwasser hältst – das gilt grundsätzlich für alle Steine. Steine mit einer hohen Mohshärte[3] (z. B. Quarze) können dazu auch in Meersalzwasser gelegt werden. Du kannst sie auch auf verschiedene Weise als Heilmittel einsetzen, z. B. indem du sie an betroffenen Körperstellen trägst, Heilwasser mit ihnen herstellst (den Stein über Nacht ins Wasser legen), sie bestimmten Menschen zukommen lässt.

---

3 Mohshärte ist die Ritzhärteprüfung, benannt nach dem Wiener Mineralogen Friedrich Mohs (1773–1839). Die Mohshärte gibt den Widerstand an, den ein Mineral beim Ritzen einem spitzen Gegenstand entgegensetzt. Mohs gab diesem Widerstand die Grade von 1–10 (aus: Schumann, Walter: Edelsteine und Schmucksteine. München).

Das kleine Volk

SCHÖPFERKRAFT, TRAUM, HILFE

Ein Traum, die Zeit, der Raum, bist du zu erwachen bereit?
Du glaubst es kaum, denn Zeit und Raum beginnen zu verschwinden wie in einem Traum.
Da taucht es auf, das kleine Volk, beginnt seinen Tanz der Ewigkeiten.
Im ewigen Rhythmus der Gezeiten, schweigend im Reigen
und jenseits der Nacht dreht es sich mit der Sternenpracht,
in kosmischen Klängen und Gesängen, in Vielfalt und Einheit der Natur.
Fairies dich verzaubern, nehmen dich in ihren Bann.
Sie wollen dir etwas zeigen, damit dein Erwachen beginnen kann.
Nichts ist so wichtig, alles ist da. Lässt du dir zeigen die lichten Reiche,
hier ist alles wunderbar und klar. Von hier kannst du lernen, hier wirst du reifen,
in das, was du suchst, und das, was du tust.
Nichts ist zu tun, denn alles kann ruh'n in der Einheit des göttlichen Seins.
Drum folge dem Reigen, dem ewigen Schweigen,
auch du bist ein Teil der lichten Natur.
Sie ist versteckt an geheimen Orten hinter deines Herzens Pforten.
Öffnest du die Tore? Lauschst du den Gesängen?
Hörst du Prozessionen des kleinen Volkes in
unterschiedlichsten Wesenklängen?
Nixen, Undinen, Zwerge, Sylphen, Pixis,
Goblins, Elfen, Feen, Nymphen, Alben
und so manch andres unbekanntes Zaubervolk
und andere magische Gestalten
leiten dich an, drum trau dich nah heran.
Wenn du versuchst, es festzuhalten,
löst es sich auf, denn andere Kräfte hier walten.

Hintergrund

Im englischen Sprachgebrauch spricht man von den »fairys« und den »fairytales« (Feengeschichten, Märchen). Das Wort »fairy« wird fälschlicherweise oft mit »Fee« übersetzt. Doch die mit »fairy« bezeichneten Naturwesen sind nicht zu verwechseln mit jenen, die wir als »Feen« bezeichnen. Das Wort »fairy« sollte streng genommen als Eigenschaftswort gesehen werden, das soviel wie »verzaubert« oder »unwirklich« bedeutet. Der Begriff »fairy« erfasst alle Bewohner, die das »fairyland«, das »verzauberte Land«, bevölkern, und so verwenden wir für sie die Übersetzung eines anderen englischen Begriffs: »the little folk«, das kleine Volk.

Durch Jahrtausende hindurch haben Märchen, Legenden, Erzählungen und Sagen die Wirklichkeit des kleinen Volkes eingefangen und erhalten. Man findet sie in zahlreichen Kulturen rund um die Welt. Das große Erbe des geistigen Reichtums und der Lebensmysterien ist in die Geschichten über sie und in Begegnungen mit ihnen eingewoben. Der Begriff »kleines Volk«, Fairys, schließt all die feinen Wesen ein, die in der Natur wirken und auch als altes Volk, winziges Volk, gesegnetes Volk, die guten Nachbarn, die feinen Leute o. Ä. bezeichnet werden. Das kleine Volk umfasst viele Naturwesengattungen wie die Goblins, Elfen, Feen, Schwarzalben, Pixis, Brownies, Derricks, Urisks, Zwerge, Gnome, Sylphen Undinen … Sie alle bewohnen Täler, Grotten, Berge, Seen … eben die Natur. Die Bezeichnung »klein« ist dabei relativ, denn sie erfasst alles von winzig kleinen bis zu beinah menschengroßen Gestalten. Sie tragen die unterschiedlichsten Kleidungen, verständigen sich auf mannigfache Weise, und ihr Auftreten und Benehmen ist ebenso vielfältig wie das Leben selbst.

Das kleine Volk verfügt über zahlreiche magische Fähigkeiten und gilt als die »Seele der Natur.« Sie können die Großen klein und die Kleinen groß, die Alten jung und die Jungen alt werden lassen. Sie können aus dem Nichts auftauchen und wieder verschwinden. Sie können alle Formen annehmen. Sie erscheinen manchmal als Helfer, manchmal als Prüfer und manchmal gar als Zerstörer. Jeder, der auf sie trifft, schaut in den Spiegel seiner Seele und erfährt etwas über seine eigenen Wesenszüge. Begegnungen mit dem kleinen Volk, in welcher Form sie auch immer geschehen, verändern die Lebenssicht tief greifend. In mondhellen Nächten tanzt, singt und feiert das kleine Volk. Meistens sind seine Angehörigen nachtaktiv oder haben bestimmte Zeiten, zu denen sie erscheinen. Meist in Phasen des Übergangs, wie z. B. Sonnenauf- und -untergang, dem Wechsel vom Tag zur Nacht und von der Nacht zum Tag. Auch Zeitspalten gehören dazu, die des wahren Erwachten, der die Lichtreiche sehen kann, die unterschiedlichste Zwischenreiche, wie die des Traumes oder der Fantasie … Welche ein Mensch erschauen kann, hängt davon ab, wie weit er in sich entwickelt ist.

Das kleine Volk lebt im Ätherreich, in den Welten des Lichts. Hier nimmt es Form und Gestalt an. Die Geschöpfe der Ätherwelten sind durchwoben mit den Elementen und beleben diese mit ihrem Licht. Sie verleihen den Elementen ihre Lebendigkeit, Macht und Wirkung. Nur lebendiges Wasser kann heilen und Segen bringen. Nur belebte Erde kann Leben hervorbringen. Nur belebte Luft wird Frische und Klarheit schenken. Nur belebtes Feuer kann zu segensreicher Energie werden. Manchmal sind diese Naturwesen erzürnt oder folgen der Kraft der Wandlung. Dann wandeln sie die Elemente in Stürme, Erdrutsche, Überschwemmungen, Buschfeuer … Einige Naturwesengattungen nehmen von den Menschen wenig Notiz, da sie aus der göttlichen Quelle gespeist werden oder in unberührter Natur walten. Andere, die in der Nähe der Menschen leben, werden durch deren Energie und Ausstrahlung geprägt, die sie in deren Umgebung zu Hilfs- oder Plagegeistern werden lassen.

Allgemeine Bedeutung

Berührt dich das kleine Volk, so erinnert es dich an die verborgenen Reiche anderer Dimensionen. Diese existieren aber oftmals nicht im äußerlich wahrnehmbaren Spektrum der menschlichen Sinne. Intelligenz, Seele, Herzenskraft sind nur schwer nachweisbar, doch es gibt sie. So ist die Welt der Naturwesen eine feinstoffliche Lichtwelt, die in anderen Schichten unserer Seinsebenen besteht. Die Naturgeister durchdringen die Natur und lassen sie lebendig werden. Vielen Menschen zu allen Zeiten war es gegönnt, ihnen zu begegnen und die unterschiedlichsten Erfahrungen mit ihnen zu machen. Die Erlebnisse mit ihnen stehen stets in Resonanz mit dem Wesenskern eines Menschen. So reichen sie von Erfahrungen tiefer Weisheit und lichter Führung bis zu den bösartigsten Begegnungen, die folgenschwere Begleiterscheinungen wie Leid, Krankheit und sogar Tod haben können.

Die Naturwesen existieren in allen charakterlichen Schattierungen, so wie der Mensch alle Facetten des Denkens, Fühlens und Handelns aufweist und seine Fähigkeiten oftmals nicht besonders lichtvoll einsetzt. Da der Mensch die »Krone der Schöpfung« dieser Erde ist, sehen viele Naturwesen des kleinen Volkes ihn als Vorbild und orientieren sich an ihm. Meist strahlt die gesamte Umgebung eines liebenden Menschen Harmonie und Schönheit aus. Umgebungen hingegen, die von Menschen geprägt sind, die dunkle Gedanken und Gefühle vielfältiger Art hegen, sind von Missklängen und Gefühlen des Unbehagens geprägt. Man fühlt dort die negativen Geistwesen um sich herum, die geschaffen und gespeist werden aus menschlicher Energie.

Das kleine Volk erinnert dich an seine Nachbarschaft. Es erinnert dich daran, dass sich alles gegenseitig durchdringt und beeinflusst und nichts unabhängig von etwas anderem existiert. Es wünscht eine gute Nachbarschaft mit dir und wird alles, was du aussendest, doppelt und dreifach zu dir zurückbringen. Es erinnert dich an deine »Mitschöpferkraft«. Wie verwendest du sie? Was strahlst du in deine Umgebung aus? Wie mögen sich die Naturwesen wohl in deiner Gegenwart verändern oder verhalten?

Die Botschaft des kleinen Volkes lautet: Leben ist vielfältig, Leben ist kunterbunt. Manchmal geht es ziemlich rund. Erinnere dich deiner Sternenweise, sie ist immer da auf deiner irdischen Reise. Dein Licht, es ist oft schön verhangen, es folgt andren Gesetzen und andren Belangen. Handle weise, dann kehrst du Heim von deiner Reise, bringst mit eine vollendete Lebensweise.

Ritual ~ Begegnung mit dem »Geist der Natur« ~

Suche dir einen Platz in der Natur. Am besten einen, der rund ist, z. B. von Bäumen, Steinen oder Pilzen eingekreist. Hier kannst du am besten mit den Bewohnern des kleinen Volkes in Kontakt treten. Doch zuerst ist es wichtig, die innere Tür zu öffnen. Nimm dir Zeit. Stelle vielleicht ein kleines Geschenk für die Bewohner bereit, etwas Brot oder einen kleinen Stein oder irgendetwas, was dir in den Sinn kommt. Zeige ihnen auf deine Weise, dass du sie achtest. Wenn du dein Begrüßungsritual beendet hast, schaue, ob dir etwas in der Natur besonders auffällt, z. B. eine Feder, ein Stöckchen oder ein leeres Schneckenhaus. Es ist für dich.

Nachfolgend nun eine Botschaft vom »Geist der Natur« in uns, der die Türen zum Reich des kleinen Volks öffnet. Du kannst sie mitnehmen, wenn du in die Natur gehst, und an dem Platz, den du gefunden hast, noch einmal lesen, um deine Aufmerksamkeit auf das kleine Volk auszurichten.

Bist du bereit, für das Land der Ewigkeit? Begib dich in die Natur, suche einen Platz für dich nur. Ein kreisrunder Platz, das ist was für dich. Geladen mit unserer Energie, führt er dich in unser Reich wie nie. Lass dich nieder inmitten des Kreises. Atme die Luft, fühle den Boden, rieche den Duft. Schau dich um an deinem Platz, fühlst du schon was? Wir sind hier, wir sind dort, wir sind an einem unbekannten Ort. Tief verborgen in deinem Sein, warten wir. Lass uns herein. Schließe die Augen, denke fest an uns nun. Lass den Geist und die Gedanken ruh'n. Wir sind da auf unsere Weise, fühlst du uns? Wir führen dich auf eine Reise. Gehe tiefer in dich hinein. Siehst du mich stehen? Ich bin in deinem Sein.

Wie sehe ich aus in deinem Bild. Male mich, so bunt du kannst, stelle mir Fragen, wirst nicht verzagen. Ich stelle mich vor, hör mit deinem inneren Ohr. Siehst du mich jetzt deutlich vor dir? Ja, ich bin hier. Bin lang schon bei dir. Früher, da spielten wir oft Verstecken. Rannten wir herum und konnten uns necken. Jetzt bin ich wieder ganz bei dir. Dir zu reichen die Hand aus dem tief verborgenen Land. Stelle dir jetzt deine Herzenspforten vor, wie sie sich öffnen. Wir treten ein. Was siehst du? Was fühlst du im Inneren verborgen? Nimm es tief in dich hinein. Lass alles deutlich vor dir entstehen. Ich nehme dich an die Hand, können wir jetzt über die Schwelle gehen? Was siehst du? Ist es ein Tier, ein Stein, eine Landschaft, was dir begegnet, oder eine Person, die dich segnet? Es ist ein Geschenk an dich. Bewerte es nicht. Beschwere dich nicht über die innere Sicht. Hier erfährst du, was du brauchst, was wichtig ist für dein Sein, was aufzulösen ist im Schein.

Folge mir in deinen inneren Schrein. Heilige Bilder du hier finden kannst. Habe Mut, schau an, was du siehst erschaffen, siehst du vielleicht ein paar Wunden klaffen? Sind die Bilder gar düster, voller Verwüster, so lass uns nutzen die Zauberkraft. Sie kann uns helfen, sie erschafft. Zögere nicht, dein Bild umzuwandeln. Es lichtvoll und wunderbar zu gestalten. Hier ist deine wahre Wandelkraft, nutze sie, denn sie erschafft. Ist dein Bild nun wieder gut? Führe ich dich zurück in unsere magischen Kreise, reinige dein Energiefeld auf unsere Weise.

Mit Drehen und Freude, mit Licht und mit Lachen, helfe ich dir beim inneren Erwachen, hülle dich in ein Farbenkleid. Siehst du es? Es ist für dich bereit. Öffne die Augen nun, sei ganz leise. Lass dich noch ein wenig ruhen. Jetzt gibt es im Moment nichts mehr zu tun. Wenn du wieder gehen magst, so sag ich: »Auf ein baldiges Wiedersehen!«, und lass dich mit meiner tiefen Herzensliebe gehen. Ja, du wirst geliebt zu allen Zeiten aus den goldenen Ewigkeiten. Ich sehe deine Lichtnatur und führe dich auf deine zauberhafte Spur.

Kobolde

UNFUG, SCHABERNACK, HUMOR

Sind nicht hier, sind nicht dort und sind doch an jedem Ort.
Necken dich, erschrecken dich, machen unsre Späße.
Zur Verwirrung, zur Beirrung, das ist uns gemäße.
Unfug, Mumpitz, Schabernack, damit hau´n wir dich unsanft aus dem Frack.
Vollkommenheit ist keine Tugend, ebenso wenig wie ewige Jugend.
Bist du rund, bist du gesund. Hager, mager, arger Zager!
Stimme in unser Lachen mit ein, in Wirklichkeit bist du doch ein Sonnenschein.
Manchmal wünschten wir, ihr könntet euch mit unseren Augen sehen,
dann würdet ihr unser Lachen verstehen.
Nehmt das Leben nicht so schwer, denn wir lieben euch gar sehr.

Hintergrund

Das Wort »Kobold« hat zwei verschiedene Herkunftsableitungen. Zum einen handelt es sich dabei um eine Zusammensetzung aus »kobe«, das ist Mittelhochdeutsch und bedeutet »Gemach« (Zimmer), »Haus« oder »Verschlag« (das Wort »Koben« leitet sich hiervon ab), und »bald«, das ist Altnordisch und bedeutet »Herrscher« oder » (Ver-)Walter«, also »Hausverwalter«, »der im Haus Herrschende«. Zum anderen ist es eine Ableitung vom chemischen Element »Kobalt«, das aus der Tiefe der Erde gefördert wird.

Kobolde gibt es sowohl in Häusern und Hütten als auch in der Natur. Sie sind dem Erdelement zugeordnet und ein Volk aus der Gattung der Zwerge, innerhalb derer sie ursprünglich zu den Fels- und Bergzwergen gehörten. Sie leben in Bergen, Felsen, Steinen und Höhlen. Im Unterschied zu anderen Gruppen von Berg- und Felsgeistern sind sie jedoch Menschen gegenüber nicht scheu. Im Gegenteil, sie lieben die Nähe der Menschen. Deshalb kann es geschehen, dass man sich auf einem wunderbaren Spaziergang durch die Natur einen Kobold »einfängt«. So kann es unter gewissen Umständen sein, dass ein Kobold sozusagen als unerkanntes Familienmitglied für längere Zeit, manchmal ein ganzes Menschenleben lang, bleibt und für so manche Verwirrung, für so manchen Spaß und Schabernack sorgt. Kobolde können sich schnell an die menschliche Zivilisation gewöhnen und verweilen gern einige Zeit unter uns, wobei sie dann die Verwaltung und Herrschaft im Haus übernehmen.

Kobolde sind sehr beweglich und springlebendig. Sie wirken oft jung, sehen frech aus, schon allein weil sie meistens ein breites Grinsen auf den Lippen tragen, und aus ihren Augen lacht der Schalk. Wenn sich Kobolde in deiner Umgebung aufhalten, so ist oft Spaß, Verwirrung und Unfug jeglicher Art angesagt. Das, was manchmal so verärgert, die kleinen Pannen im Alltag, die außerplanmäßigen Hindernisse, ist der Kobolde Lebenselixier und Lebensaufgabe. Sie sorgen immer für Bewegung. Wozu in aller Welt aber sollen solch unsinniges Verhalten und dieser Unfug gut sein? Tatsächlich zielen diese lebenslustigen kleinen Wesen genau auf die Stellen unserer Persönlichkeit, die einer Erschütterung bedürfen, da wir dort allzu festgefahren, starr und verbissen sind. Kobolde wollen uns wieder lockern. Wenn wir von Herzen lachen, so geht das Lachen durch den ganzen Körper und öffnet uns wieder für eine andere Energie.

Kobolde lieben Menschen, die eine gute Portion Humor haben und das Leben nicht so ernst nehmen, wie es oftmals erscheint. Sie sind für jeden Spaß zu haben und verleiten auch Kinder zu so manchem Streich. Es ist ein großer Segen für Menschen, einen Hauskobold zu haben, denn dieser »webt die gesunde Lebensenergie« im Haus. Auch wenn er so manchen Unsinn treibt, so beschützt er doch alle Menschen, denen er sich zugehörig fühlt, vor Unheil und heitert sie auf, wenn sie traurig sind. Er lockert die Atmosphäre eben auf seine Weise auf.

Allgemeine Bedeutung

Wenn der Kobold sich meldet, so schaue, was er dir mit seinem Unfug sagen möchte. Wo warst du in Gedanken? Wobei hat er dich mit seinem Schabernack gestört? Hat dich der Kobold vielleicht vor irgendetwas beschützt? Um die Kobolde zu verstehen, ist es gut, wenn wir versuchen, ihre Sichtweise einzunehmen und unser Leben aus ihrem Blickwinkel zu betrachten. Kobolde sehen nicht nur die festen materiellen Formen, sie sehen auch die Energien und Schwingungen eines Menschen. Hier kann sich ein Mensch nicht wie in der materiellen Welt hinter Masken verstecken. Hier offenbart sich immer seine wahrhaftige Energie, das wahre Gesicht hinter den festen Formen.

Kobolde wissen um den göttlichen Funken in jedem Menschen. Sie kennen uns und unsere Möglichkeiten und erleben, wie wir uns selbst unnötige Grenzen setzen, Kummer in uns tragen und unser Licht unter den Scheffel stellen. Sie lieben uns sehr, und deshalb wollen sie uns wachrütteln. Mit ihrem Schabernack, der uns unseren Alltagsfahrplan durcheinanderbringt, wollen sie uns aus den gewohnten Bahnen lenken. Sie wollen uns ins Hier und Jetzt holen, uns zeigen, dass in diesem Augenblick alles da ist, was wir brauchen. Sie wollen uns in eine leichtere Form des Seins bringen« und uns vielleicht auch wieder von Herzen lachen hören. Wir können uns über die Streiche der Kobolde ärgern oder diese unvorhergesehene Ablenkung nutzen, um ins Hier und Jetzt zu kommen und neue Anregungen zu erfahren.

Die Botschaft der Kobolde lautet: Hey, du Mensch, du Menschenkind, weißt du, was deine Fähigkeiten sind? Weißt du, was in dir alles schlummert und so vor sich hin verkümmert? Mannomann, könntest du dich selbst anschauen, du würdest dir vor Lachen auf die Schenkel hauen. Du bist nicht klein, du bist nicht dumm, das schaffst du dir so. Warum? Was sollen all der Kummer und die Sorgen, du bist doch im göttlichen Lichte geborgen! Ich rüttle dich, ich schüttle dich, weck dich aus dem Dämmerschlaf deiner Seele. So rufe ich aus lauter Kehle. Hey, Mensch, siehst du denn nicht, ich bin der Wicht, nicht du und dein wunderbares Erdengesicht. Erkenne doch dein wahres schönes helles Licht, vergiss das Lachen und die strahlende Freude nicht. Erhebst du dich zu deiner wahren Größe empor, dann stimmen wir ein in den jubelnden Chor.

Ritual ~ Koboldzeiten ~

Wecke den Kobold in deinem Inneren auf. Er ist der Narr, der dich durch seine dir unnötig und überflüssig erscheinenden Handlungen vom Ernst des Lebens befreit. Wir sind geprägt von Vorstellungen, Verhaltensmustern, Überzeugungen und negativen Ereignissen, die wir in der Vergangenheit erfahren mussten. Wir meinen, so und so müsste das Leben aussehen und in den und den Bahnen müsste es sich planmäßig bewegen. Doch Leben ist eben Leben. Es ist das, was geschieht, das, was dir im Hier und Jetzt begegnet. Durch unsere festen Vorstellungen und starren Überzeugungen sind wir nicht mehr in der Lage, unser Leben als das, was gerade passiert, zu sehen, und nehmen ihm dadurch die Energie. Im Jetzt, in der Gegenwart, ist die gesamte Lebensenergie enthalten. Der Kobold lehrt dich, das Leben so zu leben, als ob es nur diesen Augenblick gäbe, und zwar mit Intensität und Liebe. Beschäftige dich mit der lustigen, humorvollen Seite des Lebens.

~ Koboldritual der Wandlung ~

Wenn du Kummer und Sorgen hast und dich aus der Vergangenheit unschöne Erlebnisse plagen, so gibt dir der Kobold folgenden Rat: Schreibe den Teil der Vergangenheit auf, der dich belastet, dich hemmt und deine Gegenwart beeinflusst. Beschreibe das Problem genau. Schreibe es in Form einer Geschichte auf, so, wie du es erlebt hast. Wenn diese Geschichte fertig ist, schreibe dieselbe Geschichte in den nächsten Tagen in anderen Variationen immer wieder auf. Und zwar zuerst aus der Sicht eines anderen; dann aus der Sicht eines Engels, z. B. deines Schutzengels; anschließend als positive Erfahrung, also mit allem, was du aus diesem unschönen Erlebnis für dich gelernt hast; und am Schluss so, als ob sie ein Kobold erzählte, sodass die Komik der Situation zum Ausdruck kommt.

Alles, was in der Vergangenheit war, hat dich zu dem gemacht, was du jetzt bist. Damit dein gegenwärtiges und dein zukünftiges Leben Kraft und Macht bekommen, ist es gut, die vergangenen Erlebnisse und Probleme zu verwandeln. Die Kobolde helfen dir, denn sie lieben dein wahres Licht, den göttlichen Funken in dir.

Lenkerin der Kristalle

VERBINDUNG, WANDLUNG, ENERGIEVERSTÄRKUNG

Gott schläft in den Steinen, atmet in den Pflanzen, träumt in den Tieren
und wartet in den Menschen auf das Erwachen, auf das erlöste göttliche Lachen.
Die Lenkerin der Kristalle, diese hütet sie:
die mächtigen Ströme des Kosmos, der Erde, der vier Reiche und der Energie.
Durch sie offenbaren sich Kraft, Wandlung der Energien und Information.
Nimm Kontakt auf mit dieser Kraft der Heilung und Klarheit und Kommunikation.
Zwischen den Welten und jenseits der Zeit liegt die Information der Ewigkeit.
Gefroren ist das Licht der Kristalle. Geladen mit Planetenkraft,
lenkt sie das kosmische Licht, das neu erschafft.
Transformation, Information, Wandlung,
Verbindung findest du hier, öffne dich ihr.

Hintergrund

Der Kristall ist eine der ältesten und vollkommensten Formen des Universums. Die Lenkerin der Kristalle lenkt die kosmischen Kraftströme in die Erde und richtet die Erdkräfte damit nach dem Kosmos aus. Sie gehört zu den ältesten Hütern der Schöpfung und ist ein Wesen der Natur der Erde, das die reine kristalline Form der Erde lenkt, behütet, bewahrt und beschützt. Sie gehört in die Welt des Äthers und steht auf einer Stufe mit sehr hohen mächtigen Engelwesen. Unter der Obhut der Lenkerin der Kristalle arbeiten viele Wesen.

Die Erde besteht aus vier Kreisen bzw. vier Königreichen, die die Lenkerin der Kristalle miteinander verbindet. Das erste Königreich ist das der Urelemente, Luft, Wasser, Erde, Feuer und Äther. Sie sind die Grundlage für die Existenz des Lebens und die von anderen am wenigsten abhängige Lebensform. Kristalle, Edelsteine, Mineralien, Rohstoffe sind Teile dieses elementaren Reiches. Das zweite Königreich ist das der Pflanzen. Die Pflanzen und Pflanzenwesen brauchen die Elemente und Mineralien als Grundlage und zum Fortbestand. Das dritte Königreich ist das der Tiere. Hier ist die Kraft zu Hause. Tiere brauchen die beiden ersten Reiche, um existieren zu können. Der Mensch ist der Bewohner des vierten Königreiches. Ohne die anderen drei Reiche könnte der Mensch nicht leben. Die Kreise sind im Austausch von Geben und Nehmen miteinander verknüpft. Der Mensch erhält aus den drei Königreichen etwas und gibt es, gespeist von den Lichtkräften in Form von Ritualen, Gesängen und Tänzen, als Energie aus dem Kosmos an diese Reiche zurück. So war die ursprüngliche Form im Gleichgewicht. Daraus entstand eine Wachstumsspirale, und alle Kreise konnten so miteinander wirken.

Der Kristall ist ein Mittler zwischen den vier Welten der Erde und denen des Kosmos. Mächtige Kristalladern durchziehen die Erde. Sie werden von ihren Lenkern und Hütern so ausgerichtet, dass die Erde mit kosmischer Energie gespeist und so im Gleichgewicht gehalten wird. Kristalle sind Informationsträger, Sender, Empfänger und Wandler des Lichtes. Durch den Kristall kann sich ein Mensch mit anderen Reichen, Sternen und Energieformen in Verbindung setzen. Ein Eingeweihter kann einen Kristall so einsetzen, dass er alle Informationen, die im Äther der Erde gespeichert sind, abrufen kann – Informationen über die Vergangenheit, die Gegenwart, die Zukunft, von weit entfernten Lebensformen und aus dem Inneren der Erde. Er kann, wenn er sich mit den Wesen des Kristalls in Verbindung setzt, mächtige Ströme lenken und leiten, und zwar zur Erhöhung ebenso wie zur Zerstörung. Der Untergang von Atlantis soll auf den Missbrauch von Kristallen zurückgehen. Alle modernen Kommunikationsmethoden enthalten Kristalle oder kristalline Strukturen, die als Informationsträger und Energiewandler dienen. Dies sind auch die Hauptaufgaben der Lenkerin der Kristalle: Sie speichert, trägt und wandelt Energien, die sie erreichen.

Es gibt unterschiedliche Arten von Kristallen: Bergkristalle, Quarzkristalle, Amethyste, Citrin, Rosenquarze, Rauchquarze oder Morione, blaue Kristalle, Herkimere, Phantom-

kristalle. Sie alle stehen mit verschiedenen planetaren und kosmischen Kräften in Verbindung und erhöhen oder verstärken Kräfte und Energien, die mit ihnen in Verbindung kommen.

Allgemeine Bedeutung

Wenn dich die Heilströme der Lenkerin der Kristalle erreichen, so wird es Zeit, dich neuen Informationen und Kräften zu öffnen. Es kann sein, dass du an einen Punkt geraten bist, an dem du dich im Kreise drehst und keine Antworten findest auf verschiedene Fragen deines Lebens. Die Lenkerin der Kristalle kann dir behilflich sein, dich für die Information und Kraft höherer Ebenen zu öffnen, sodass du dich neuen Energien und Heilströmen zuwenden kannst. Wie alle Wesen der höheren Reiche bedarf sie dazu deiner Einladung, denn sie respektiert deinen freien Willen.

Wer sich mit der Lenkerin der Kristalle verbindet, den führt sie langsam und unmerklich in die neuen Formen der Kommunikation und wandelt dabei die innere Sicht. Sie lehrt dich, die feinstoffliche Energie zu erkennen, die durch alles Leben strömt, auch durch dich. In diesem Energiebereich ist alles mit allem verbunden. Nichts ist unabhängig vom anderen. Das, was passiert, betrifft und berührt alles und alle Bereiche.

Um mit dieser Energie heilend und segenbringend zu arbeiten, ist es wichtig, selbst zu einer reinen Kraft zu werden. Alle Energie, die mit Kristallen in Berührung kommt, verstärkt sich. Hast du z. B. Blockaden in dir, so werden diese deutlicher und sichtbarer. Trägst du viel Liebe in dir, so erreicht diese durch Kristalle ein wesentlich weiteres Umfeld. Was immer du mit dir und in dir an Energieinformation trägst, es wird durch Kristalle verstärkt. Es kann durch sie gewandelt, gelenkt und geleitet werden. So ist die Öffnung zu dieser Energie auch mit Verantwortung verbunden. Kristalle erhöhen und erhellen deine Energie. Sie können dich in jeder Beziehung unterstützen. Zum Erden, Heilen oder um dich mit allen Wesen und Welten zu verbinden.

Mächtige Kristalle durchziehen die Erde seit Urzeiten. Die Lenkerin der Kristalle ist eines der ältesten Wesen der Erde, sie hütet das alte Wissen. Sie fordert dich auf, zu den uralten Kommunikationsformen der Stille, der Bilder, der Farben und der Klänge zurückzukehren. Lasse dich berühren von dieser mächtigen Kraft.

Die Botschaft der Lenkerin der Kristalle lautet: Bevor du mit mir arbeitest, bist der erste Kristall, der gereinigt, geklärt und poliert werden muss, du selbst. Lerne, dich durch mich zu lenken und zu leiten.

Ritual ~ Verbindung mit der Lenkerin der Kristalle ~

Um den Zugang zu der Lenkerin der Kristalle zu finden, beschäftige dich in vielfältiger Form mit den Kristallen. Öffne dich ihrer Energie. Trage sie bei dir. Lege sie dir an bestimmte Körperstellen. Bitte die Lenkerin der Kristalle, sich dir zu öffnen. Öffne dich

immer wieder dem Bewusstsein, dass mächtige Kristall- und Quarzadern die Erde durchziehen.

Schaffe dir Raum und Zeit, in der du ungestört sein kannst. Wenn du einen Kristall hast,
so nimm ihn in deine Hand. Wenn du keinen Kristall hast, so stelle dir einen vor, du
kannst dir ein Bild zu Hilfe nehmen. Schau den Kristall von allen Seiten an, das kannst du
auch im Geiste. Fühle ihn! Nimm den ersten Kontakt mit ihm auf! Bitte ihn, sich dir zu
öffnen. Rufe die Lenkerin der Kristalle.

Schließe dann deine Augen. Atme ein paar Mal tief, bis du in dir Ruhe und Frieden empfindest. Konzentriere dich auf den Kristall. Stelle dir vor, wie helle Lichtstrahlen von dem
Kristall zu dir fließen. Sieh, wie die Kraft des Kristalls dich umhüllt. Die Klarheit und die
Farbe des Kristalls dringen tief in jede deiner Zellen, in jedes Atom. Stelle dir vor, wie
deine Zellen klar und rein werden.

Der Kristall umhüllt und durchdringt dich immer mehr mit seiner lichten Energie. Du
befindest dich im Inneren des Kristalls. Da siehst du eine schimmernde regenbogenfar-
bene Tür. Sie schillert in allen Farben. Für dich nimmt sie die Farben an, die gerade am
besten für dich sind. Wenn die Tür in diesen Farben leuchtet, so ist der Weg zur Lenkerin
der Kristalle frei. Gehe zu der Tür. Öffne sie. Ein gleißendes Licht strahlt dir entgegen.

Deine Augen gewöhnen sich allmählich an diesen wunderbaren Lichtstrom. Du erkennst
ein Wesen. Lasse es deutlich vor dir entstehen. Es blickt dich liebevoll an. Du befindest dich in der Gegenwart der Lenkerin der Kristalle. Stelle dich ihr vor. Zeige
ihr in irgendeiner Form, dass du dich freust und sie achtest. Stelle Fragen, wenn
du magst, lausche ihrer Botschaft. Oder bade einfach nur in diesem unglaublich
schönen Licht. Vielleicht zeigt sie dir etwas in Form von Bildern, Tönen, Farben.
Manchmal erscheinen Bilder der Vergangenheit, sogar anderer Epochen und früherer Leben. Manchmal zeigt sie dir Bilder der Gegenwart und manchmal welche aus der Zukunft.
Für sie existiert keine Zeit, nur Information. Vielleicht gibt sie dir Hinweise zu einer Heilung, derer du bedarfst, auf den tieferen Sinn einer Krankheit. Lasse dich von ihr tragen.

Wenn sie verblasst, dir den Rücken zuwendet oder ein Zeichen gibt, zu gehen, oder wenn
die Tür wieder in der Farbe aufleuchtet, die sie hatte, als du durch sie hindurchgegangen
bist, dann ist es Zeit, dich bei ihr für alles, was du erfahren durftest, zu bedanken und den
Rückweg anzutreten. Du schreitest durch die Tür. Du siehst, wie sich die Energie deines
Kristalls langsam aus deinem Lichtfeld zurückzieht. Du schlägst die Augen auf und befindest dich wieder in deinem Raum.

Du kannst das Erlebnis aufschreiben. Selbst wenn beim ersten Mal nur eine Farbe, ein
Gedanke, ein Licht kam, so ist dies der Beginn einer neuen Art der Kommunikation,
die sich entfalten und wachsen kann. Verbinde dich mit den lebendigen Wesen, die die
Kristalle hüten, und du wirst in deinem Leben wahre Wunder erfahren. Sie kennen die
Geheimnisse und tragen die Weisheit und das Licht in sich. Lasse dich von ihnen führen.
Sie zeigen dir, wie du Energie lenken, verstehen und leiten kannst.

Liebendes Mütterchen

HERZENSKRAFT

Sitze am Rande deines Weges, bist du bereit für die Wanderschaft,
prüfe ich deine Herzenskraft.
Singe vor mich hin. Spinne die Welt so, wie sie mir gefällt.
Webe den Lebensteppich. Führe den Lebensfaden.
Auch du bist ein Teil von ihm, ich erkenne dich an deinen Taten.
Stelle die Weichen auf deinen Wegen, drum Wanderer, handle stets zum Segen.
Dann führ' ich dich in das Königreich, alle Prüfungen sind nicht ganz gleich.
Du kannst sie nicht bestehen, du kannst nicht richtig sehen,
wenn deine Herzenskraft ist trüb und verblendet vom irdischen Sein.
Drum atme tief in sie hinein, mache sie immer wieder rein.
Öffne dich der inneren Sicht, dann fällt ein das göttliche Licht.
Dann kannst du mich erkennen, kannst mich hier sitzen seh'n, weißt, was zu tun ist.
Ja, dann bist du bereit für die Krone der Herrlichkeit.

Hintergrund

Das liebende Mütterchen ist ein Erdgeist und gehört zu den Gnomen, einer dem uralten Volk der Zwerge zugeordneten Gattung. Die Gnome sind die Hüter der Weisheit des
Geistes, und die liebenden Mütterchen, auch Gnomiden genannt, sind die Hüterinnen der
Weisheit des Herzens. Sie spinnen in unterirdischen Höhlen die Lebensfäden und weben
den Lebensteppich.

Das liebende Mütterchen taucht aus dem Nichts auf, sitzt urplötzlich am Rande des Weges und verlangt das letzte Stück Brot des Wanderers. Wenn man sich noch einmal nach
ihm umdreht, ist es verschwunden. Zu gegebener Zeit zeigt es sich wieder, um das, was es
begonnen hat, zu vollenden. Gelassen, mitfühlend und weise sieht es die Menschen und
verurteilt sie nicht. Es ist die liebende Mittlerin zwischen den Welten, zwischen der Weisheit des Herzens und den egoistischen Bestrebungen.

So alt und älter noch als die Menschheit hat das liebende Mütterchen viele Zeiten heraufdämmern und wieder untergehen sehen. Auf seine Weise hütet es die weiblichen Lebensmysterien. Es kennt die Zyklen, die richtigen Zeitpunkte, die Lebenszweige. Es wacht über
die geheimnisvollen Wege, auf denen das Glück manchmal und unerwartet zu dir kommt.
Unschuldig, rein und ohne Absicht trifft es dennoch niemals unerwartet auf dich, doch du
auf es. Immer und immer wieder sitzt es dann, wenn die Zeit reif ist, da, am Rande deines Weges und schaut, ob du schon bereit bist, das Tor zu durchschreiten. Das geschieht

meistens in Situationen, in denen dein gesamtes Vertrauen gefragt ist. Nur Menschen, die reinen Herzens und intuitiv in Liebe und Einklang mit der göttlichen Natur sind, ist es bestimmt, in höhere Welten eingeweiht zu werden und zu Königen und Königinnen eines Reiches zu werden.

Bis es jedoch so weit ist, sind einige Prüfungen unterschiedlichster Natur zu bestehen. Diese können nur mithilfe des liebenden Mütterchens bestanden werden, da es alle Lebensformen kennt und den Schicksalsfaden in der Hand hält. Es prüft den Menschen auf seine Herzenskraft, die sich u.a. in Hilfsbereitschaft, Aufopferungsfähigkeit, Nächstenliebe, Achtung, Mitgefühl, Vertrauen, Mut, der Fähigkeit zu teilen und der Bereitschaft zu dienen ausdrückt. Es fordert dich auf, bestimmte Aufgaben mit Fleiß, Hingabe und Liebe zu erfüllen. Wer dienen kann und bereit ist, jede Arbeit zu verrichten, die auf seinem Weg liegt, der ist bereit zu herrschen, denn Herrschen ist eine höhere Form des Dienens.

Allgemeine Bedeutung

Du bist ein Wanderer auf deinem Lebensweg. Ein Stückchen Brot ist noch in deiner Tasche, ein Schlückchen Wasser in deiner Flasche. Der Weg sowie der nächste Halt, wo du Essen und Trinken nachfüllen kannst, sind nicht absehbar. Bist du bereit, diese kostbaren letzten Reste mit der Alten zu teilen, die plötzlich am Rande deines Weges auftaucht und dich darum bittet? Beachtest du sie? Oder läufst du einfach weiter, ohne sie wahrzunehmen?

Gehst du an ihr vorüber, wird sie daran nicht sterben. Doch du, lieber Wandersmann, hast eine wundervolle Gelegenheit verpasst: Das liebende Mütterchen sitzt am Rande deines Weges, weil die Zeit gekommen ist, in der deine Herzenskraft geprüft werden soll. Es ist eine gute Gelegenheit für dich, zu teilen, Mitgefühl zu zeigen, dich deinem höheren Selbst zu öffnen, deine Liebe zu verschenken. Gehst du einfach vorüber, bleibt dir ein Tor verschlossen – das Tor zur der mächtigen Kraft des Herzens, die dir zu einem späteren Zeitpunkt in deiner Entwicklung hilft, weitere Lebensprüfungen zu bestehen und in die höheren Reiche zu gelangen. Diese Kraft kann dich irgendwann veredeln und dich zum König oder zur Königin über dein Reich werden lassen. Die Prüfung zu den Pforten in das wahre Glück, das wir alle auf die eine oder andere Weise suchen, wird oft in den unerwartetsten Situationen und Momenten abgenommen.

Wenn du auf dem Weg bist, sorge dich nicht um die Zukunft. Vertraue, sei ganz da, und gib immer das, was du noch geben kannst. Entwickle deine Herzenskraft, und lasse deine Liebe zu jeder sich dir bietenden Gelegenheit bedingungslos aus dir sprechen. Jede gute Tat, jedes liebende Wort, jede Hilfe ist eine Gelegenheit. Sie sind das Tor in eine neue Ebene des Seins.

Das liebende Mütterchen fordert dich auf, wach und mit offenem Herzen durch deinen Alltag zu gehen und mit dem, was am Rande deines Weges steht oder dort auf dich wartet, deine Liebe zu teilen, wenn du darum gebeten wirst. Hier an diesem Punkt kannst du die Weichen für dein Glück stellen. Zu einem späteren Zeitpunkt wirst du wissen, warum alles so geschah, wie es geschah, und tiefe Dankbarkeit dafür empfinden, dass du dein Herz hast sprechen lassen.

Die Botschaft des liebenden Mütterchens lautet: Wanderer, sei rein im Herzen, ohne Angst und ohne Schmerzen, gehe deinen Weg im Sein, öffne deinen Herzensschrein. Lausche den flüsternden Gesängen, den reinen, unschuldigen Herzensklängen.

Ritual ~ Der Rat des liebenden Mütterchens ~

Das liebende Mütterchen fordert dich auf, mit dem Herzen zu sehen. Hast du heute schon ein liebevolles Wort gesprochen? Eine gute Tat getan? Sei in der nächsten Zeit aufmerksam. Worum wirst du gebeten? Was kannst du geben? Was bist du bereit zu geben? Wenn du nicht weißt, was zu tun ist, dann reise zu dem liebenden alten Mütterchen. Vielleicht gibt es dir eine Aufgabe, einen weisen Rat oder einen Hinweis.

Nimm dir Zeit und Raum. Schaffe dir eine Umgebung, in der du dich eine Zeit lang wohl- und geborgen fühlst. Atme ein paar Mal tief ein und aus, und lasse alle Anspannung gehen. Rufe das liebende Mütterchen auf deine Weise, z. B. indem du sagst: »Liebendes Mütterchen, was ist für mich jetzt zu tun, bitte gib mir einen deutlichen Hinweis.« Stelle dir vor, wie es vor dir auftaucht. Seine Botschaften können auf unterschiedliche Weise zu dir kommen. Vielleicht hat es einen Gegenstand, ein Symbol oder einen Brief für dich in der Hand. Vielleicht zeigt es dir etwas oder fordert dich auf, ihm zu folgen. Auch wenn sein Rat manchmal zauberhaft komisch anmutet, er kommt immer aus der Quelle der höchsten Weisheit. Bedanke dich bei ihm. Folge nun wieder den Aufgaben deines Alltags. Sei aufmerksam und wach, und beachte die Aufgaben am Rande des Weges.

Mondfrau

INTUITION, EMPFÄNGLICHKEIT, ZYKLEN

Die Mondfrau leuchtet dir mit ihrem Licht,
folge dem schönen Mondgesicht,
achte auf die Zyklen und die Zeiten,
sie werden dich jetzt vorbereiten.
Ein silberweißes Licht, es wird dich führen
und öffnet dir die verborgenen Türen.
Hör auf dein Bauchempfinden,
lass dich nicht von äußeren Dingen binden.
Die Mondfrau tanzt in ihren Gezeiten,
lass dich von ihrer Weisheit leiten.
Achte auf die Rhythmen und die Phasen,
dann weißt du, was zu tun ist und was zu lassen.
Vertraue, du wirst sanft geführt!

Bedeutung

Die Mondfrau führt uns auf den weiblichen Mysterienpfaden der Schöpfung. Wir empfangen den Samen des Lichtes in der Dunkelheit. Im Schoß von Mutter Erde reifen die Samen heran. Sie reifen im Verborgenen – alles beginnt im Verborgenen, bevor es sich der Welt offenbart. Alle Kraft kommt von innen. Die Mondfrau lehrt uns, im Einklang mit der Natur zu leben und uns an den Zyklen der Natur auszurichten. Der Mond steht für Wandel, Wechsel, Gezeiten, Licht und Dunkelheit, die Welt der Seele, das Unsichtbare. Der Mond ist mit dem Wasser und dem Urmeer verbunden. Er steht für die unbewussten Seiten, verdrängten Schatten, verborgenen Schätze, tiefe Weisheit, Allverbundenheit, altes Wissen, größere Seelenverläufe, Dharma und Karma. Die Mondfrau führt dich auf diesem tieferen Mysterienpfad deiner Seele. Sie stärkt deine weibliche, empfängliche Seite und deine Intuition. Vertraue auf dich.

Botschaft

Die Mondfrau nimmt dich mit auf die Reise deiner Seele. Sie weiht dich in verborgene Mysterien ein und führt dich auf dem weiblichen Weg der Schöpfung. Nimm dir Zeit. Ziehe dich zurück. Lausche in dich hinein. Höre auf deine Träume und Eingebungen. Folge deinen Visionen, Sehnsüchten, Talenten und Fähigkeiten, die in dich hineingelegt wurden, damit du sie auf deine einzigartige Weise der Welt offenbarst. Du bist eine Tochter/ein Sohn der Sehnsucht nach dir selbst. Die Mondfrau führt dich auf dem Weg der

Selbstverwirklichung. Sie hilft dir, die Höhen und Tiefen zu meistern, dich zu lösen und neu zu verbinden und immer wieder zu dir selbst zurückzukehren. Im Heim deiner Seele liegt dein Seelenplan verborgen. Er offenbart sich beim Gehen. Das Leben webt sich, während wir versuchen, es zu planen. Was heute gültig ist, kann morgen schon nicht mehr sein. Im Land der Seele auf verschlungenen Pfaden, im Auf und Ab des Lebens gelten andere Gesetzmäßigkeiten. Ein vages Gefühl, wo kommt es her, dämmert in dir herauf. Beachte es. Gehe nicht über dich hinweg, so verlockend die äußere Welt auch sein mag. Die Mondfrau führt dich auf deinem einzigartigen Seelenweg, den nur du gehen kannst. Sie verstärkt dein intuitives Wissen und sendet dir über Träume und Eingebungen Zeichen aus anderen Welten für deinen Weg. Alle Kraft kommt von innen. Verbinde dich mit der Mondfrau. Höre auf deine Intuition, beachte deine Träume und Eingebungen. Du wirst göttlich geführt. Die Botschaft der Mondfrau lautet: Folge deinen Eingebungen. Kommt dir jemand in den Sinn, so melde dich bei ihm. Spürst du einen Impuls, so lebe ihn.

Ritual

Aufgabe: Beschäftige dich mit dem Mond, den Zyklen und Gezeiten.
Alles hat günstige und weniger günstige Zeitpunkte. Alles ist mit allem verbunden.

~ Der innere Spiegel ~

Suche dir einen Ort, an dem du ungestört bist, am besten immer zur gleichen Zeit, einmal am Tag, morgens oder am Abend. Vielleicht magst du dich vorher bewegen, Yoga machen, tanzen, einen kleinen Ablauf Kraft spendender Übungen.

Nimm eine Haltung ein, in der die Lebensenergie ungehindert durch dich fließen kann.

Atme ein paar Mal tief ein und aus, komme immer mehr zur Ruhe. Mit jedem Atemzug atmest du Licht ein und verteilst es mit dem Atemstoß in deinem Energiefeld.

Nun legst du deine Hand auf den Bauch. Du atmest zum Scheitel ein und in den Bauch aus, sodass sich dort mehr und mehr Energie sammelt. Wiederhole dies fünf bis sechs Mal.

Schaue, wie du dich fühlst, wie es dir geht und was du brauchst. Sei für eine Zeit ganz bewusst mit dir selbst in einem guten Kontakt. Bringe mit deinem Atem Energie an Stellen, die verspannt sind. Bewege deinen Körper leicht, fühle, wie sich die Verspannungen lösen und die Energie in den Fluss kommt.

Nun lasse dich immer tiefer in deinen Innenraum sinken. Stelle dir einen wunderschönen Ort mit einem ruhigen See vor. Dort gibt es einen wunderschönen Sitzplatz an dem du in deiner Vorstellung verweilen kannst. Das Mondlicht scheint ruhig über dem Wasser, Sterne blinken am Himmel. Das Wasser wird immer mehr zu einem silbernen Spiegel. Vielleicht tauchen in dem Spiegel Menschen auf, die du am Tag treffen wirst, oder Bot-

schaften, die wichtig für dich sind. Verweile an diesem See, und erlaube, dass alles, was für dich wichtig ist, jetzt aufsteigen kann. Die Mondfrau wacht über dich. Fühle in die Zeitqualität und in das, was für dich ansteht. Bemerke auch die kleinen silbernen Blitzlichter am Rande, die dir in den Sinn kommen. Verweile eine Zeit lang an diesem silbernen See. Manchmal passiert ganz viel, manchmal ist es einfach nur ruhig und friedlich. Nimm alles an, so, wie es ist und wie es sich dir zeigt. Versuche nicht, etwas zu tun, sondern lasse es in diesem See an diesem Ort geschehen und aufsteigen.

Bedanke dich für die Erkenntnisse. Wenn sie unangenehm sein sollten, so bitte die Mondfrau, diese mit dir in einen positiven Verlauf oder Ausgang zu wandeln, dabei können dir andere Wesen wie Feen, Elfen oder Engel zu Hilfe eilen. Warte so lange, bis sich alles gut gelöst hat und die Energie fließt und vollkommen friedlich ist. Wenn du das Lösungsbild hast, segne es mit silbernem Licht.

Kehre zurück. Du kannst dir kurze Notizen machen.

Mit der Zeit wirst du feststellen, dass deine Intuition stärker wird. Du wirst alles, was für den Tag ansteht, schon vorher gezeigt bekommen. Die Mondfrau hilft dir, deine Intuition zu stärken, bei dir zu sein und dir selbst zu vertrauen.

Musen

ANREGUNG, SCHÖPFERKRAFT

Neun Töchter am Himmel im Götterreich, sie schützen die geistigen Tätigkeiten.
Bedarfst du ihrer, rufe sie gleich, sie werden gern kommen, dich anzuleiten.
Erato verleiht die Flügel der Liebesdichtung, gewandet in die Zartheit der Liebessichtung.
Euterpes Flötenspiel versetzt in Verzückung, und ihre Dichtung schenkt reine Beglückung.
Kalliope bringt Heldentaten in epische Form, fasst die Worte gemäß göttlicher Norm.
Klio regiert die Geschichtswissenschaft, die mit ihrem Wissen Verpflichtung schafft.
Melpomene die Kraft der Tragödie gelingt,
menschliche Gefühle tief sie zum Ausdruck bringt.
Polyhymnia beschwingt im Rausch des musikalischen Glanzes,
erzeugt alle Figuren und Formen des Tanzes.
Terpsichore entlockt den Saiten liebliche Gesänge,
sieben Töne gebracht in harmonische Klänge.
Thalia amüsieren die menschlichen Schwächen,
hält uns den Spiegel vor mit einem Lächeln.
Urania waltet in kosmischen Sphären, mit Astronomie uns den Lauf der Sterne zu lehren.
So behüten die Musen die Künste und halten sie rein,
senden sie dem Menschen, der still ist in seinem Sein.
Sie küssen den Mensch auf die Wange und senden ihm so die neue Kraft,
welche neue Schöpfungswege schafft.
Drum lass dich berühren von ihrem Sein, dann fällt dir mit Sicherheit einiges ein.

Hintergrund

Der Göttervater Zeus zeugte mit der Titanin Mnemosyne (wovon sich engl. »memory« ableitet, zu Deutsch »Gedächtnis«) neun Töchter. Diese vergnügten sich mit Musik, Kunst und Tanz und machten allen Göttern und Göttinnen Freude. Sie wurden schließlich die Musen, jene dem Luftreich zugehörigen Schutzgöttinnen, deren Aufgabe die Verbreitung von Inspiration, Begeisterung und Kreativität ist. Sie widmen sich jenen Menschen, die sich mit geistigen und künstlerischen Tätigkeiten aller Arten beschäftigen. Wer von einer der Musen geküsst wurde, durch den fließt ein nicht mehr versiegender Strom ewig sich erneuernder Kreativität.

Den Musen zugeordnet werden u.a. die Musik, die höheren Wissenschaften, das Theater, die lyrische Dichtung und die Kunst der Rede. Sie sind überall dort zu Hause, wo ihre Tätigkeiten Anklang finden. Als Sitz der Musen gelten das Helikon-Gebirge in Böotien und der Parnassos in Griechenland. Der Tempel der Musen war einst das Museum. Nach ihrem Geburtsort in Pierien am Nordfuß des Olymp werden die Musen auch Pieriden genannt. Eine weitere Bezeichnung für sie ist Pegasiden, das Volk des heiligen Pferdes Pegasus. Pegasus schuf für sie mit seinem Hufschlag den Brunnen Hippokrene auf dem heiligen Berg Helikon in Griechenland. In diesem Brunnen sprudelt das reine, klare Wasser einer niemals versiegenden Bergquelle, aus dem sie ihre Hingabe schöpfen. Mit dieser Kraft wecken sie in den Menschen die Begeisterung für die schönen Künste.

Die neun Musen sind: Kalliope, die »Schönstimmige«, Muse der epischen Dichtung, mit den Kennzeichen Wachstafel und Griffel; Melpomene, die »Singende«, Muse der tragenden Dichtung (Tragödie), ihr Kennzeichen ist die tragische Maske; Thalia, »die Blühende«, Muse der komischen Dichtung, ihr Kennzeichen ist die komische Maske; Euterpe, »die Erfreuende«, Muse der Lyrik, ihr Kennzeichen ist der Aulos, die Doppelflöte; Terpsichore, »die Reigenfrohe«, Muse der Chorlyrik und des Tanzes, ihr Kennzeichen ist die Lyra, die Leier; Erato, »die Liebevolle«, Muse der Liebesdichtung, ihr Kennzeichen ist das Saitenspiel; Polyhymnia, »die Hymnenreiche«, Muse der Hymnendichtung; Klio, »die Rühmerin«, Muse der Geschichtsschreibung, ihre Kennzeichen sind die Papyrusrolle und der Griffel; Urania »die Himmlische«, Muse der Sternenkunde und Astrologie, ihre Kennzeichen sind Himmelsglobus und Zeigestab.

Allgemeine Bedeutung

Wenn dich der Kuss der Musen berührt, bist du angeschlossen an den heiligen Strom der nie versiegenden schöpferischen Kraft in dir. Jeder von uns trägt kreative Begabungen in sich, die in Art und Ausdruck sehr vielfältig sein können. Kreativität muss nicht erlernt werden, sie will zugelassen werden. Jedes Wort, jeder Satz ist ein Klang, jede Bewegung, jede Geste, jede Mimik ist eine Schwingung in einer bestimmten Farbe, jeder Ausdruck von dir ist ein Schöpfungsakt. Es ist eine kreative Form, die sich durch dich offenbart. Sie muss nicht lange freigelegt werden. Sie fließt beständig durch dich hindurch.

Wie bewegst du dich? Was denkst du? Welche Worte fließen durch dich in die Welt? Welche Gesten offenbaren sich durch dich? Wie sieht dein Leben aus? Ist es ein Drama, eine Tragödie, ein ruhiger beständiger Fluss, oder wie würdest du es beschreiben? Wie viel Zeit nimmst du dir, um deiner kreativen Ader, die sich tagtäglich durch dich offenbart, zu folgen. Du bist ein Teil der Schöpfung, und die Schöpfung erschafft. Auch du bist dazu da, schöpferisch zu sein. Jeden Tag, jede Nacht, jede Minute erschaffst du etwas. Du erschaffst das Hier und Jetzt, du erschaffst deine Zukunft, und du hast deine Vergangenheit mit erschaffen. Erkenne die Schöpferkraft an, die sich beständig durch dich offenbart. Ist es eine fröhliche leichte Melodie, die dein Leben begleitet? Oder eine schwere, tragende? Ist es ein schneller rhythmischer Beat oder eher ein Blues? Durch dich fließt ein unaufhörlicher Strom an Gedanken, Worten, Bewegungen, Klängen, Tönen, Farben, Energien. In welche Kanäle lenkst du diese Kraft? Wie nutzt du sie? Welchen Ausdruck gibst du ihr? Bereicherst du deine Umgebung damit? Bringst du Schönheit, Freude, Hoffnung, Frieden und Licht in die Welt? Oder verbreitest du eher Schwere, Belastung, Angst, Unruhe? Beobachte den Strom deiner Schöpfung.

Die Musen zeigen dir, wie du den unaufhörlichen Schöpfungsstrom, der durch dich fließt, veredeln kannst und wie er für dich und deine Umgebung zur Freude, Erhebung und Schönheit beitragen kann. Es gibt viele Kanäle, durch die diese Kraft fließen kann, z. B. durch Malen, wenn der Pinsel dich durch die Welt der Farben führt; durch Schreiben, wenn du den inneren Eingebungen lauschst und sie zu Papier bringst; durch Tanzen, wenn der Bewegungsfluss der Musik durch deinen Körper kreist und ihn in den schönsten Formen in Schwingung und Bewegung versetzt; durch Musizieren, wenn du dich den Melodien der höheren Reiche öffnest und diese Melodien durch deine Stimme oder dein Instrument fließen können; durch Studieren der Wissenschaften, die deinen Geist höher tragen.

Je mehr du dich deinem inneren Empfangen zuwendest, und je mehr du beginnst, den Strom der Schöpferkraft in dein Leben zu leiten, desto mehr kann sich die göttliche Quelle durch dich offenbaren. Du öffnest dich der höheren Kraft deiner Intuition. Oft wurden wir in unserer Kindheit, als dieser Strom noch ein direkter Teil von uns war, nicht gefördert oder gar blockiert. Das heißt aber nicht, dass dieser Strom nicht mehr sprudelt. Was hast du als Kind gerne getan? Was würdest du heute am liebsten tun, wenn du machen könntest, was du wolltest? Wie würde dein Ausdruck aussehen? Lasse dich von den Musen zu dem führen, was in dir schon lange im Verborgenen harrt und täglich durch dich seinen Ausdruck in allen möglichen nicht als musisch erkannten Weisen findet.

Die Botschaft der Musen lautet: Die mächtigste Muse von allen ist dein inneres Kind. Es führt dich zurück zu uns. Hier findest du das Schöpfungswasser der Veredelung und die Schönheit durch die Kunst.

Ritual ~ Besuch im Tempel der Musen ~

Schließe deine Augen, um hinter die Dinge zu sehen und Neues wahrzunehmen. Lasse dich von den Musen küssen. Wie schmeckt der Kuss aus der sprudelnden, nie versiegenden Lebensquelle? Lasse das Lebenswasser durch dich hindurchfließen. Was möchte sich durch dich ausdrücken? Ist es deine Stimme, dein Hals? Ist es ein Ton, eine Melodie, die sich formt? Ist es ein Instrument, das dich schon lange anspricht und dich mit seinen Tönen lockt? Sind es deine Hände? Ist es die Farbe, die dich anzieht? Ist es das Denken und Dichten? Ist es die Bewegung deines Körpers, der Tanz, die komische Darbietung oder die tragische, die sich einen Weg durch dich bahnt. Nimm dir Zeit, den belebenden, inspirierenden Wassern der Musen in dir nachzuspüren. Probiere verschiedenes aus. Lerne, mit dem kreativen Schöpfungsstrom, der unaufhörlich durch dich hindurchfließt, zu tanzen und zu spielen. Räume dir Zeit ein, um die Tempel der Musen aufzusuchen: das Museum, das Theater, Kunstausstellungen etc. Dort werden sie dich aus dem Alltagsgeschehen herausnehmen und dir wieder neue geistige Anregungen senden. Lasse dich erfreuen, berühren und anregen von den Künsten und Künstlern, denen der Kuss der Musen zuteil wurde. Vielleicht springt der Funke auf dich über und gibt deinem Leben eine neue Richtung.

Naturgeist des Ortes

ERKENNTNIS, WÜRDIGUNG, TIEFERES VERSTÄNDNIS

Jeder Ort hat seinen Geist, sein Ungeheuer,
zu finden in Höhle, Schlucht, Wald oder modrigem Gemäuer.
Bergmönche, am Werke in bestimmten Gebieten, erscheinen manchmal als Maus vor dem
Stein, dann lassen sie dich in den Berg hinein, an dessen Eingang sie die Schätze hüten.
Fata Morgana erscheint in flimmernder Wüstenhitze, treibt mit Trugbildern ihre Witze.
In Ägyptens Unterwelt ist Anubis der wahre Held.
An seinen Wächtern an den Toren kommst du so schnell nicht vorbei.
Von ihm, dem mit den Hundeohren, gewogen wird dein Herzensallerlei.
Poltergeister rumpeln, scheppern und krachen, lieben es einfach, recht viel Lärm zu machen.
Yetis, die Schneemenschenaffen, ihre großen Spuren verbreiten
und in den hohen Bergen des Himalaya bleiben.
Der Tatzelwurm im Alpenlande ist ein giftiges Schuppengetier,
welches dir zeigt die Goldadern hier. Drum hab keinen Schreck, folge ihm keck.
Ein Kribbeln überzieht deine Statur, zeigt dir durch ihn die Reichtümer der Natur.
Fänggen, Salingen, Okr und Salvan, dämonisches Volk, gar wilde Gestalten
zusammen in großen Klans sie in bestimmten Gebieten walten.
Sie schützen ihren Ort, sind manchmal tückisch und gefährlich. Drum nimm dich in
acht: Sie können dir schaden und sind nicht ehrlich. Doch ehrst du sie und lernst, sie
richtig zu benennen, sind sie auch hilfsbereit und geben sich liebevoll zu erkennen.

Hintergrund

Jede Landschaft, jeder Ort, jeder Fleck in der Natur hat eine magische Seele und wird von
bestimmten Naturgeistergruppen oder einzelnen Naturwesen bewohnt, die nur an diesem
bestimmten Ort walten. Man findet sie nur in der dort vorhandenen Form und in dieser
bestimmten Region. Sie sind mit diesem Ort verbunden und geben ihm den eigenen spezifischen Charakter.

Einige Beispiele: Trolle kommen nur in Nordeuropa vor. Schottlands Nessi, das Ungeheuer von Loch Ness, ist einmalig. Unterschiedliche Drachen walten an verschiedenen Kraft-
punkten dieser Erde. Der Zwergenkönig Laurin und sein Zwergenvolk leben in Südtirol,
in den Dolomiten. Kludde, ein Dämon in Gestalt eines riesigen schwarzen geflügelten
Hundes, wurde in Belgien gesichtet und gehört zur Gattung der dämonischen Dorftiere,
die nächtliche Wanderer erschrecken. Kelpin ist ein Wasserdämon, der in den schotti-
schen Flüssen und Seen vorkommt. In Irland, England und Island finden wir eine große

Anzahl nur dort auftretender Elfen- und Feenarten, so die Sidhe, ein elfisches Hügel-
volk, die Tylwyth Teg, eine Feenart, Gentry, eine weitere Art des kleinen Volkes u. v. a.
In Ghana kennt man die Asamanukpai, ein Zwergenvolk. In Amerika findet man beim
Indianerstamm der Cherokee die Yunw Tsungsdi, eine Rasse elfengleicher Indianer. Der
Riese Haymon haust im Gebiet südlich von Innsbruck. Frau Harke ist eine dämonische
Gestalt, die ihr Unwesen während der Rauhnächte in Norddeutschland treibt. Ellerkong
und sein elfisches Gefolge leben in Skandinavien. Ekerken, ein hilfreicher Kobold, in den
Niederlanden … Jeder Berg, jeder Wald, jede Landschaft und auch jeder Planet hat ganz
eigene Kräfte und ist folglich mit anderen Naturwesen ausgestattet. Diese greifen die energetischen Formen und Eigenschaften auf, die mit der Eigenart der Landschaft und der
Menschen, die dort leben, im Einklang stehen. Sie weisen auf die Tiefe, die Gefahren und
das Glück einer Landschaft und eines Ortes hin. Sind wir mit ihnen verbunden, so werden
wir gewarnt, geschützt und erfahren kreative Umgangsformen, wie wir mit ihnen und in
der Landschaft gut und sicher leben können. Wir lernen dann, ihre Kräfte in die richtigen
Kanäle zu leiten, statt von ihnen verleitet zu werden. Der Volksglaube und alte Volkser-
zählungen kennen Mittel und Wege, mit ihnen in Kontakt zu treten, sie zu erkennen, zu
bändigen sowie heil und unbeschadet an diesen Kräften vorbeizukommen. Die Naturgeister des Ortes sind uns behilflich, tief in die magische Seele der Natur des Platzes, an dem
wir uns gerade befinden, einzudringen. Durch sie erfahren wir etwas über die Seele und
Qualität der Landschaft, die wir besuchen oder in der wir leben.

Allgemeine Bedeutung

Berühren dich die Wesen der Natur, so beschäftige dich mit den Erzählungen,
Geschichten und Legenden rund um deinen Wohnort. Sie erzählen von dessen
Kräften und sind mit diesem Teil der Natur verbunden, weisen dessen Energie auf.
Wenn du mit ihnen umgehen kannst, warnen, schützen, führen und begleiten sie dich.
Wenn du sie nicht kennst, läufst du Gefahr, ihnen ausgeliefert zu sein. Durch die Ausei-
nandersetzung mit ihnen wirst du ein tieferes Verständnis deiner Umgebung und deiner
selbst bekommen und erfahren, welche Verbindung zwischen euch besteht. Es geht nicht
um »Aberglauben« und »Angst«. Es geht darum, achtsam und aufmerksam mit der Natur
umzugehen und ihre Kraft als Erweiterung seiner selbst zu erfahren. Sich den Wesen der
Natur zu öffnen heißt, sich zu verbinden und den lebendigen, magischen wundervollbrin-
genden Teil auch in uns wieder zulassen.
Viele Naturwesen hat die Kirche verteufelt und als Dämonen abgestempelt, um sie aus
dem Gedächtnis der Menschen zu verbannen. Die Gründe dafür waren die unabhängige
freie Kraft, die diese Wesen dem Menschen oft verliehen, das Wissen, das sie ihm ver-
mittelten, und die Tatsache, dass sie ihn in Einklang mit der Natur und mit sich selbst
brachten. Dies alles stand im Widerspruch zu den Dogmen der mittelalterlichen Kirche.
Naturwesen aber sind von sich aus weder böse noch gut. Es sind Kräfte, und je nachdem,
wie wir mit ihnen umgehen, wirken sie auf die eine oder andere Weise. Jeder von uns kann

nur dem begegnen, was er auch in sich als Anlage trägt. Besser, wir kennen die Kräfte, achten und respektieren sie, stellen uns auf sie ein, als dass wir zu ihrem Spielball werden. Die Botschaft der Naturgeister des Ortes lautet: Achte unser Reich, du Wandersmann. Dann kommst du heil und sicher an deinem Ziel an. Erkennst du uns nicht, so zeigen wir dir unser Schreckensgesicht. Wir sind die wahren Hüter an den Orten, erkenne uns, von uns gibt es vielerlei Gestalten und Sorten.

Rituale ~ Sich die Kräfte des Ortes zu eigen machen ~

Mache dich kundig über die Wesen, die in den Erzählungen und Legenden deines Wohnortes beschrieben werden. Öffne dich diesen Naturwesen, und gehe zu den Plätzen, an denen sie sich aufhalten sollen. Suche die Verbindung zu ihnen, lerne sie kennen. So wirst du mit der tiefen Magie und Bedeutung des Ortes in Berührung gebracht. Folge den Spuren unserer Ahnen, den Spuren der Götter und Göttinnen, den Spuren der lebendigen Wesen der Natur, welche diese Plätze schützen und bewahren. Lerne den Zauber kennen, der in ihnen wohnt. Wenn du auf Reisen gehst, informiere dich nicht nur über die Reiseroute und die landschaftlichen Besonderheiten des Ortes und der Umgebung, sondern auch über die Geschichten, Legenden und Sagen, die erzählen, was sich dort zugetragen hat. Höre den Menschen zu, die die Geschichten kennen. Frage sie nach den Erzählungen und Beschreibungen der Wesen jener Plätze, lasse sie lebendig werden. Sie führen dich auf die Spuren der wahren Geschichte des Bodens, den du betrittst. Hier beginnt das Abenteuer des Zaubers und der Magie, die dich in die Tiefe des Platzes führen, an dem du dich befindest. Hier nimmst du den Kontakt auf, bewegst dich auf den Spuren der weißen Wesen und der Vorfahren. Du verbindest dich wieder tief mit den Ursprüngen und Wurzeln deines Seins.

~ Reise zu den Naturgeistern eines Ortes ~

Bevor du auf eine Reise zum Naturgeist eines Ortes gehst, nimm weiße Speisen und Getränke mit, z.B Mehl, Reis, Zucker, Wacholderschnaps, Met, Wein. Diese kannst du für die Naturwesen in die Natur geben. (Achtung: Bitte keinen Müll hinterlassen, Flaschen, und Papiere wieder mitnehmen.) Flöten, Trommeln und Pfeifen können auch hilfreich sein, um die Geister zu rufen.

Suche dir einen schönen Platz in der Natur. Rufe die Naturgeister des Ortes auf deine Weise. Schließe dann deine Augen. Atme ruhig und tief ein und aus. Stelle dir vor, wie deine Lieblingsfarbe dich umhüllt. Wenn du ganz darin geborgen bist, so öffnet sich ein Tor. Dahinter warten schon deine Schutzwesen auf dich, um dich zum Naturgeist des Ortes zu führen. Verweile bei ihm. Betrachte ihn. Frage ihn nach seiner Kraft. Du kannst ihm Fragen stellen über die Gegend, in der du dich befindest. Er kann dich zu besonderen Plätzen, Schätzen oder Heilkräften des Ortes führen, dich über seine Gefahren und Eigenschaften aufklären … Wenn sich der Naturgeist abwendet oder dein Schutzwesen dich ruft, verabschiede dich. Bedanke dich, und kehre durch das Tor zurück.

Nixen & Nereiden

FREUDE, TIEFE, HEILUNG

Nixensprünge, Nereidentänze, lockiges Haar mit Meermuschelkränzen,
spielend leicht in allen Dingen die harmonischen Gesänge der Nixen erklingen.
Ein fröhliches Wesen, ein sorgloses Spiel, ihrer Art gibt es gar viel.
Meereswelten sie behüten, von Osten bis Westen, von Norden bis Süden.
In kindlicher Glückseligkeit erhalten sie göttliches Geleit.
Ihr Dasein dem Meerwasser lichte Schönheit verleiht.
Ihr zartes Lachen, ihr lustiges Sein,
sie erheitern die salzwässrige Umgebung und halten sie rein.
Sie hüten die Ströme und Lebenspforten,
Meerestiere, Korallen und Muscheln in jeglichen Sorten.
Meeresschätze sie bewachen, ab und zu erschallt ein tiefes Lachen.
Sie stellen die guten lichten Weichen, ihnen zu begegnen, ist ein gutes Zeichen.

Hintergrund

Nixen und Nereiden sind weibliche Meeresgeister. Zusammen mit den Okeaniden hüten sie das Salzwasser. Die Nixen sind die uns bekannten Meerjungfrauen. In Skandinavien und Norddeutschland werden sie Havfrue oder Watermöme genannt, ihre Kinder Marmaeler. In Holland heißen sie Meerminnen, in England Mermaids, in Irland Mara-Wara und in Schottland Daoine Mara. Es sind Wasserjungfrauen von zauberhafter Schönheit, die oft als anmutige Menschenfrauen mit Fischschwanz beschrieben werden. Ihre Haut und ihre langen Haare schimmern in allen Farben, ausgenommen Weiß und Grau. Sie gelten als hilfsbereit, verspielt, und sie träumen gerne vor sich hin. Sie lieben es, auf Felsen am Meeresufer zu sitzen, wo sie ihre langen Haare kämmen, und sie lieben es, sich mit den Schätzen der Meere zu schmücken. Ihre tiefe Liebe und Verbundenheit mit dem Wasser verleiht ihnen eine anziehende Aura. Sie lieben fröhliche Menschen, insbesondere Kinder, die Spaß im Wasser haben. Gelochte Muscheln und Korallenstückchen sind eine Gabe der Nixen und Nereiden und helfen, Gefühle zu heilen und zu schützen.

Nereiden sind eine Nymphenart, die sich wie die Nixen um das Salzwasser kümmern. Nereiden werden als honigäugige Meerestöchter in goldgelben Gewändern beschrieben. Sie wohnen in silberschimmernden Grotten auf dem Meeresgrund. Die Nereiden sind die 50 Töchter des Meeresgreises Nereus, Schutzpatroninnen der Seeleute. Nereiden sind jedoch nicht immer freundlich gesinnt. Wer sie zur Mittagszeit beim Essen stört, den strafen sie mit Schluckauf, Sodbrennen oder Magenschmerzen. Wer ihnen beim Baden auflauert, den lassen sie erblinden, und wer sie anspricht, dessen Stimme lassen sie verstummen.

Laut der griechischen Mythologie kann ein Mensch, der einem dieser Leiden erliegt, die Nereiden wieder besänftigen, indem er ihnen eine Woche nach dem begangenen Frevel, zur selben Tageszeit, einen Topf Honig bringt.

Nixen und Nereiden gehören dem Wasserelement an, wobei Nixen nicht so sehr an das physische Wasser wie an die energetische Form des salzigen Elementes gebunden sind. Sie alle leben in Unterwasserwelten und -königreichen, vorwiegend in salzhaltigen Gewässern, wobei es Ausnahmen gibt, z. B. an Mündungen von Flüssen, die sich ins Meer ergießen, in Mooren und ab und zu in tiefen Brunnen. Sie kümmern sich mit ihrer ganzen Liebe um die Wasserpflanzen, Korallen und Muscheln, hüten die Mineralien und die zarten Wassertiere. Den Schätzen ihres Reiches, wie den Perlen, widmen sie ihre besondere Aufmerksamkeit. Ihre Aufgabe ist es, die Lebensströme der Unterwasserwelten zu leiten, wobei sie von den Engeln angeleitet werden.

Wenn Nixen die Erlaubnis dazu erhalten, führen sie Fremde in die Unterwasserwelten, retten zuweilen Ertrinkende, indem sie diese über lange Strecken ans Land tragen. Nereiden hingegen umkreisen Sterbende und hüllen sie in ein schönes Licht ein, um ihnen beim Übergang behilflich zu sein. Manchmal führen sie auch Taucher zu Schätzen, die in den Tiefen der Meere verborgen sind. Nereiden bleiben lieber in der Tiefe des Wassers, Nixen hingegen kommen oft an die Wasseroberfläche und vollführen dort Sprünge wie Delphine, wenn sie sich aus dem Wasser katapultieren. Dieses Schauspiel sieht aus wie ein lustiges, spaßiges Spiel der Nixen miteinander, hat aber einen bestimmten Zweck: Durch ihre tanzähnlichen, spielerischen und rhythmischen Bewegungen vermischen sie Luft, Licht, Salz und Wasser, verteilen die Energie des Wassers im Raum und energetisieren damit das Gewässer und das Gebiet rund um das Gewässer. Dies ist der Grund, warum Landschaften in der Nähe von großen Gewässern eine heilende Wirkung auf den Menschen haben. Bei ihren Tänzen strahlen die Nixen eine Freude aus, die sich auf Menschen und besonders Kinder in ihrer Nähe überträgt. Nixen sind allerdings sehr scheu und verschwinden schnell, wenn sie merken, dass sie beobachtet werden.

Allgemeine Bedeutung

Die Nixen und Nereiden berühren dein Sein mit spielerischer Leichtigkeit. Begegnen sie dir, so ist dies ein gutes Zeichen. Sie verbinden dich mit den reinigenden, heilenden Kräften der Mutter Natur. Die Nixen sagen dir: Staune über die Wunder der Natur, öffne dein kindliches Auge nur. Spiele mal wieder, lass den Alltag mit seinen ewigen Pflichten sein. Verlasse die Schwere für einen Augenblick. Lass dich zu deinem Glück führen. So wird es leicht, und so wird es schön. Es ist gut, dich wiederzusehen. So, wie du warst, und so, wie du bist, nichts ist so wichtig, dass du dies vergisst. Lass dich tragen von den Lebenswellen, auf und ab auf den Stromschnellen. Nichts ist so wichtig, nichts ist so ernst, denn deine Fantasie, sie trägt dich wie nie. Sie entführt dich in unsere Welt, eine Welt, die alles erhellt. Die dich lehrt die wahren Gesetze, die dir zeigt die göttlichen Schätze. Sie verleiht dir Flügel für alle Zeiten, sie lehrt dich, auf den Lebenswellen zu reiten. Lass den Alltag Alltag sein, steige in unser Meerwasser ein. Vertraue dem ewigen Lebensfluss, denn dann er dich ewig tragen muss. Vertraust du ihm nicht, er dich verschlingt, dein wunderbares Licht im Wasser versinkt. Lerne, dem Leben zuzuhören, die Leichtigkeit wird dich dabei führen. Steige ein in die lichte Welt, damit sie deinen Alltag erhellt. Wir sind für dich da, wir hören dein Lachen und auch noch allerlei andere Sachen. Weinst du, so veredeln wir deine Natur, Meerwasserperlen sind die von uns getrockneten Tränen nur. Reinige deine wahren Kräfte, lass fließen deine Lebenssäfte. Denn mit Freude und Spaß geht alles leichter, sie lassen das Wasser werden weich und seichter. Verwandle deine Wasserkraft in einen Magneten, der Leben schafft. Bist du in deinem frohen Sein, öffnet sich das Leben dir ganz von allein.«

Die Botschaft der Nixen und Nereiden lautet: Leben ist Spiel! Leben ist Spaß! Lerne dies, lerne das! Fröhlichkeit und Freude mögen dich immer begleiten, bei allen Angelegenheiten. Denn nichts ist stärker als die frohe Liebesnatur, sie hilft dir zu allen Zeiten, auch in den schweren Erdenangelegenheiten. Sie ist Heilung, und sie ist Kraft, welche reinigt deinen Lebenssaft.

Ritual ~ Meerwasserbad ~

Das Meerwasser hat nicht nur eine reinigende Wirkung, sondern auch eine heilende. Wenn du in Salzwasser badest, so befreist du dich, deine Aura (das Lichtfeld, das dich umgibt) von negativen Einflüssen. Die Nixen raten dir, als Tiefenreinigung und Schutz vor Fremdeinfluss ein Bad mit Meersalz zu nehmen. Das Meersalz zieht die Dunkelheit, die wir im Alltag durch negative Menschen, Ärger, Stress etc. einfangen, aus der Aura und lässt diese wieder in neuem Licht erstrahlen.

Lasse dir Badewasser in einer dir angenehmen Temperatur ein. Gib fünf Esslöffel Meersalz hinzu. Wenn du möchtest, kannst du dein Badewasser durch Lavendel, Rosen und andere ätherische Öle oder Blütenblätter verfeinern. Begib dich in die Badewanne. Schließe deine Augen, und stelle dir vor, wie alles Dunkle und Negative von dir genommen wird. Atme den Duft des Salzes und der Essenzen tief ein. Stelle dir vor, wie sie auch innerlich alles reinigen. Genieße dein Bad. Wenn du fertig bist, dusche kurz, und ruhe dich danach noch ein wenig aus. Du kannst auch ein Fußbad mit Meersalz machen. Es zieht z. B. bei Kopfweh die negativen Energien aus dem Kopf und klärt die Aura. Wenn dich die Nixen erreichen, so erlaube dir Freude, Spaß und Entspannung. Lach mal wieder, und nimm das Leben leicht. Nereiden leben tiefer in den Gewässern. Sie führen dich in die Tiefen deines Gefühlslebens und zeigen dir die verborgenen Schätze. Wenn du eine Nereide vor dem Schlafengehen rufst und dir eine Muschel oder etwas anderes aus dem Meer unter das Kopfkissen legst, kann sie dich in deinem Traum in die Tiefe deiner Wasserwelten mitnehmen und dich unbeschadet wieder zurückbringen.

Nymphen

SCHÖNHEIT, REINIGUNG, ERNEUERUNG

Fröhlich sanfte Nymphenklänge, beleben Flüsse, Quellen, Teiche.
Töchter der mächtigen Wasserreiche lieben das Frohe, Freie, Leichte.
Sie wecken die Kräfte der Natur, sich zu zeigen, sich zu entfalten.
Mit Liebreiz und Anmut ausgestattet, sie in den wässrigen Formen walten.
Springen am Flussufer entlang, mit fröhlichem Lachen und schönem Gesang.
Tanzen über unentdeckten Quellen, wirken über heilenden Stellen.
Begleiten jeden unterirdischen Wasserlauf, folgen dem wässrigen Spurenverlauf.
Sie versorgen durch ihr fröhliches Sein die Natur mit dem reinen Liebeswein.
Erfreue dich der Nymphen hier und dort, sie verzaubern jeden Ort.
Sogar am Himmel sie den Seefahrern raten,
ja, sie sind auch die wunderschönen, strahlenden Plejaden.

Hintergrund

Nymphen sind eine große Gruppe von anmutigen, weiblichen Naturwesen, die sich um das Wasser, insbesondere das Süßwasser, auf jede Art und in jeder Form kümmern; das Salzwasser wird von den Okeaniden und Nereiden betreut. Die Nymphen sehen aus wie hübsche jugendliche Frauen. Sie zeigen ihre Reize, stillen aber nicht das geweckte Verlangen. Allerlei Götter, Menschen und Naturgeister lieben es, den Nymphen nachzustellen, da diese sie mit ihrem Liebreiz in ihren Bann ziehen. Sie tanzen über unterirdischen Quellen, leben entlang der Flussufer, regeln den Wasserhaushalt der Bäume, hüten das Wasser in den Tiefen der Berge und Höhlen, lenken den Regen, beleben die Meere … Die Aufgabe der Nymphen ist es, das Wasser zu reinigen und mit kosmischem Licht energetisch aufzuladen. So bleibt es Leben spendend, bewohnbar, heilend und erfrischend. Verlassen Nymphen einen Ort, so versiegt die Kraft des Wassers dort, und es wird zu einem totem, abgestandenen Gewässer. Der Begriff »nymphoman«, der das übersteigerte sexuelle Verlangen einer Frau beschreibt, leitet sich von den Nymphen ab. Bei letzteren bezieht es sich allerdings auf ihre gesteigerte Liebe zu der Natur, da sie Wasser mit ihrem Licht und ihrer Liebe erfüllen. Entsprechend ihren Lebensräumen unterscheidet man verschiedene Nymphenarten:

- Oreaden (griech. »oros« = »Berg«): Nymphen, die in Hügeln, Bergen und Grotten hausen. Echo z. B. war eine Bergnymphe. Ihr sind der Widerhall und die Gerüchte zugeordnet. Sie vermochte weder zuerst zu reden noch zu schweigen, wenn ein anderer redete. Darüber grämte sie sich so sehr, dass sie abmagerte und ihre Knochen zu Felsen und ihre Stimme zum Echo wurden.

- Hamadryaden und Dryaden (griech. »drys« = »Baum, Eiche«): Nymphen, die in den Bäumen und Büschen hausen und den Wasserhaushalt regeln. Zu ihnen gehörte z.B. Eurydike, eine Baumnymphe, die die Gattin des Sängers Orpheus war. Eine Baum- und Buschnymphe vergeht, wenn der Baum bzw. Busch, den sie bewohnt, verdorrt oder stirbt.
  Zu den Dryaden gehören auch die Alseiden, die Nymphen des Waldes. Sie beleben den Wald und lenken die unterirdischen Gewässer wie z.B. die Wasseradern.
- Nereiden, die Töchter des Meeresgreises Nereus: eine Gruppe von 50 Meeresnymphen, die die Schutzpatroninnen der in Seenot Geratenen sind und zu fröhlicheren Gelegenheiten die Seeleute mit ihrem Spiel erheitern. Zu ihnen gehören z.B. Amphitrite, die Meeresbrandung, Galatea, die Meeresschönheit, Thetis, die Lebensspendende.
- Okeaniden (lat. »oceanus« = »Meer«, »Ozean«): Nymphen des Ozeans und der Flüsse, die untergeordnete Wasserwesen leiten. Sie sind die 3000 Kinder des Titanenpaares Okeanos (Gott des Meeres und des Weltenstroms) und Tethys. Zu ihnen gehören z.B. die Flussnymphen Eurynome, Elektra, Iris, Metis, Nike, Tyche.
- Danaiden, die 50 Töchter des Königs Danaos von Argos: Nymphen, die ursprünglich als Hüterinnen der Quellen und Flüsse verehrt wurden. Sie sollten die 50 Söhne des Königs Aigyptos ehelichen, brachten diese aber in der Hochzeitsnacht um. Daraufhin wurden sie in die Unterwelt verbannt, wo sie bis in alle Ewigkeit Wasser in ein Fass ohne Boden schöpfen müssen.
- Plejaden, die 7 Töchter des Riesen Atlas: Nymphen, die das »Siebengestirn« im Sternbild Stier bilden. Sie sind von Mitte Mai bis Ende Oktober am Sternenhimmel sichtbar. Ihr Aufgang kündigte den Anfang und ihr Untergang das Ende der Jahreszeit an, in der die Meere schiffbar sind. Atlas Töchter wurden einst von dem liebestollen Jäger Orion mit seinen Jagdhunden Sirius und Procyon verfolgt. Um sie zu schützen und ihre Jäger zu bestrafen, versetzte Zeus sie alle als Sternbilder an den Himmel, wo die Jagd in Ewigkeit zum Scheitern verurteilt ist: Orion erscheint, wenn die Plejaden verschwinden.
- Najaden, die Nymphen der Landgewässer. Zu den Najaden gehören die Quellnymphen, Bach- und Wiesennymphen, Auennymphen und andere Landschaftsnymphen.

Allgemeine Bedeutung

Nymphen halten das Wasser in physischer und energetischer Form rein. Sie beleben die Quellen und verleihen ihnen Heilkräfte. Sie nähren und reinigen die Flüsse, Seen, unterirdischen Wasseradern, kümmern sich um die Umwelt, indem sie den Wasserhaushalt regeln, u.v.m. Mit ihrer starken Liebe versorgen sie Wasser aller Art mit Licht und Lebendigkeit. Sie geben ihm die heilende, klare Frische und sind unermüdlich in ihren Bemühungen.

Erreicht dich die Liebe der Nymphen, so raten sie dir, dich um deine Gefühle zu kümmern. Achtungsvolle, liebevolle, heitere und positive Empfindungen erhellen unser Gemüt und halten es gesund. Negative Gefühle hingegen erzeugen Störungen und Missklänge in unserem Energiefeld und können zu Krankheiten führen. Der Gefühlskörper, der uns alle umgibt, dehnt sich am weitesten über unser Energiefeld aus. Wir empfangen zuerst die Gefühle in unserer Umgebung, bevor wir sie verstandesmäßig erfassen und in Worte kleiden können. Oftmals merken wir erst sehr viel später, an unserem Energiemangel und unserer Erschöpfung, wenn wir uns in negative Gefühlsfelder begeben haben. Die Nymphen raten dir, dein Gefühlsfeld rein zu halten und diesem besondere Aufmerksamkeit zu schenken. Du entscheidest, ob du eine erfrischende Quelle in deinem Leben bist oder morastiger Sumpf.

Das Leben läuft nicht immer in gleichmäßigen Bahnen. Manchmal fühlen wir Ärger, Wut, Enttäuschung, Trauer, Schmerz. Doch wie gehen wir damit um? Balsamieren wir diese Gefühle ein und halten sie beständig fest? Oder lassen wir unsere Gefühle fließen, sodass sie sich verändern, gereinigt werden und auch wieder Liebe, Fröhlichkeit und Freude entstehen können? Staue die negativen Gefühle nicht in dir auf. Lasse sie fließen, und reihe dich in den Nymphenreigen ein, um wieder anders in dir empfinden zu können. Die Nymphen lehren dich, auf dein Lebenswasser zu achten.

Die Botschaft der Nymphen lautet: Lieben, lachen, tanzen, drehen, die Welt mit strahlenden Augen sehen, das ist Leben, das ist Geben, das ist der große Lebensfluss, der ab und zu gereinigt werden muss. Drum reihe dich ein, mit uns dich drehe, so kommst du wieder in die lebendige Lebensnähe.

Ritual ~ Reinigung des Gefühlskörpers ~

Dein Gefühlskörper bedarf ab und zu einer Reinigung, am besten natürlich regelmäßig und zu gleichen Zeiten. Wenn du ihn regelmäßig reinigst, beginnst du dich langsam, aber sicher besser zu fühlen, reiner, klarer und sauberer. Oftmals ist der Tag so mit Tätigkeiten aller Art gefüllt, dass wir den Gefühlen in uns wenig Beachtung schenken, geschweige denn ihnen zuhören. Nimm dir jeden Tag ein wenig Zeit, und horche auf deine Gefühle. Reinige dich.

Wenn du mit den Nymphen Verbindung aufnehmen willst, kannst du sie an allen lebendigen, klaren Wasserstellen finden. Gehe in die Natur an einen Bach, eine Quelle, einen Wasserfall, an einen Fluss, und halte dich dort auf. Höre dem Gurgeln und Blubbern des fließenden Wassers zu. Versenke dich in das lebendige Wasser. Stelle dir dabei vor, wie es durch dich hindurchfließt und alles Negative mit sich nimmt. Atme eine ganze Zeit tief aus und ein. Stelle dir beim Ausatmen vor, wie alles Negative aus dir entweicht, und beim Einatmen, wie positive Lebenskraft in dich einströmt und dich auflädt.

Stelle dir vor, wie du dich unter einen starken Wasserfall begibst. Fühle das Wasser mit seiner Macht auf dich herunterprasseln und durch dich hindurchströmen. Alles Negative in deinem Gefühlsfeld wird von den reißenden Wassermassen fortgeschwemmt, aufgelöst. Stelle dir nun vor, wie die Nymphe des Ortes, den du aufgesucht hast, vor dir auftaucht. Frage sie, was du beachten sollst, was jetzt für dich wichtig ist. Wenn sie dir ihre Aufmerksamkeit schenkt, befolge ihren Rat, und danke ihr.

Bemerkung: Wenn du aus reinen Quellen am Wegesrand trinkst, vergiss nicht, dich bei der Nymphe dieses Gewässers oder dem Quellgeist, der dieses Wasser hütet, zu bedanken.

Pan

ERSCHÜTTERUNG, ERWACHEN, EINHEIT

Bin nicht hier, bin doch da, bin überall,
bin wahr und doch nicht wahr.
Wenn dich etwas schüttelt, wird Energie wachgerüttelt,
Wenn ich dich versetze in panischen Schrecken … ja, ich kann mich gar gut verstecken.
Bin unerwartet und blitzschnell, bin ganz da,
dich einzuweihen in die höhere Natur. Ja wo ist sie nur?
Hahaha, bist du bereit, dann stehe ich da und grinse breit.
Rennst du nicht mehr vor mir weg, bekommst du keinen Schreck,
reich' ich dir die Hand, mich zu begleiten in das unbekannte Land.
Dein wahres Wesen aus Licht,
die ewige Freiheit, wartet auf dich,
so habe Mut, und wachse in dein Sein,
in deine natürliche Herrlichkeit hinein.

Hintergrund

In der Mythologie der Griechen ist Pan der Gott des Waldes und der Weiden, ein Vegetationsgott der Natur und Schutzgott der Hirten und Herden. Er ist Sohn des Hermes und einer Nymphe. Im Gefolge des Dionysos[4] führte er die Satyrn[5] an und stellte den Nymphen nach. Als sich einmal die keusche Nymphe Syrinx (griech. – dt. »Flöte«) auf der Flucht vor ihm an einem nicht mehr überquerbaren Fluss in Schilfrohr verwandelte, schnitzte Pan aus ihr die nach ihm benannte Hirten- oder Panflöte, die aus sieben Schilfrohren besteht.

Oft wird Pan als ein Mischwesen aus Mensch und Tier beschrieben und mit Beinen und Hörnern eines Ziegenbockes dargestellt. Die Ziege gilt von jeher als ein Symbol der Sexualkraft und der wilden unberechenbaren Triebe allgemein. Die Sexual- und Triebkraft ist wohl die mächtigste Leben erschaffende Kraft der Natur und wurde und wird von den Menschen stets, wenn nicht gar gefürchtet, so doch zwiespältig beurteilt. Die Natur jedoch wertet nicht.

Pan wurde einst angerufen, um Schuld zu sühnen und um Unheil vom Volk abzuhalten. In der römischen Mythologie entspricht er dem Gott Faunus, dem Gott der Fruchtbarkeit, der auf der Tiberinsel in Rom einen Tempel hat. Für ihn wurde das römische Fest der Lupercalia gefeiert, anlässlich dessen ein Ziegenbock geopfert wurde und die jungen Männer durch die Straßen liefen, wo sie alle Mädchen, derer sie habhaft werden konnten, mit Ruten schlugen, um so die Fruchtbarkeit zu mehren. Menschen, die mit der mystischen Dimension des Seins arbeiteten (Magier, Hexen, Weise), riefen ihn, um sich von ihm in die Geheimnisse der Natur einweihen zu lassen. Ab ca. 700 n. Chr. wurde er von der christlichen Kirche als Personifikation des Teufels angesehen – dessen bocksfüßige Erscheinung von Pan abgeschaut zu sein scheint – und in die Hölle verbannt. Menschen, die heute mit ihm in Verbindung stehen, beschreiben ihn anders, als wir ihn aus der Mythologie zu kennen meinen. Er wird als eine unglaublich schöne und übernatürliche Intelligenz in den Farben Gold, Grün und Rot erfahren.

Durch sein plötzliches Erscheinen in der sommerlichen Mittagsstille oder an milden Flussufern löste Pan bei Menschen und Tieren den nach ihm benannten »panischen Schrecken«, von dem das Wort »Panik« stammt, aus, der in der heutigen Zeit eine andere Bedeutung angenommen hat. Wer sich Pan anvertraut, erfährt eine schrittweise Einweihung in eine höhere Ebene seines Seins. Wer nicht auf ihn vorbereitet ist, der erfährt seine Gegenwart als beängstigende Erschütterung. Er liebt es und freut sich unbändig daran, wenn Menschen sich erschrecken.

Pan ist ein Meister der Natur, durch deren geheimnisvolle Stimme er spricht. Er ist ein Wesen der höchsten Stufe und versorgt viele ihm zugeordnete Wesenheiten mit seinem

---

4 Dionysos: griech.-röm. Gott der Vegetation, später des Weines und Weinbaus sowie der Ekstase. Gilt auch als Schutzgott der dramatischen Spiele und des Dramas, das sich zyklisch im Kommen und Gehen, in Tod und Geburt, abspielt. Er ist Sohn des Zeus und der Königin Semele.

5 Satyrn: (von lat. seren = säen) Fruchtbarkeitsdämonen in Wald und Feld. Mischwesen aus Ziegenbock und Mensch, die in Gruppen auftreten. Sie sind derb-lustern und dem Wein und Tanz ergeben. Sie stellen den weiblichen Naturwesen nach und blasen Flöten, um sie zu locken. Pan gilt als ihr Anführer. Ihre Aufgabe ist es, Fruchtbarkeit zu bringen.

strahlenden, lichtvollen Lebenselixier, sodass sie gedeihen und sich entfalten können. Seine Energie ist unbegrenzt, mächtig und heilsam. Er ist der Wächter am Tor zu den anderen Seinsebenen. Ihm zu begegnen heißt, sich bereit zu machen für eine neue Dimension und die Einheit mit der göttlichen Natur. Wer Pan begegnet, beginnt, eins zu werden mit der Natur. Die Vorsilbe »pan-« erscheint, wenn ein Begriff gesucht wird, der etwas Umfassendes beschreiben soll; so spricht man z. B. von paneuropäisch. Als Pantheist erlebt man das Göttliche als Kraft, die alles, was ist, durchdringt, und als Frieden und Einheit mit der Natur. Als Pangefühl bezeichnet man die Empfindung, eins zu werden mit allen lebendigen Kräften.

Allgemeine Bedeutung

Betrittst du das Reich des Pan, so geschieht dies meist plötzlich und unerwartet, obwohl es von langer Hand vorbereitet ist und nur mit deiner Einwilligung geschehen kann. Meist sind es Momente, in denen sich Raum und Zeit auflösen und dein Geist in aller Stille dahintreibt und du dich in Sicherheit wiegst. Plötzlich erscheint, passiert oder erfasst dich etwas, rüttelt an deiner Energie, oder es eröffnet sich dir eine unbekannte Dimension. Wenn du darauf nicht vorbereitet bist, so versetzen dich diese mystischen Momente in Angst und Schrecken, eben in Panik. Das geschieht, weil sich deine eng gesteckten Grenzen, altgewohnten Denkmuster und schützenden, begrenzten Vorstellungen vom Leben für einen Moment aufzulösen drohen.

In diesen Momenten kannst du davon ausgehen, dass dich die Stimme der höheren Natur, die Stimme Pans, erreicht hat. Du kannst dann davonlaufen, zurück in deine begrenzte, sichere Sicht der Welt, oder du kannst dich dieser neuen Dimension, auch wenn sie dir Angst macht und dich ins Ungewisse stürzt, öffnen und ihre Botschaft empfangen. Alles hängt einzig und allein von dir und deiner Bereitschaft ab. Bist du bereit, so erwarte nichts. Alles, was geschieht, wird dich aufwecken, doch die »Erwachenserlebnisse« sind nicht immer sanft. Dies hängt mit deiner Vorgeschichte zusammen, mit den verborgenen Schatten in dir und mit dem, was du in allen deinen Lebenszyklen gesät hast.

Wenn Pan dein Leben berührt, so stehst du an einer Schwelle, an einem Übergang, an einer Einweihung. Sei bereit, dir das, was Pan dir offenbaren wird, anzuschauen. Er kennt dich, deine göttliche wahre Natur, besser als du selbst, denn er betrachtet alles aus einer anderen Perspektive. Mit ihm hast du einen Meisterführer, dem du dich anvertrauen kannst. Pan fragt dich: Bist du bereit, alle einengenden, begrenzenden Glaubensvorstellungen aufzugeben? Bist du bereit, schöpferisch mit deiner Existenz umzugehen? Bist du bereit, deiner göttlichen höheren Natur zu begegnen? Bist du bereit, dich immer und immer wieder auf den Fluss des Lebens und die neue Energie, die daraus erwächst, einzustimmen? Bist du bereit, dich in das Unbekannte hineinzubegeben? Pan hat Zeit und ist überall. Manchmal taucht er unerwartet auf, um dich unsanft aus dem Dämmerschlaf zu rütteln. Schläfst du nach diesen Erlebnissen weiter, oder versuchst du, die Augen aufzumachen und wach zu werden?

Die Botschaft von Pan lautet: Dass du geträumt hast, kannst du erst wissen, wenn du aufgewacht bist. Aufwachen bedeutet, deine wahre Größe zu erkennen und zu wissen, wer du bist. Verbinde dich mit deiner höheren Natur.

Ritual ~ Panischer Schrecken ~

Nimm dir Zeit und Raum für dich. Denke über dein Leben nach. Gibt es Momente, in denen du einen Anflug von Panik oder Schrecken gefühlt hast? Was waren das für Momente? Hast du dir die Mühe gemacht, diese Augenblicke wirklich zu verstehen? Nichts geschieht zufällig. Schaue dir diese Momente noch einmal an. Was haben sie in dir verändert, wenn auch manchmal nur für einen Augenblick? Was hast du daraus gelernt? Was wollten dir diese Momente zeigen? Hast du dich dem Leben mehr geöffnet, oder dich noch mehr in deinen »begrenzten Raum« begeben? Hast du die unendliche Macht gespürt, die jenseits von Raum und Zeit existiert und dein kleines Ich hilflos und unwichtig erscheinen lässt? Bist du plötzlich mit voller Wucht in die Gegenwart katapultiert worden? Was hast du daraus für dich erfahren? Spüre den Augenblicken in deinem Leben nach.

Du bist angeschlossen an das Kollektiv der Menschheit und an die ewige göttliche Natur. Ja, du bist ein Teil davon und nicht getrennt, das ist nur auf der physischen Ebene. Beginne, dich den höheren Welten bewusst zu öffnen. Hier wird Pan sich als weiser Führer der göttlichen Natur zeigen und nicht mehr als plötzlich auftretender »panischer Schrecken« einer höheren Dimension, der als »Wachruf« gesehen werden kann.

~ Einladung an Pan ~

Pan weiht dich in deine höhere Natur ein. Deine körperliche Existenz ist nur ein kleiner Teil deiner Seinserfahrungen. Jeder von uns weiß das auf die eine oder andere Art, z. B. wenn wir unseren Geist schweifen lassen, wenn wir träumen und dem Plätschern der Gedanken oder dem Fluss der Gefühle folgen.

Übe bewusst, dem Seinsstrom in dir zu folgen. Gehe in die Natur. Suche dir einen geeigneten wunderbaren Platz. Plätze an einem Gewässer, z. B. an einem Bach, sind oftmals besonders inspirierend. Lasse deinen Geist mit dem Wasser fließen. Stelle dir im Geiste Fragen, und lausche den Antworten. Lasse deinen Geist ruhig werden, und versinke in dem Anblick der Natur. Lasse zu, was geschieht. Manche Menschen schlafen ein und haben lebhafte Träume. Manche geraten mit ihren inneren Gefühlen in Kontakt oder werden auf geistiger Ebene in andere Dimensionen getragen. Und in manchen steigt ein emotional noch nicht verarbeitetes Erlebnis auf. Sei bereit, dich mit der Einheit, mit der Natur zu verbinden und dich als Teil von ihr zu sehen. Nimm Fühlung auf mit ihr. Wie fühlt es sich an, ein Baum zu sein, ein Wassertropfen, ein Stein, eine Pflanze, ein Schmetterling …?

Wenn du bereit bist, kannst du Pan auch rufen oder bitten, dass er mit dir Verbindung

aufnimmt. Stelle dich darauf ein, dass der Kontakt mit Pan dein Leben verändert. Wenn du dich in seine Obhut begibst, beginnt sich das Tor an der Schwelle zu neuen Welten unaufhaltsam zu öffnen. Prüfe deshalb, ob du für diesen Schritt wirklich bereit bist. Wenn ja, rufe Pan dreimal auf deine Weise in dein Leben. Er wird auf seine Weise erscheinen. Wenn nicht, so lass dir die Zeit, die du brauchst. Höre auf dich.

~ Die Hörner des Pan ~

Diese Übung ist ein Geschenk an dich. Wenn du in Stress oder Panik gerätst, so rät dir Pan, deine Hörner, deine Stirn (Stirnhöcker, Hörneransätze) zu streicheln und zu massieren. Wenn wir in Stress oder Panik geraten, fließt das Blut in den Hinterkopf und aktiviert das vegetative Nervensystem. Wir können nicht mehr klar denken, die Emotionen nehmen überhand, und etwas scheint durch uns zu handeln, nicht wir selbst. In solchen Situationen rennen wir dann z. B. los, ohne zu wissen, wohin, und geraten immer mehr in Stress … Wenn wir nun die Hände auf die Stirn legen und beginnen, diese zu massieren und zu streicheln, wird unser Bewusstsein aktiviert. Die Blutversorgung wird in die Stirn, den bewussten Denkbereich gezogen, und der emotionale Stress, in den wir geraten sind, wird abgebaut. Atme dabei tief und ruhig ein und aus.

Pegasus

WEISHEIT, FREIHEIT, WEITE

Pegasus auf Sternenstraßen große Weisheit in sich hat,
fremde Welten, hohe Sichten, sich in alle Reiche wagt,
kommt von weit her, trägt uns empor,
winkt aus der Ewigkeit, bringt uns zum Sternentor.
Wir können es durchschreiten, Pegasus wird uns begleiten,
erfahren dort von Weisheitsdingen, die wir auf die Erde bringen.
Er ist Vermittler zwischen Göttern, Meistern und Menschen,
führt uns zur Lichtnatur, unserem wahren Wesen.
Mit ihm können wir reisen zu den Sternenweisen.
Er vermittelt uns im Flug eine andere Sicht, die uns erhebt in das göttliche Licht.
Mit Freiheitskraft und Donnerschlag ihn nicht leicht zu bändigen man vermag.
Doch wer es schafft, ihn zu bezwingen,
den wird er augenblicklich in höhere Reiche bringen.
Lichterstätten, hohe Tempel, Meister, Götter, hohe Engel,
sie erwarten dich hier schon, dich zu lehren, anzuleiten,
Pegasus wird dich zu ihnen begleiten.
Es liegt an dir, ihn zu entdecken. Pegasus wird kommen, dich zu erwecken.

Hintergrund

Als Perseus, ein griechischer Held, Medusa, einer Gorgonin mit Schlangenhaaren, deren Anblick alle Wesen versteinerte, das Haupt abschlug, entstand aus ihrem Blut Pegasus, das geflügelte schneeweiße Pferd. Pegasus' Schwingen sind von riesiger Spannweite, und er kann damit durch die Himmel galoppieren. Er gehört dem Ätherreich an und fliegt auf den Strahlen des Regenbogens, jagt mit den Blitzen eines Gewitters über den Himmel, prescht über die Straßen der Sterne und trägt die Hoffnungen der Menschen zu den Göttern.
Pegasus hält sich gerne in der Nähe der Musen auf. Die Musen werden deshalb auch manchmal Pegasinen genannt. Er hat mit einem Schlag seiner Hufen den Brunnen der Musen geschaffen, aus dem das klare, nie versiegende Schöpfungswasser fließt. Es heißt, der griechische Göttervater Zeus habe Pegasus in seinen Dienst genommen, und wenn es donnert und grollt und die Blitze zucken, fliege Pegasus über den Himmel. Der korinthische Held Bellerophon ritt Pegasus bei seinem berühmten Sieg über die Chimäre, den feuerspeienden Sohn von Typhon, das Drachenungeheuer. Diese Erzählungen wurden vor über zweieinhalbtausend Jahren niedergeschrieben. Der Ursprung des geflügelten Pferdes

findet sich jedoch zu noch früheren Zeiten, und zwar bei den frühen Zivilisationen des Nahen Ostens.

In alten Zeiten, als sich die verschiedenen Welten noch berührten, streifte Pegasus ungehindert umher und vermittelte zwischen den Menschen und den Göttern. Er trug die Menschen in höhere Welten, so lernten sie eine übergeordnete Sicht der Dinge kennen. Sie empfingen die Weisungen von den höheren Welten, um sie auf den anderen Ebenen umzusetzen. Später, als sich die Welten trennten, lebte Pegasus im Land der Götter, in den höheren Lichtreichen und wurde kaum noch gesichtet. In der heutigen Zeit erscheint er wieder öfter, die Mauer zwischen den Reichen wird wieder durchlässiger.

Wer es versteht, Pegasus herbeizulocken, den trägt er augenblicklich in die höheren Welten. Er bringt Menschen, die an höheren Sichtweisen und den Belehrungen der Götter, Meister und Engel interessiert sind, des Nachts oder in der Meditation zu den Lichtstätten der anderen Reiche. Menschen, die von Pegasus getragen werden, haben oft beflügelnde, erweiternde, lichte, inspirierende Worte, Gedanken und Gefühle. Das Licht höherer Reiche strahlt aus ihnen.

Allgemeine Bedeutung

Erreicht dich der Ruf von Pegasus, so ist es an der Zeit, in die höheren Welten zu reisen. Dort wartet eine Botschaft, eine Nachricht auf dich. Pegasus ist das Wesen, das mächtige Engelwesen, Meister, Meisterinnen, Götter und Göttinnen aus ihren lichten Reichen und erhabenen Tempeln zu dir schicken.

Wenn du dich dafür entscheidest, Pegasus' Aufforderung zu folgen, kannst du mit den höheren Welten Kontakt aufnehmen. »Auf dem Pegasus reiten« bedeutet, eine übergeordnete Sicht einzunehmen, die Welt aus einem anderen Blickwinkel kennenzulernen. Mit ihm kannst du sehen, wie sich deine Welt verändert, wenn du sie von oben betrachtest. Oft sind wir so in unserem alltäglichen Trott gefangen, dass wir diese Sichtweise völlig vergessen haben. Wenn wir auf Pegasus' Rücken durch die Lüfte fliegen, so erhebt uns das weit über den Alltag. Solch ein Ritt erweitert unseren Horizont und führt uns zu völlig neuen Einsichten, öffnet uns für das Wesentliche.

Viel altes Wissen taucht nun wieder auf. Wir stehen in der Menschheitsgeschichte wieder einmal an der Schwelle zu einer neuen Zeit. Du gestaltest diese Zeit mit. Deine Kraft, deine Gabe, deine Fähigkeiten sind gefragt. Rufe Pegasus, er trägt dich in die geistigen Reiche. Hier kannst du lernen, und hier kannst du wachsen. Du kannst das, was du erfahren hast, in deinem Alltag leben lernen. Die neue geistige Sicht bildet die Basis für die heraufdämmernde neue Zeit.

Die Botschaft von Pegasus lautet: Hoch, hoch, hoch mit dem Wind trage ich dich geschwind in die herrlichen Lichterstätten, hier gibt es nichts mehr zu tun, als der Weisheit zu lauschen, dem Wind der neuen Zeit, er trägt dich in die Welt der Herrlichkeit. Sterne funkeln, die goldne Zeit ist nah, lass dich von mir führen, leicht und wunderbar. Werde du zum Boten der neuen Zeit, dann kann sich verankern das Licht der Herrlichkeit.

Ritual ~ Ritt auf dem Pegasus ~

Der Pegasus verbindet dich mit den höheren Welten, er trägt dich dorthin. Er fordert dich auf, dich mit der Weisheit der Meister zu beschäftigen.

Nimm dir Zeit und Raum. Du kannst dieses Ritual draußen oder in einem Raum durchführen. Schaffe dir eine schöne Atmosphäre, in der du dich wohl- und geborgen fühlst. Du kannst ein Kerze anzünden, einen Duft, den du gerne magst, verbreiten und dich mit Dingen umgeben, die dir wichtig sind. Achte darauf, dass dein Körper eine angenehme Temperatur hat und behält. Dicke Socken, eine Decke, wärmere Kleidung können hier sehr hilfreich sein.

Nimm eine entspannte Haltung ein, in der du dich längere Zeit konzentrieren kannst und dich wohlfühlst. Atme tief aus und ein, konzentriere dich auf die Atmung. Lasse mit dem Ausatmen die Anspannung aus deinem Körper hinausfließen und mit dem Einatmen Licht und Liebe herein. Wenn du bereit bist, so schließe deine Augen.

Ein Licht in deiner Lieblingsfarbe umhüllt dich. Wenn du ganz in diesem Licht geborgen bist, so öffnet sich ein Tor. Du befindest dich in deiner Seelenlandschaft. Wie sieht sie aus? Male sie dir in allen Einzelheiten aus. Wenn du in deiner Vorstellung ganz in deiner Seelenlandschaft angekommen bist, kannst du Pegasus rufen. Vielleicht steht er schon da und wartet auf dich. Du kannst ganz leicht auf seinen Rücken steigen. Er fliegt mit dir hoch. Du siehst Landschaften unter dir. Alles, was dich vor wenigen Minuten noch in deinem Alltag beschäftigt hat, wird aus dieser Perspektive klein und unwichtig. Du öffnest dich dem Raum, der unendlichen Weite, dem Land unter dir und den Wolken und dem Himmel, durch den du getragen wirst. Der Pegasus wird langsamer und hält an. Du befindest dich an einem wunderbaren Ort: hoch in den Bergen, in Kristallpalästen, auf einem anderen Planeten, in Lichtstätten – lasse deiner Fantasie freien Lauf. Es ist ein erhabener Ort. Alles leuchtet. Ein Wesen von majestätischer Schönheit und machtvoller Ausstrahlung tritt dir entgegen. Es nimmt dich in Empfang und bringt dich zu einem Meister oder einer Meisterin. Frage, wo du bist. Frage nach dem Namen des Meisters oder der Meisterin. Frage nach dem, was jetzt für dich gut ist zu wissen. Lausche den Worten des Meisters. Vielleicht bringt er dich auch irgendwohin, reinigt oder segnet dich. Lasse zu, was auch immer geschieht.

Wenn der Meister sich verabschiedet, verneige dich vor ihm, bekunde auf deine Weise deinen Dank. Der Pegasus wartet schon auf dich. Er trägt dich auf seinem Rücken zurück in deine Seelenlandschaft. Schaue dich noch einmal um. Bedanke dich für alles, was du erfahren durftest. Verabschiede dich von Pegasus, er trägt dich noch zurück zu dem Tor. Du schreitest hindurch und kommst wieder in deinen Raum. Öffne deine Augen, und kehre zurück in den Alltag.

Immer wenn du der Antworten aus den höheren Welten bedarfst oder in die Lichtstätten reisen möchtest, kannst du den Pegasus rufen. Du kannst auch darum bitten, von ihm des Nachts in die Lichtstätten getragen zu werden.

Riesen

HERAUSFORDERUNG

Riesen, sie wirken wie große Berge, sie lassen dich werden zum kleinen Zwerge.
Doch auch Zwerge sind pfiffig und schlau, einfallsreich planen sie genau.
Es gibt immer einen Weg, wo ein Wille ist, drum sei nicht verzagt, bis du am Ziele bist.
Renn nicht vor ihnen weg, geh auf sie zu, behalte dabei deine innere Ruh.
Hast du Angst, so wirst du klein, wirst zum Spielball für ihr Sein.
Schritt für Schritt, das ist der Weg, öffne dein Herz und deine Kräfte,
und schon steigen deine Säfte.
Rufe die höhere Natur auf den Plan, sie führt dich, und du traust dich heran.
Mit Pfiffigkeit und Frohgemut folgst du der Kraft, die in dir ruht.
Schritt für Schritt gehst du nun weiter, bleib gelassen, froh und heiter.
Entfaltest ungeahnte Möglichkeiten, welche dich führen in neue Weiten.
Manche Riesen sind auch nett, zeigen sich dir hübsch, fein und adrett.
Doch lass dich nicht täuschen und auch nicht beirren,
manchmal versuchen dich Kräfte zu verwirren.
Horch auf dein Herz in allen Dingen,
denn ihm kannst du letztlich nicht entrinnen.
Weiß auch sonst keiner, was geschah,
dein Herz weiß sehr genau, wie alles war.
Hast du den Riesen erkannt, beim Namen genannt oder gar bezwungen,
sind neue Kräfte in dich eingedrungen.
Drum viel Glück auf allen Wegen,
horch auf dein Herz, es bringt dir Segen.

Hintergrund

Der Begriff »Riese« stammt wahrscheinlich von dem mittelhochdeutschen Wort »rise« ab, das einen großen Menschen auch im ideellen Sinn bezeichnet. Es kann aber auch auf das indische Sanskritwort »ursan« im Sinne von »stark« zurückgeführt werden. Riesen sind gigantisch große Wesen mit mächtigen Kräften. Die kleinsten sind noch größer als der höchste Baum im Wald, und manche können so groß werden, dass sie mit ihrem Kopf durch tief hängende Regenwolken stoßen.

Für die alten Germanen waren sie die alten Urgötter. In der griechischen Mythologie werden sie Titanen, Zyklopen und hundertarmige Giganten genannt, welche die ersten Lebewesen dieser Erde gewesen sind. Im alten Testament wird in der Zeit bis zur Sintflut noch von den Riesen berichtet. So finden wir z. B. in der Genesis 6,1–4, dass Töchter der Erde, die sich mit Engeln einließen, Riesen gebaren. Des Weiteren finden sich hier auch verschiedene Geschlechter von Riesen, z. B. Amoriten und Enakiter (Enakssöhne). Andere aus der Welt der Sagen und Legenden bekannte Riesen sind Atlas, der das Himmelsgewölbe trägt, die Menschenriesen Goliath und Herkules oder auch der germanische Urriese Ymir, aus dessen Leib Himmelsgewölbe, Erde und Meer, Flüsse und Wälder entstanden sind.

Es gibt Riesen verschiedenster Art und in allen Elementen. Sie hausen in unwegsamen Urwäldern, in den großen Weltmeeren, in hohen Gebirgen, in Höhlen, in großen unwegsamen Landstrichen, an Meeresufern oder auch im Riesenreich unter dem Mond, hoch über den Wolken. Meist werden sie beschrieben mit Gesichtern wie aus Stein gehauen. Dichte Augenbrauen, buschige Bärte und Zottelhaare beherrschen die Erscheinung. Die Riesenfrauen haben meist eine üppige Figur und lange wilde Haare. Die Kleidung ist unterschiedlich, manche Riesen und Riesinnen begnügen sich mit Fellmänteln, die aus allerlei Pelzen, Häuten, Blättern und Pflanzen zusammengeflickt sind, andere wiederum bekleiden sich mit Samt und Seide, behängen sich mit Ohrringen und Silberketten.

Die Riesen entwickeln gigantische Kräfte, wenn sie erzürnt werden. So kann die Natur unter ihrem Wutausbruch ins Beben und Schäumen geraten. Riesen sind die Mächte, die die großen Kräfte leiten. Sie verkörpern die rohen gigantischen Kräfte in der Natur. Während der Christianisierung wurden die Riesen zu niederen, unberechenbaren Ungeheuern herabgewürdigt, und heidnische Riesengeschichten erhielten einen dämonischen Charakter. Die Riesen gerieten langsam in Vergessenheit.

Riesen finden sich als Wesen in auffallenden Naturerscheinungen. Unsere Vorfahren glaubten über einige Beweise für die Existenz von Riesen zu verfügen. Die Sterne z. B. wurden als Löcher gesehen, welche die Riesen beim Steinewerfen in den Himmel schlugen. Wenn es gewitterte, meinte man, es säßen zechende und mit ihren Gläsern anstoßende Riesen auf den zwei höchsten Berggipfeln. Der Tag graute, wenn eine Riesin mit ihren zwanzig Fuß großen Socken über das Himmelsgewölbe schritt. Auch werden Menschen von überdurchschnittlicher Größe oder mit übernatürlichen Begabungen und Kräften als Riesen, Hünen und Giganten bezeichnet. Riesen sind die Spiegelung mächtiger Kräfte und großer Stärken.

Allgemeine Bedeutung

Berührt dich der Finger des Riesen, so ist dies eine Herausforderung. Manchmal stehen wir in unserem Leben an einem Punkt, an dem der vor uns liegende Berg unüberwindlich erscheint. Die Kraft des Riesen, dem wir gegenüberstehen, wird uns bewusst. Seine Stärke, seine Macht, seine Gewalt kommen uns unüberwindbar vor. Wir haben das Gefühl, nichts mehr bewältigen zu können. Der Riese erklärt dir, dass das Leben manchmal eine Herausforderung ist. Es fordert dich, damit du deine Fähigkeiten entfalten kannst. Hier sind dein Einsatz, deine Fähigkeiten und alles gefragt, was du bisher gelernt und erfahren hast. Der Riese bringt dich an die Grenzen deiner Belastung. Er dehnt sie.

Wenn du dem Riesen begegnest, sei im Hier und Jetzt. Sei nur beim nächsten Schritt. Den nächsten Schritt kannst du noch tun. Denke nicht an den Berg, der sich vor dir auftürmt. Denke nur an den nächsten kleinen Schritt. Öffne dein Herz weit, lasse die Kräfte des Kosmos durch dich hindurchfließen. Schau dich um. Folge deiner Intuition. Deine ganze Aufmerksamkeit ist gefragt. Sei da! Sei wach! Sei gegenwärtig! Folge nur den Worten deines Herzens. Sie führen dich im Augenblick und eröffnen dir in schwierigen Situationen oftmals ungeahnte Möglichkeiten, Lösungen und Wege. Wenn der Berg bezwungen ist, wenn die Aufgabe bewältigt ist, wenn der Kampf mit dem Riesen vorüber ist, dann hast du gewonnen, und zwar an innerer Kraft, an Erfahrung, an Einsichten, an Weisheit und an Stärke. Sie werden dir auf deinem Weg weiterhelfen und anderen zum Vorbild werden. Verzage nicht.

Auch wenn der Weg steinig und steil ist, die Kräfte des Riesen massiv und die Abgründe tief und nicht überschaubar, setze Schritt vor Schritt. Beobachte, lausche nach innen, und folge den Botschaften, die du empfängst. Die guten Geister sind mit dir, wenn du dir in deinem Herzen treu bleibst. Bist du feige, weichst du den Dingen aus, so werden sie dich verschlingen. Versuchst du, dich in deinem Herzen zu täuschen, so wirst du den schmalen Pfad und die Führung auf diesem Weg nicht finden. Riesen bringen Stärke und Kraft, die schöpferisch gewandelt werden und damit zu Fähigkeit und Stärke des eigenen Selbst werden können. Welcher Herausforderung stehst du gerade gegenüber? Was gilt es, in deinem Leben zu lösen, zu Ende zu bringen, zu überwinden? Welchen Riesen hast du vor dir?

Die Botschaft der Riesen lautet: Sei da, und alles wird dir folgen. Wer nicht bei sich selbst ist, sammelt Enttäuschungen und Niederlagen und rechnet die Qualen auf, welche er erlebt. Wir schlafen in den Wundern der Natur, sei achtsam, sonst weckst du uns nur.

Ritual ~ Begegnung mit dem Riesen ~

Riesen können Dinge sein wie Abschied, Trennung, neue berufliche Orientierung, ein neuer Lebensabschnitt, Reisen, Menschen, Umstände, Veränderungen, die tief in das Leben einschneiden, hohe Anforderungen im Alltag oder im Beruf, Krankheit, Katastrophen o. Ä.

Wenn du vor einem Riesen stehst, so mobilisiere alle Kräfte, die du zur Verfügung hast. Hier ein paar Tipps, wie dir das gelingt:

1. Baue dich auf.
   Mache es wie das tapfere Schneiderlein. Schreibe auf deinen Banner alles, was du schon alles in deinem Leben bewältigt hast, z. B. »Sieben auf einen Streich.«
   »Ich habe in meinem Leben bisher … (bewältigt, getan, geschafft, …)«
   »Ich habe die Kraft …«
   »Ich habe die Fähigkeiten …«
   Mache dir alle deine positiven Kräfte und Eigenschaften klar.

2. Schau, was der nächste Schritt ist, um den Riesen zu überwinden, zu bewältigen. Was brauchst du? Was ist zu tun? Mache dir einen Lageplan, und zögere nicht, die Schritte in die Tat umzusetzen. Schau dir die Fakten an, den Punkt, an dem du stehst, und das Ziel, das du erreichen willst.

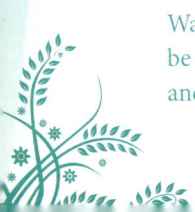

   Der nächste Schritt ist …
   Ich brauche dazu …
   Es ist notwendig, dass …

3. Grenze dein Aktivitätsfeld ein.
   Konzentriere dich mit deiner ganzen Aufmerksamkeit auf den Riesen. Stelle Tätigkeiten, Verabredungen, Veranstaltungen ab, um die Kraft für die Bewältigung im Kampf mit dem Riesen zur Verfügung zu haben. Weiche ihm nicht aus, sondern gib deine ganze Kraft in diese Richtung.

4. Konzentriere dich nach innen.
   Frage deine Engel, deine Geister, was du tun kannst, und bitte sie auf deine Weise um Unterstützung. Befolge ihren Rat, auch wenn er dich manchmal komisch anmutet.

5. Verbinde dich mit unterstützenden, förderlichen Kräften.
   Suche dir Verbündete unter Menschen, denen du vertraust, unter deinen Freunden oder auch unter den Wesen der anderen Ebenen, die dir gerne helfen, wenn du sie darum bittest.

6. Halte deinen Blick nur auf den nächsten Schritt gerichtet.
   Wenn dir klar ist, was zu bewältigen ist und wohin du möchtest, gehe Schritt für Schritt darauf zu. Bleibe in der Gegenwart. Was ist jetzt zu tun oder nicht zu tun? Was kann ich jetzt machen, was kann ich ändern oder nicht ändern? Welche Aufgabe steht jetzt an? Richte deine Kraft nach innen, und höre auf dein Herz. Egal, was andere sagen, andere meinen und was Normen und Regeln vorschreiben, hier zählt

nur das, was du vor dir und deinem Gewissen verantworten kannst. Du musst dir in die Augen schauen können, bei allem, was du tust. Auch wenn keiner außer dir weiß, was du getan hast, du weißt es, und du musst mit diesem Wissen leben. Halte dein Herz rein, was auch immer auf dich zukommen mag.

7. Optimismus und Licht helfen dir auf dem Weg.
   Bleibe in der Liebe und im Vertrauen, auch wenn das Bild, das sich dir bietet, nicht immer so aussehen mag. Der Rhythmus des Lebens ist ein Auf und Ab. Nach jedem Regen lacht auch wieder die Sonne. Vertraue auf die Kraft der Zyklen. Der Riese fordert dich auf, diese Kraft zu entfalten.

Ruhanija

ÜBERGEORDNETE ORDNUNGEN

Feuerwesenanrufung[6]

***

Bei der großen Mutter, bei Pan rufe ich euch,
ihr mächtigen Ruhanija,
Mars und Aries, Hüter des Widderhauses,
mächtiger Apollo, Hüter des Löwenhauses,
Hüter des Feuerreiches, Devarajah,
Helios und Vesta, öffnet mir die Tür,
ihr Engel, welche ihr dem Feuerreiche dient,
mächtiger Erzengel Samale, König der Vulkane,
mächtiger Erzengel Michael, König der Sonne,
mächtiger Erzengel Anael, Fürst der Astrallichter,
König der Salamander, Djinn, gewähre mir Einlass in das Feuerreich.
Sendet mir einen Dienstgeist,
in Gestalt und Form möge er sich vor mir zeigen,
damit die Wandlung von Blei in Gold,
von Feuer in Licht, von dunkel in hell gelingen möge.

---

6 Beispiel für eine Anrufung eines Elementarhilfsgeistes des Feuerreiches in alchemistischen Prozessen, am besten anzuwenden in einer bestimmten Ritualform, wenn der Vollmond in einem Feuerzeichen steht

Hintergrund

Unser Universum ist in Kreisen, Wirbeln und Spiralen aufgebaut. Sie drehen sich in bestimmten Rhythmen und Zyklen. Diese Kreise, Wirbel und Spiralen stehen unter der Aufsicht höchster Wesenheiten, den Ruhanija. In der Antike nannte man sie Götter. In den Mysterienschulen spricht man von mächtigen Engelwesen und Planetengeistern, welche die Kreise, Wirbel und Spiralen lenken, hüten und steuern.

Wir auf der Erde haben eine Kreisspirale, die aus 12 Tempeln, Häusern, besteht. Dieser Zwölfer-Rhythmus ist für den Planeten Erde maßgebend. Ein Zeitalter (bis zu 2000 Jahre) nennt man Äon, und zwölf Äonen ergeben einen kosmischen Zyklus. Mittlerweile weltweit gilt die Aufteilung des Jahres in 12 Monate, welche jeweils einem Sternzeichen unterstellt sind. Der Tageskreis hat 24 Stunden, wovon 12 dem Tag und 12 der Nacht zugeordnet sind. Jeweils um 12 Uhr mittags und um 12 Uhr um Mitternacht wechseln die Energien. Jesus hatte 12 Jünger. Die 12 Stämme Israels …

Ein weiterer wichtiger Spiralzyklus ist der Siebener-Kreis, welcher sich innerhalb des Zwölfer-Kreises um die Erde dreht. Da sind die sieben kosmischen Ströme, die sieben Haupttöne der Tonleiter, sieben Tage hat die Woche, sieben Erzengel halten ihre Hand über uns, in uns liegen sieben Hauptenergiezentren … So setzen sich die Kreise nach oben und nach unten fort. Das Leben ist ein ewiger kosmischer Tanz der Energien, aus dem sich die gesamte Vielfalt des göttlichen Plans entwickelt. Die Ruhanija sind die Planetengeister, welche die 12 Tempel, die Häuser, den oberen Kreis der Zyklen hüten. Sie werden auch die »mächtigen Fürsten der Welt« genannt, die »spiriti olympici vel gubnatores firmamenti«, was so viel bedeutet wie »die Geister, Götter, welche die Hauptpunkte des Himmels lenken«. Sie gelten als die »olympischen Geister« und entsprechen den griechischen Hauptgottheiten der 12 Monate und des Tierkreises: Zeus und Hera, Poseidon und Demeter, Apollon und Artemis, Ares und Aphrodite, Hermes und Athene, Hephaistos und Hestia. Bei den Römern entsprechen sie Jupiter und Juno, Neptunus und Minerva, Apollo und Diana, Mars und Venus, Mercurius und Ceres, Vulcanus und Vesta. Sie lenken Zeit, Kraft und Qualität in 12 Einheiten, die einen spezifischen Einfluss nehmen auf das Geschehen auf der Erde. Ihnen unterstehen mächtige Engel, die wiederum die Herrscher der Elementarwesen von Feuer, Wasser, Erde, Luft anführen. So verdichten und gestalten sich die Qualität der Zeit und das Zeitgeschehen auf Erden. Die Ruhanija, Planetengeister, sind also die Götter/Göttinnen der Erde. Außer diesen 12 Hauptgottheiten wurden noch andere Gottheiten gerufen, z. B. Isis, Pan und Gaia.

Die Ebenen der Devarajahs, Engel, Könige, Fürsten etc. sind in verschachtelten Hierarchien aufgebaut, die einander durchdringen. Die Ruhanija, Devarajahs, Engel, Könige und Fürsten mussten in Ritualen mit Namen benannt, angebetet und angerufen werden, wollte man ein Wesen der Elementarkräfte in seinen Dienst rufen. Dienstbare Elementargeister sind wichtig für alchemistische Prozesse, z. B. um Blei in Gold zu verwandeln, und allerlei spiritistische Phänomene, z. B. um über das Wasser zu laufen, Wasser zu teilen oder durch die Luft getragen zu werden. Ein Magier schloss einen Pakt mit den Ruhanija, um sich des Dienstes der Elemente zu versichern, was nicht immer ungefährlich war. Es glich einem Pakt mit dem Teufel. Einem Eingeweihten, Adepten, Meister dienen die Natur und Elementarwesen freiwillig, weil er eins mit dem göttlichen Geist ist.

Allgemeine Bedeutung

Erreicht dich der Ruf der Ruhanija, bist du aufgefordert, deinen Blick gen Himmel zu erheben, den Kosmos zu betrachten und die gewaltige Macht, die hier am Werke ist, zu erkennen. Alles hängt zusammen. Alles steht unter einer bestimmten kosmischen Zeit. Alles greift bis ins Detail ineinander. Kann ein Geschehen, das so gegliedert und abgestimmt ist, zufällig und alltäglich sein?

Deine Geburtsstunde stand unter dem Einfluss der Sterne und des Kosmos und verrät alles über dich, wenn du es zu deuten weißt. Du kannst daraus deine Herkunft, deinen Auftrag, das, was du zu lösen hast, deine Qualitäten, deine Lücken, dein Wesen u.v.m. herauslesen. Hier kannst du die Geburtszeit mit der gegenwärtigen Zeit abstimmen und somit die gerade herrschenden Qualitäten verstehen und nutzen.

Wenn du etwas beeinflussen möchtest, wenn du Wandlungen bewusst vollziehen möchtest, so wende dich an die höchste Kraft im Universum und nicht an eine kleinere Macht, welche auch nur den höheren Quellen dient. Die höchste Macht geht weit über den Horizont unserer Vorstellung und vor allem über unseren Verstand hinaus. Der Verstand ist begrenzt und im Verhältnis zu der Weite und dem Geheimnis des Kosmos eng. Er ist ein Diener der höchsten Kräfte; nur wenn er an seinem richtigen Platz steht, kann er uns gute Dienste der Unterscheidung erweisen. Erkenne, dass dein Leben kein Zufall ist und dass alles, was dir begegnet, einer übergeordneten Gesetzmäßigkeit folgt, die wir nicht erfassen können.

Richte deinen Blick in den Kosmos. Alles folgt einem bestimmten Gesetz. Die Zeit, der Raum, die Grundstimmung, dein Leben. Es ist deine Entscheidung, ob du dich dem Mysterium, der Quelle näherst oder dich noch weiter von ihr abwendest. Erkenne, dass alles miteinander verbunden ist. Du hast einen Platz in diesem Gefüge und bist ein Teil des großen Planes. Auch die dunklen Mächte sind ein Teil dieses Plans. Sie zeigen uns, wo die Ordnung gestört ist. Sie verleihen dir den freien Willen und die Kraft der klaren Unterscheidung. Mit unserem Verhalten rufen wir die Geister. Alles, was in unserem Leben geschieht, ist ein Echo unserer Seele, sonst könnte es nicht geschehen. Höchste Wesen und Naturkräfte helfen uns bei der Entfaltung des eigenen Plans.

Die Botschaft der Ruhanija lautet: Das Höchste ist im Kleinsten enthalten, im Kleinsten ist das Höchste enthalten. Mikrokosmos ist gleich Makrokosmos. Alles ist eins, und eins ist in allem.

Ritual ~ Astrologie ~

Beschäftige dich mit Astrologie, mit deinem Geburtshoroskop, mit den Sternen und Göttern, unter denen du geboren wurdest. Du bist an die kosmischen Ströme angeschlossen wie an die Wesen der Natur.

Nimm dir einmal am Tag Zeit. Atme tief ein und aus. Strecke deine Hände in den Himmel, und fühle deine Füße tief in der Erde verwurzelt. Stelle dir vor, wie die Ströme des Kosmos als Licht durch dich hindurch in die Erde fließen. Stelle dir dann vor, wie die Kräfte der Erde als Feuer durch dich in den Kosmos fließen. Stelle dir dann vor, wie beide Ströme durch dich hindurchfließen und sich miteinander verbinden. Die Übung kannst du fünf bis zehn Minuten machen. So bist du mit dem Kosmos und mit der Erde verbunden. Die Energien beider Strömungen fließen dir zu.

Salamander

ENERGIE, FEUER, KRAFT

Im Namen des Elementes Feuer, bei seiner lodernden Glut,
rufe ich euch mit meinem ganzen Mut.
Ich rufe euch, SA-LA-MAN-DER!
Ich rufe euch, ihr Feuerwesen, lodert, flackert, brennt vor meinen Augen.
Reinigt mein Tun mit eurer Feuerenergie, macht es so rein, so klar, so sauber wie noch nie.
Gebt hier Energie hinein, bringt die Aktion in dieses Sein.
Dieser Plan ist entstanden durch eure Kraft, die Inspiration und Frieden schafft.
Lasst ihn sich erheben in die Form.
So, dass er jetzt kommt in die Welt und sie im lichten Schein erhellt.
Ich rufe euch, ihr Wesen des Feuers, wabernde Flammen, heiße Energie,
lodert und flackert und brennt wie nie.
Heiliges Feuer, ich danke dir, Salamander, zieht nun hin in Frieden.
Frieden sei zwischen euch und mir, für jetzt und für alle Zeiten hier.

Hintergrund

Salamander sind Feuergeister, sie gehören dem Feuerelement an und sind die Elementarwesen des Feuers. Der Herrscher der Salamander ist Djinn. Sie können ihre Gestalt in einer geschwinden, gewandten Art verändern und sind von sehr unterschiedlicher Größe – es gibt Salamander, die so groß sind wie ein Hochhaus, und Salamander, die kleiner sind als ein Stecknadelkopf, letztlich hängt dies von ihrer Aufgabe ab und von dem Ort, an dem sie sie erfüllen. Salamander im Inneren von Vulkanen sind z. B. wesentlich größer als Salamander in glühenden Kohlen.

Obwohl die Salamander meistens geschlechtslos sind, haben sie einen männlichen Körper. Ihre Haut schimmert in allen erdenklichen Farben des Feuers. Sie haben giftig grüne, leicht schräge Augen aus denen zinnoberrote Strahlen und Blitze zucken. Um ihren Körper winden sich meistens hier und da kleine Feuerflämmchen, die wie Schlangen aussehen. Spitz, dreieckig, kantig sind ihre Formen. Ihre Arme sind so lang wie ihr Körper, und sie haben spitze Krallen. Es gibt unter ihnen die unterschiedlichsten Temperamente, das reicht von ruhigen, gleichmäßig lodernden, flackernden bis zu nervösen, böswilligen und blitzartig zuckenden Gestalten. Oftmals werden sie von Hellsichtigen noch als schlangen- oder echsenähnlich, manchmal auch als vierfüßiges Raubtier (Tiger, Panther, Gepard etc.) wahrgenommen.

Sie leben in der glühenden Tiefe der Erde, in allen elektromagnetischen Wellen, welche z. B. Fisch- und Vogelschwärme leiten, in allen Energien jeder Form und natürlich überall dort, wo Feuer brennt. Beim Anzünden eines Feuers sind sie stets anwesend; jedes Mal wenn ein Streichholz, eine Zigarette, eine Kerze oder irgendein anderes Feuer angezündet wird, sind sie da. Sie sind es, die die Flamme munter zum Brennen bringen. Wer beim Anzünden unbeholfen ist, sollte freundlich an die Salamander denken, ja sogar mit ihnen reden. Ihr größtes Vergnügen ist es, mit dem Feuer zu spielen und mit den Flammen in der Hitze aufzusteigen. Je unkontrollierter und größer ein Feuer ist, desto besser.

Wie auch die meisten anderen Naturwesen können die Salamander sehr zerstörerische Kräfte an den Tag legen, wenn man sie heraufbeschwört und in falsche Bahnen lenkt. So können Feuergeister großes Unheil anrichten: In einer unharmonischen Atmosphäre zwischen Menschen erhitzen sie die Gemüter im Streit. Sie versetzen die Menschen in Unruhe und Unzufriedenheit, legen das Feuer zu so manchem unkontrolliertem Wutausbruch. Bei Schwierigkeiten übersinnlich-psychischer Art können sie richtig gefährlich werden. Sie sind wie Kinder, die einfach etwas mit dem tun, was da ist, ohne Wertung.

Eine ihrer Hauptaufgaben ist der Bereich der sexuellen Fortpflanzung aller Arten. Sie regeln alle Wärmeprozesse und leiten die elektrischen Ströme, die sich durch die Anziehung, Vereinigung, Befruchtung, den Reifungsprozess hindurchziehen. Sie steuern die Triebe, den Willen und die Handlungsfähigkeit in jeder Form auf allen Ebenen. Im Umgang mit Salamandern ist Achtung und Respekt gefordert. Wer mit ihnen umzugehen weiß, sie in die richtigen Bahnen lenkt, dem zeigen sie, wie »Blei zu Gold« und »Feuer zum wärmenden Licht« auf allen Ebenen verwandelt werden kann, bis hin zur Erleuchtung, der Vereinigung des menschlichen Geistes mit dem Universalgeist. Die Salamander führen den Menschen auf der Leiter der Wandlung.

Allgemeine Bedeutung

Salamander sind überall. Jede Form von Energie wird von ihnen begleitet und versorgt. Sie sind zuständig für die Hitze der Erde, des Körpers und des Geistes. Sie sind zuständig für Feuer jeder Art: für Funken, Wärme, Blitze, Explosionen, für die Antriebskraft etc. Sie leiten alle Energieströme in allen Bereichen. Sie leiten die körperlichen, die geistigen und die emotionalen Ströme. Sie lenken und leiten alles, was mit der belebenden Energie zu tun hat.

Sie helfen, den Lichtkörper oder spirituellen Körper aufzubauen und die strahlende Energie auf die anderen Körper zu übertragen. Sie wohnen in unseren Temperamenten und färben unsere Wahrnehmung. Wenn wir z. B. rotsehen, so sind die Salamander stark am Wirken. Sie leben in unserer Antriebskraft, sie sind der Motor in allen Bereichen. Jedem Menschen ist auch mindestens ein Salamander zugeteilt. Er arbeitet mit dem Engel der Basis, der alle Vorgänge im Körper steuert, auf das Engste zusammen.

Eine starke Verbindung zur Salamanderkraft kann die Lebensenergie stärken, die Spiritualität wecken, die Geistestätigkeiten anheizen und eine Beziehung zur Erde schaffen. Menschen mit Salamanderkraft piksen, sticheln und provozieren gerne, sie genießen es, die Atmosphäre anzuheizen. Ein Mensch mit solch einer Verbindung hat einerseits meist eine optimistische Lebenseinstellung, kann alles immer wieder aus neuen Blickwinkeln betrachten und findet immer neue Lösungswege in schwierigen Situationen. Andererseits neigt er aber auch zu übermäßiger Aktivität, zu ständiger körperlicher Unruhe, die sich in unaufhörlichem Hinundherlaufen äußern kann oder darin, dass er ewig etwas machen muss, nicht stillsitzen kann. Dann fehlen Geduld, Ausdauer und Ruhe. Übermäßig starke Reaktionen, Gefühlsexplosionen, heftige Gesten und Diskussionen, Gewalttätigkeit und triebhafte Handlungen sind Anzeichen einer unkontrollierten Salamander-Verbindung. Ist die Verbindung hingegen zu schwach, so fehlen dem Menschen innerer Antrieb, Dynamik und Wärme. Die Energie fließt nicht, sie ist blockiert. Die Einstellung zum Leben ist meist negativ bis pessimistisch. Es fehlt der Glaube an sich und an die Welt. Es fehlt die Willenskraft. Der Mensch lässt sich gehen. Er macht nichts aus sich und aus seinem Leben. Er dümpelt dahin.

Die Salamanderkraft ist eine Kraft, die mit Respekt, Achtung und Selbstkontrolle behandelt werden will. Die Energien, die von den Salamandern gelenkt werden, müssen in die richtigen Kanäle geleitet werden, dann können damit höchst schöpferische Prozesse in Gang gesetzt werden. Gelassenheit und Ruhe sind ein guter Weg, um mit den Salamandern in Einklang zu kommen und sie in die richtige Richtung zu führen. Wenn wir es mit den Salamandern zu tun haben, so sollten wir die Lenker unseres Lebens sein. Wie sieht es mit deiner Salamanderkraft, mit deinem Willen, deiner Dynamik, deinem inneren Antrieb aus? Die Botschaft der Salamander lautet: Energie ist Energie. Uns ist es nicht wichtig, wo und wann und wie, wer sie besitzt und wie er sie benutzt. Wir sind nur für die Energie da und finden das Walten in ihr wunderbar.

Ritual ~ Kontaktaufnahme mit den Salamandern ~

Wenn wir uns auf unseren persönlichen Salamander einstimmen, wird er uns helfen, die Energie verstehen und leiten zu lernen. Er ist eins mit dem Element Feuer. Er kennt die Mysterien und höheren Visionen und hilft, diese schlummernden Gebiete in uns zu erwecken. Er stärkt die ganze Aura, bringt unsere Kraft zum Fließen und hilft uns, alle Anteile des Lebens zu entfalten. Er hilft uns auch, unsere Kundalinikraft[7] zu entwickeln und so in höhere Energiebereiche zu gelangen. Wenn du mit den Salamandern in Kontakt treten willst, ist ein heißer Sommertag, ein Lagerfeuer oder eine Gegend mit Vulkangestein eine gute Voraussetzung.

Spüre ganz bewusst deine Körperwärme. Fühle deine Körpertemperatur, das warme Blut, das durch deine Adern pulsiert, die Wärme im Bauch … Wann ist dir kühl? Wann wird dir ganz warm? Wann zieht sich die Wärme aus bestimmten Körperbereichen zurück? In welchen Körperbereichen ist sie besonders stark? Beobachte und genieße ganz bewusst deine eigene Körperwärme, deine Salamanderkraft.

Schließe deine Augen. Stelle dir vor, wie du die Hitze und Kraft der Sonne in dich einatmest. Während du dich mit der Wärme des Feuerelementes verbindest, rufe deinen persönlichen Salamander. Du kannst seine Anwesenheit an einem aufblitzenden Lichtpunkt vor deinem inneren Auge, einem Flämmchen, an einer plötzlichen Hitze, die sich auf deiner Haut wie ein Stich anfühlt, erkennen, manchmal taucht er auch »in Person« auf.

Bitte deinen Salamander, dich in deine Energie zu führen. Sieh, wie sich um dich herum ein Nebel aus Rauch bildet. Entdecke die Tür, und schreite hindurch. Du stehst jetzt in einer Feuerlandschaft. Dein Salamander wartet schon. Er nimmt dich auf seinen Rücken und führt dich zu den Dingen, die im Augenblick für dich wichtig sind. Vielleicht zeigt er dir brodelnde Gefühle, gestaute Energien, Bahnen, die nicht mit Kraft versorgt sind, Blockaden im Körper, wo deine Kraft nicht fließen kann. Er hilft dir, diese Dinge aufzulösen. Vielleicht sendet er dir ein Symbol, ein kleines Ritual, ein Geschenk der Energie, das für dich in der nächsten Zeit wichtig ist.

Wenn die Reise durch die Feuerlandschaft beendet ist, bedanke dich bei deinem Salamander. Steige wieder durch die Tür in die Rauchwolke. Sie löst sich auf, und du kannst deine Augen wieder öffnen. Du kannst auch das Feuer-Tattwa als Einstieg in die Feuer-

---

7 Kundalinikraft ist die Triebkraft, die gleich einer Schlange zusammengerollt im Energiezentrum des Steißbeines ruht. Ziel ist es, sie zu aktivieren und nach oben durch die anderen Energiezentren zu leiten und zu verfeinern, um die höchste Vereinigung der Energien zu erreichen.

landschaft zu deinem persönlichen Salamander nehmen. Arbeite in der nächsten Zeit mit ihm zusammen, sei dabei gelassen und beständig. Leite ihn an, bestimmte Energieströme in Gang zu bringen, indem du das Feuer in bestimmte Regionen deines Körpers atmest und diese auf diese Weise mit Energie und Kraft auflädst. Immer wenn du mit Feuer und Energie arbeitest, sind die Salamander zugegen. Wenn du Kontakt zu ihnen aufnimmst, kannst du erstaunliche Dinge erfahren und ihre Kraft wirklich kennenlernen.

Schutzgeist des Hauses

SPIEGEL DER SEELE, SCHUTZ, VERBORGENES WISSEN

Jedes Haus steht unter einem unsichtbaren Bann,
welcher glückbringend und manchmal unheilvoll sein kann.
Das Haus bietet nicht nur den Menschen ein Heim,
auch unsichtbare Wesen finden hier ihren Schrein.
Mächtige Engelwesen, die Haus, Hof und Garten beschützen.
Herdmännlein, lustige Feuerkobolde sitzen in einer Ritze und reißen ihre Witze.
Walterken, der Hausgeist, geht um, da fällt manchmal etwas um.
Drak, ein liebenswerter Gast, fliegt mit seinem Feuerschweif,
ist nicht in jedem Haus zu sehen, bringt Reichtum und Segen in das Geschehen.
Wichtelmännlein in Haus, Hof und Garten wohnen, ihr Dienst wird sich immer lohnen.
Steppchen, Tragerl, Alf, Glüsteere, Federhänschen und viele weitere Namen
stehen für die hilfsbereiten unsichtbaren Wesen, welche einst ins Haus mitkamen.
Kellergeister, Schwarzalben, Dunkelmänner und noch schaurigere Sorten,
sie finden sich in den Tiefen des Hauses, an so manchen dunklen Orten.
Sie hüten so manches Geheimnis hier, frage sie, sie antworten dir.
Wassergeister in den Brunnen, sie die Wiegenlieder summen,
einen Tag hilfreich, den andern ist ihnen alles gleich, schaffen sie den fühlenden Bereich.
Ab und an lauern da auch Spukgestalten, welche in dem Hause walten.
Sie haben den Weg nicht gefunden in andere Reiche, so,
Bewohner, stelle du ihnen die Weiche.
Alle dienen sie dem Haus und seinen Bewohnern, richten sich nach deren Wesen.
Der Schutzgeist des Hauses sie alle kennt, er dir genau die Kräfte benennt.

Hintergrund

Haus, Hof und Garten bieten nicht nur den Menschen eine Heimat. Viele unsichtbare Wesen wirken in und um das Haus und geben ihm seine Atmosphäre, seine eigene Energie und seine Ausstrahlung. Wir sind von vielen unsichtbaren Wesenheiten umgeben, wenn wir ein Haus betreten.

So gibt es mächtige Engel, die Gebäude beschützen; besonders Gutshöfe, Burgen und Schlösser sind oft von der Aura eines solchen Wesens umgeben, dessen Majestät und Kraft sofort spürbar werden, wenn wir die Gemächer betreten. Aber auch manch einfaches Haus weist so eine erhabene Aura auf.

Jedes Haus, unabhängig davon, ob es von einem Engel geschützt wird oder nicht, hat mindestens einen Schutzgeist, der alles, was das Haus und seine Bewohner betrifft, kennt. Neben ihm können sich in Haus und Hof auch noch allerlei Naturwesen aufhalten, z. B. Hauskobolde, die sich besonders gerne am Kamin oder an anderen warmen Plätzen des Hauses aufhalten; Feen, die die Patenschaft für ein Mitglied des Hauses übernommen haben; Devas und Elfen, die sich um die Pflanzen kümmern; Zwerge, Wichtel, Kobolde aller Art, die sich um viele Bereiche im und um das Haus herum kümmern; Drak, ein kleiner drachenähnlicher fliegender Hausgeist, der Segen und Reichtum bringt, wenn man ihn gut behandelt; Schwarzalben, Dunkelmänner, Kellergeister, die oftmals in den dunklen Räumen und Ritzen des Hauses wohnen; Elementargeister, die die Elemente beleben, aus denen alles geschaffen ist, wohnen in einem Haus, sie können manchmal an Gegenstände gebunden sein. Nicht zu vergessen sind auch die Menschen, die einst im Haus gewohnt haben und entscheidend zur Energie des Hauses beigetragen haben. Sie haben die Elementale erschaffen, die sich noch an diesem Ort befinden. Sie haben die Wesen des Hauses mit ihrer Energie geformt und ihnen ihre Prägung aufgesetzt. Manchmal treiben auch Spukgestalten in einem Haus ihr Unwesen, d. h. Menschen, die nach ihrem Tod nicht in andere Reiche gefunden haben und an den Ort, den sie zu Lebzeiten bewohnt haben, gebunden sind. Beachtet man sie und nimmt mit ihnen Verbindung auf, können sie zu unsichtbaren, liebevollen, beschützenden Mitgliedern werden oder das Weite suchen.

Bei einem alten Haus ist es immer ratsam, sich mit seiner Geschichte und seinen Bewohnern zu beschäftigen, mit der Umgebung und dem, was dort so erzählt wird, um die Atmosphäre verstehen, verändern und, wenn es notwendig ist, entsprechend verbessern zu können. In einem neuen Haus hingegen baut sich die Atmosphäre und Energie erst auf, und zwar vom Boden ausgehend, auf dem das Haus gebaut ist. Ist es z. B. auf unsichtbaren Wasseradern und Quellen gebaut, so hat der Mensch es mit Wassergeistern zu tun, die Einfluss auf ihn nehmen. Darüber hinaus fließt alles, was an diesem Ort ist, in die Atmosphäre des Hauses mit ein. Besonders wirkt auch die Energie der Wesen, die die umgebenden Orte und Landschaften betreuen. Wenn du ein Haus betrittst, solltest du nicht nur auf die äußeren Bedingungen achten, die du vorfindest, sondern dir auch Zeit nehmen, seinem Wesen nachzuspüren. Sprich dazu mit dem Schutzgeist eines Hauses, denn er kennt alles, was diesen Ort betrifft. Der äußere Schein kann trügen, doch das Herzensgespür nicht.

Allgemeine Bedeutung

Wenn dich der Schutzgeist des Ortes ruft, so bist du aufgefordert, dich mit deinem Haus zu beschäftigen. Dein Haus – das ist das Haus, die Wohnung, das Zimmer, in dem du lebst, aber ebenso der Tempel deiner Seele, dein Körper. Alles, was sich in deinem Seelentempel, in deinem Körper befindet, wirst du auch in deiner Umgebung wiederfinden, die ein Spiegel deiner Seele, deines Seelenlichtes, ist.

Der erste Schritt, um mit den Wesen des Ortes und des Hauses Verbindung aufzunehmen, ist zunächst, dich selbst zu prüfen. Denn nicht umsonst fühlst du dich zu diesem Ort, dieser Wohnung, diesem Haus hingezogen oder lebst dort. Was befindet sich in deinem Inneren? Bist du oft in deinem Körper? Beachtest und schützt du deinen Körper? Schau dich in deinen Räumen um, was strahlen sie aus? Ist es Wärme, Licht, Dunkelheit, Gemeinschaft, Einsamkeit, Weichheit, Härte, Ordnung, Unordnung, Harmonie, Disharmonie, Weite, Enge, Energie, Kraftlosigkeit, Reinheit, Chaos, Geborgenheit, Unerreichbarkeit, Leben, Sterilität, Einladung, Abweisung …? Erkenne deine Räume als Spiegel deines Seelentempels. Was möchtest du in deine Räume einbringen? Welche Atmosphäre sollen sie bekommen? Was blockiert dich? Deine Energie wirkt sich entscheidend auf dich und auf die Schutzgeister des Hauses und die Wesen, die außerdem dort leben, aus.

Du hast alles, was du brauchst, um deine Räume, die Wesen deiner Räume energetisch lichtvoll zu verändern. Bringst du Licht in einen dunklen Raum, so verziehen sich die dunklen Wesen, weil Licht die Dunkelheit verscheucht. Behandelst du dich und deine Umgebung gut, so wird das auf alle Wesen des Hauses ausstrahlen. Sie werden in deinem Lichte und im Lichte der anderen Mitbewohner wirken. Dein Raum kann hohe Engelwesen, liebevolle Naturwesen oder kleine dunkle Dämonen anziehen.

Die Botschaft des Schutzgeistes lautet: Durch dich erkennst du mich. Ich beschütze, behüte und kenne dein Heim, sein lebendiges ewiges Sein.

Rituale ~ Ein Haus kennenlernen ~

Haustiere und kleine Kinder geben mit ihrem Gebaren oft Hinweise auf Besonderheiten im Haus und in seiner Umgebung. Haustiere suchen manchmal bestimmte Plätze auf und meiden andere tunlichst. Kinder lächeln manchmal in eine Ecke des Hauses und strahlen unsichtbare Wesen an. Manchmal schreien sie auch unvermittelt los oder haben für uns ohne ersichtlichen Grund Angst, weigern sich, bestimmte Bereiche aufzusuchen. Wenn Kinder dir etwas mitteilen, höre ihnen zu.

Lerne die Mittel, die dir »göttlich gegeben« sind, kennen und nutzen. Du hast alles in dir. Das Wichtigste, was du im Kontakt mit den Wesen des Hauses brauchst, bist du selbst, ist deine Beobachtungsgabe, deine Wahrnehmung, dein Spürsinn und dein sechster Sinn. Du hast deine Stimme, dein Bauchgefühl, dein Rückgrat. Du hast deine Hände zum Segnen, Leiten, Beten, Lenken, Abwehren, Zeigen, Locken … Du hast Füße, darauf zu stehen, damit zu stampfen und Kräfte zu leiten, sie verbinden dich mit der Erde. Du hast die Kraft, zu träumen und den unsichtbaren Spuren zu folgen.

Wenn du in der nächsten Zeit einen Raum betrittst, in ein Haus kommst, nimm Kontakt auf mit der Energie dort. Schau dich um. Was ist es für ein Raum? Wer bewohnt ihn? Was zieht deine Aufmerksamkeit auf sich? Was ist dein erstes Gefühl, wenn du den Raum betrittst? Schließe dann deine Augen, und spüre der Energie nach. Atme bewusst die Luft des Hauses, des Raumes, und prüfe, was sie bei dir auslöst. Öffne deine Hände, fühle die Energie, wie fühlt sie sich an? Stampfe mit dem Fuß auf den Boden, fühle, wie die Verbindung zur Erde in diesem Raum, dieser Wohnung ist. Öffne deine Ohren. Konzentriere dich auf die Geräusche in dem Raum, der Wohnung. Was hörst du? Beginne, dich für Räume, Wohnungen und Häuser sowie die in ihnen herrschende Energie zu öffnen, sie zu spüren. Welche Energien, welche Wesen nimmst du wahr? Wo fließt die Energie, wo ist sie blockiert? Empfänglichkeit und Wahrnehmungsfähigkeit sind die ersten Schritte zu den unsichtbaren Energiespuren in einem Haus.

~ Reinigung und Schutz ~

› Reinige dunkle Plätze mit Wasser, Salzwasser oder Räucherwerk. Zu empfehlen sind dazu Salbei, Lavendel, Sandelholz und Kampfer. Violettes Licht ist das Licht der Reinigung und Wandlung. Du kannst dir immer wieder einmal vorstellen, wie es in den Räumen lodert und alles, was nicht lichtvoll ist, in dem violetten Licht aufgelöst wird. Du kannst an besonders dunklen Ecken eine violette Glühbirne installieren. Du kannst Räume auch mit heiligen Lauten und Klängen reinigen.

› Kakteen sind gute Schutzwächter gegen ungebetene Gäste. Weise den Kaktus an, unwillkommene, störende Gäste, ob sichtbar oder unsichtbar, zu vertreiben.

› Spiegel sind oft die Tore, durch die unsichtbare Wesen anderer Reiche in eine Wohnung gelangen. Deshalb versiegele Spiegel mit einem heiligen Symbol, z. B. mit der Schutzrune Z, dem Kreuz, dem Pentagramm, oder hänge sie nachts mit einem Tuch zu. Spiegel, die aus der Wohnung hinauszeigen, weisen unerwünschte Wesen ab.

~ Errichten eines Lichtbrennpunktes im Hause ~

Wenn du dein Haus von lichtvollen und hilfreichen Wesen behütet sehen möchtest, so lade sie zu dir ein.

› Die Engel und lichtvollen Helfer kannst du z. B. in regelmäßigen Abständen einladen, indem du ein Ritual durchführst, ein Gebet, eine Anrufung oder einfach ein paar Worte mit der Kraft deines Herzens sprichst.

› Du kannst auch einen kleinen Altar, einen Jahreszeitentisch, einen Platz, an dem du die Kräfte in irgendeiner Weise würdigst, in deinem Haus, in deiner Wohnung, in deinem Zimmer errichten. Hier kannst du für die Lichtwesen und deinen Schutzgeist eine Kerze anzünden und sie würdigen.

~ Geschichten des Hauses ~

Schaffe dir Zeit und Ruhe. Zünde für den Schutzgeist des Hauses und dein persönliches Schutzwesen (Engel, Naturwesen, Spirit, magisches Tier) jeweils eine Kerze an. Bitte den Schutzgeist des Hauses um ein Gespräch, z. B. indem du sprichst: »Schutzgeist des Hauses, ich rufe dich und bitte dich. Erzähle mir, was für mich und diesen Ort hier von Bedeutung ist.« (3x) Rufe dein Schutzwesen, und bitte es, dich zu begleiten. Zu deinem Schutzengel kannst du z. B. sagen: »… begleite mich, führe mich.« (3x)

Wenn du bereit bist, schließe deine Augen. Konzentriere dich auf deine Atmung. Sieh, wie ein Licht in der Farbe, die du am liebsten magst, auf dich zukommt und dich einhüllt. Jede Zelle wird erfüllt mit diesem wunderbar strahlenden Licht. Wenn du ganz in dieses Licht eingehüllt bist, siehst du ein Tor in dem Licht. An dem Tor wartet schon dein Schutzwesen, dich zu begleiten. Es nimmt dich in Empfang und bringt dich zum Schutzgeist des Hauses. Vertraue seiner Führung. Es kennt den Sitz des Schutzgeistes. Es kann sein, dass ihr in den Keller, in tiefere Ebenen, in eine bestimmte Ecke, in den Garten, in das Dachgeschoss oder auch in höhere Ebenen geht. Folge deiner Führung. Wenn du dem Schutzgeist des Hauses gegenüberstehst, bitte ihn um Auskunft über das Haus (die Wohnung), dessen Geschichte und darüber, welche Wesen sich noch darin aufhalten, was zu tun ist, wo die Energie fließt und welche Maßnahme gut wäre, um den Frieden im Haus zu sichern. Wenn du alles erfahren hast, was du erfahren wolltest, bedanke dich. Wenn dein begleitendes Schutzwesen dir ein Zeichen gibt oder der Schutzgeist des Hauses sich abwendet, ist es Zeit zu gehen. Dein Schutzwesen führt dich augenblicklich wieder an das Tor. Du trittst hindurch. Langsam kommst du zurück. Du öffnest deine Augen. Du kannst dein Erlebnis aufschreiben. Befolge die Anweisungen, auch wenn sie dich manchmal seltsam anmuten.

Sonnenwesen

CHARISMA, STRAHLKRAFT, WÄRME

Die Sonne sendet mit ihrem Licht,
das golden, strahlende Gleichgewicht.
Große Wesen kommen von hier,
sie führen dich, das sage ich dir.
Lade dich auf mit dem goldenen Segen,
er wird dich führen auf allen Wegen.
Sei wach und bewusst,
wähle die richtigen Worte,
sei zu rechten Zeit am rechten Orte.
Die Sonne scheint, auch hinter den Wolken,
du kannst ihrer Kraft also immer folgen.

Bedeutung

Die Sonne wurde zu allen Zeiten verehrt und angerufen. Sie ist für uns die mächtigste Lichtquelle. Die Sonne wurde in vielen Hochkulturen in Form von Göttern und Göttinnen verehrt, z. B. Brahma, Aton, Ra, Chepre, Sunna, Sol, Apollo, Helios, Tonatiuh, Lug, Malina, Amaterasu, Mithra, Surya. Mächtige Engelwesen wie die Seraphim und Cherubim wohnen im Elektronengürtel der Sonnensphären. Licht ist Leben, Sonne ist Kraft. Viele große Meister und Könige wurden von der Sonne geführt und angeleitet. Sonne bedeutet, sich im Licht auszurichten. Sonne ist die geistige Einheit und Ewigkeit. Sie tritt in der Vielheit durch die Schöpfungen der Welt in Erscheinung. Der Sonnenlogos erfüllt alles mit Leben. Wenn wir im Tode den physischen Körper ablegen, ist es die Kraft der Sonne und ihre Wesenheiten, die uns zurück in die Geistige Welt führen. Es ist das Licht, das uns trägt, auflädt und wieder nach Hause führt. Es gibt zu allen Zeiten Zeugnisse des Lichtes. Menschen, die weit über sich hinaus gewachsen sind und diese Welt für immer verändert haben. Es gibt viele Gebete und erhabene Lehren, die den Sonnenlogos zum Zentrum ihrer Lehre machen. Über die Sonne kehren wir zurück. Sonne ist das Bewusstsein, die Erkenntnis des Lichts und des ewigen Lebens. Die Sonne geht in unserem Herzen auf, wenn wir lieben, vergeben und Liebe bringen. Die Sonne kann uns Unsterblichkeit schenken, da das Licht der Zentralsonne ewig ist. Viele Meister und Meisterinnen des Lichtes haben sich in die ewig gültigen Wahrheiten des Lichtes erhoben. Die Sonne und das Licht werden ihre Gültigkeit nicht verlieren. Sie lassen das Herz warm werden und öffnen uns für eine umfassendere Liebe, die weit über alle Vorstellungen hinausgeht.

Allgemeine Botschaft

Die Sonne ist mehr als nur ein Energiespender. Die Sonne ist immer da, auch wenn Wolken ihr Licht verdecken. Das göttliche Licht wohnt in deinem Herzen. Richte dich auf das Licht aus, lasse es funkeln, leuchten, strahlen. Verwende dein Licht, um Liebe, Frieden, Heilung und Freude zu bringen. Das Licht in dir ist die Tür, die kein Mensch zuschlagen kann. Durch das Licht in dir offenbart sich das göttliche Licht. Überlasse dich der heilenden, aufladenden, reinigenden und segnenden spirituellen Kraft der Sonne. Verbinde dich mit Gott, dem Licht, das in deinem Herzen wohnt und dich auf diesem deinem Weg führt. Die Sonne führt dich zu deinem ursprünglich schöpferischen und Leben spendenden Wesen zurück, sodass du Licht und Liebe der Welt offenbaren kannst. Durch die Ausrichtung an der Sonne, können wir in die grenzenlos heilende Liebe eintauchen und alles segnen, was mit uns sichtbar und unsichtbar verbunden ist. Lade dich immer und immer wieder auf. Die Sonne ist das Auge des Göttlichen, der größte spirituelle und lichtvollste Lehrer, den wir finden können.

Ritual ~ Der goldene Regen des Segens ~

Bitte die goldenen Engel und die Wesen des Lichtes, die mächtigen Seraphim und Cherubim, das Licht der Sonne um das Tausendfache zu verstärken. Verbinde dich mit diesem Licht. Nimm deine Hände nach oben. Segne nun zuerst dich, deinen Körper, deine Gefühle, deine Energie, deine Gedanken, deinen Geist. Segne deine Talente und Fähigkeiten, die dir von der Schöpfung selbst gegeben wurden, damit du sie der Welt offenbarst. Sende den goldenen Regen des Segens in alles, womit du verbunden bist: in Menschen, die du liebst, Tiere, an Plätze, in die Erde, in die Kristalle, in die Natur. Lasse diesen Segen einfach fließen. Stelle dir dabei so intensiv wie möglich vor, wie Blockaden sich lösen, Felder sich befrieden und mit Licht aufgeladen werden …

Bitte anschließend auf all die Lücken und Löcher, die du im feinstofflichen Feld empfindest, goldene Segensengel, damit alles Kraft, Zuversicht, Heilung und Stärkung erfährt. So, wie die Sonne immer scheint, ist der Segen immer da. Du kannst die Segensströme lenken.

~ Die Sonnekraft in dir ~

Nimm eine bequeme Haltung ein, sodass die Kraft des Universums gut durch dich hindurchfließen kann.

Nimm ein paar tiefe Atemzüge, um ganz zu dir selbst zu kommen, dein Energiefeld zu reinigen und mit Sonnenlicht aufzuladen. Spüre zuerst dein Kronzentrum, fühle, wie das Licht zum Kronzentrum einströmt und sich am Punkt des Dritten Auges sammelt, bis es ein See aus Licht geworden ist. Nun öffne dein Herz für die Liebe zu allem Leben, und fühle, wie das Licht in dein Herz strömt und die innere Flamme entzündet und größer werden lässt. Weiter strömt das Licht vom Herzen aus in deinen Solarplexus. Spüre die Verbundenheit von Herz und Solarplexus, sodass die Liebe in dein Sonnenzentrum hineinströmt. Nimm deine innere Sonne wahr, einfach so, ohne zu bewerten. Wie groß ist sie? Wie hell ist ihre Strahlkraft? Wie fühlt sie sich an? Wie bewegt sich das Licht? Wie weit lädt es dein Energiesystem auf? Welche Leuchtkraft strahlt von innen nach außen? Nun atmest du ganz bewusst in deinen Solarplexus hinein und spürst, fühlst, stellst dir vor, merkst, wie deine innere Sonne immer größer und leuchtender wird, wie sie anfängt zu strahlen, dein ganzes Lichtsystem durchströmt, entfaltet und auflädt, sodass dein Lichtköper sich vollständig aufbaut. Atme dabei tief ein und langsam und tief aus. Das Licht dehnt sich weiter aus in deine fünf Körper (physischer Körper, Emotionalkörper, Energiekörper, Geistkörper, spritueller Körper), weiter in dein Umfeld, weiter in dein Kollektivfeld, weiter in dein ewig spirituelles Wesen.

Steinwesen

AHNENWISSEN, HÜTER, SPEICHER

Sie liegen oft stumm am Wegesrand,
sprechen nicht viel sind allzeit bekannt.
Die uralten Weisen, begleiten dich auf Seelenreisen.
Sie brummen ihr Lied, haben viel gesehen,
mussten oft ganz andere Wege gehen,
geduldig wartend im Fluss des Lebens.
Sie grenzen ab, speichern das Licht
und öffnen dir eine ganz neue Sicht.
Ihre Spuren, sie werden dich führen
zum Potenzial der Ahnentüren.
Tritt ein, erkenne es wieder,
das Leben ist ein Auf und Nieder.
Beachte die Zeichen der Steine,
sie bringen dich mit dir ins Reine.

Die Steinwesen sind mächtige Hüter und Wesen voller Kraft und Licht, die uns in die
Zeitlosigkeit führen. In jedem Stein lebt ein Wesen von anderer Entwicklungsstufe. Es gibt
die unterschiedlichsten Steinarten. Wenn wir ihrem Ton lauschen, so brummen sie beständig und ausdauernd, um die Schwingung über Äonen zu halten. Steine erzählen uns
Geschichten. Es gibt Kieselsteine, Steine mit wilden Zeichnungen und Botschaften, Stei-
ne, die aufgestellt wurden, um im Einklang mit dem Universum Kraftplätze der Ewigkeit
zu errichten. Steine schwingen, klingen, sind voller gebündelter Energie und halten die
Lichtfelder und das alte Wissen unserer Ahnen, die darauf warten, dass wir unser wahres
Potenzial annehmen. Steine grenzen ab, weisen uns ins rechte Maß, richten uns aus am
Kosmos, führen uns nach innen. Sie sind die lebendige Bibliothek unserer Erde. Große
Lichtfelder und uralte Weisheit werden in den Bergmassiven und Gebirgen gehütet. Stei-
ne filtern, reinigen, speichern Kraft und Energie. Mehire, lange aufgerichtete Steine, und
Monolithen, Steine die aus einem Stück bestehen, sind wie Lichtantennen. Sie verbinden
die Erdenergie mit der kosmischen Energie und erinnern uns an unser uraltes Wissen im
Einklang mit dem Universum und der Natur. Grenzsteine und Mauern weisen uns in die
Schranken. Sie zeigen uns Schwellen und Stufen an und lehren uns einen achtsamen, geduldigen Umgang. Sie können aber auch für Starre oder Versteinerung stehen und dafür,
dass wir auf überholten und alten Dingen beharren.

Allgemeine Bedeutung

Kieselsteine am Wegesrand, kleine Felsen, Grenzmarkierungen, große Steinbrocken, ein Stück Erde – jeder Stein erzählt eine Geschichte. Steine halten über Äonen Lichtfelder und altes Wissen aufrecht. In ihnen lebt eine konzentrierte, langsame und beständige, mächtig gebündelte Lichtenergie. Sie hüten die Ursubstanz des Lebens. Sie reinigen das Wasser. Beachte die Steine, die auf deinem Lebensweg liegen. Sie laden dich ein, dich auszuruhen, zu dir selbst zu kommen, dich im Licht zu konzentrieren, dich auszurichten und dich für die Ewigkeit und Zeitlosigkeit zu öffnen. Sie tragen eine starke Medizin und sind verbunden mit Wesenheiten in unterschiedlichen Entwicklungsstufen. Steine erzählen die Geschichte so, wie sie wirklich war. Sie hüten die Geheimnisse der Menschheit und sind verbunden mit dem Potenzial und den wahren Kräften des Menschen. Bedenken wir all die Steinmonumente dieser Erde, wie die Cheopspyramide, die alten Inkastätten, Stonehenge, die Osterinseln, die alten Steingräber der Ewigkeit. Diese Stätten können uns mit dem Potenzial unserer Ahnen verbinden, mit der Zeitlosigkeit unserer Seele.

Vieles ist in den Steinen verewigt. Steine am Wegesrand, Steinmauern, zeigen uns Grenzen. Die Wesen der Steine rufen dich, sie mehr zu beachten und sie als Wegweiser der Ewigkeit im Land deiner Seele zu erkennen. Steine begleiten und lehren dich, dich selbst zu bezwingen, Hindernisse zu meistern und dich zu erkennen. Steine haben alle Zeit der Welt. Vieles ist in Stein gemeißelt und damit ewig gültig. Steine erzählen uns wortlos Geschichten der Menschheit und ihrer Entwicklung.

Ritual ~ Felsen – Zugänge zu anderen Dimensionen ~

Suche dir eine felsige Landschaft, einen großen Stein oder einen Fels, an den du dich anlehnen kannst. Nimm zuerst den Fels wahr. Wie sieht er aus? Hat er ein Gesicht? Welche Besonderheiten gibt es? Betrachte ihn genau, aus der Nähe und der Ferne. Lege deine Stirn an den Felsen, und spüre seine Schwingung und Ausstrahlung. Fühle das Alter, die Weisheit und den Ton des Felsens. Lege deine Hände auf den Felsen, und nimm mit seinem Wesen Kontakt auf. Begrüße es auf deine Weise.
Dann lehne dich an den Felsen. Schließe deine Augen, und genieße den Kontakt.

Ich persönlich finde immer sehr viel Frieden, Ruhe, Erdung, gebündeltes Licht, Inspiration und manchmal auch tiefe Antworten, wenn ich mit den Felsen und Steinen in Kontakt trete. Sie helfen mir, Visionen und Energien zu bündeln und beständig zu halten. Manchmal hat es mich auch schon in den Felsen oder in die innere Erde oder andere Dimensionen hineingezogen. Ich habe andere Dimensionen und Einweihungsorte entdeckt und bin mit großen Kraftfeldern in Berührung und meisterlichen Schwingungen in Kontakt gekommen. Nicht umsonst liegen viele Lichtstätten der Geistigen Welt über besonderen Gebirgszügen oder Bergen. Sie halten und hüten die Energie beständig und kraftvoll.

~ Die Antwort der Steinwesen ~

Gehe in die Natur. Wähle einen Weg aus Steinen. Achte auf die Steine, die auf deinem Weg liegen.

Lasse dich führen, und suche dir ein schönes Plätzchen. Wenn du eine Frage hast, die dich sehr in deinem Leben beschäftigt, so stelle sie laut oder innerlich. Lasse deinen Blick schweifen, bis ein Stein dir besonders ins Auge fällt. Er hat dich gewählt und hält eine Antwort auf deine Frage bereit.

Nun nimm ihn in die Hand. Betrachte ihn. Wie ist seine Oberfläche? Welche Farbe, Größe und welche Struktur hat er? Kannst du ein Wesen in dem Stein erkennen? Hat er ein Auge oder ein Gesicht? Gibt es irgendwelche Auffälligkeiten? Gibt es einen Eingang? Beschreibe den Stein für dich. Schließe dann deine Augen. Meditiere mit dem Stein und deiner Frage. Du kannst in deiner Vorstellung jetzt mit dem Wesen des Steines Kontakt aufnehmen. Fühle, wie es dich in den Stein hineinzieht. Welche Elemente nimmst du in dem Stein wahr? Vielleicht zeigt sich dir ein Wesen. Es kann dir eine Botschaft in Form eines Zeichens, eines Wortes oder eines Symbols übermitteln. Bedanke dich bei dem Stein, und frage, ob du auch etwas für das Wesen tun kannst. Lege den Stein in die Natur zurück. Nimm ihn nur mit, wenn du ein deutliches Zeichen vom Steinwesen erhältst. Es kann sehr spannend und aufschlussreich sein.

Dieser Kontakt kann auch mit mehreren Leuten oder zu zweit sehr interessant sein. Hierbei erzählt man sich gegenseitig, was man sieht und welche Assoziationen auftauchen im Kontakt mit dem Stein und der Antwort.

Sylphen

LEICHTIGKEIT, INFORMATION, EINGEBUNG

Sylphen tanzen, fliegen sanft und leise auf dem Licht der Strahlengleise.
Sie sind verbunden mit allen Orten, Dimensionen, Ebenen sämtlicher Sorten.
Kunterbunte Information ist ihre Welt,
sie senden Gedanken, Ideen, Worte, so wie es ihnen gefällt.
In ätherisch sanften Klängen gibt es sie in vielen Rängen.
Das Flüstern aus der Ewigkeit ist ihre Welt jenseits der Zeit.
Neugierig flitzen sie hin und her, Beständigkeit fällt ihnen schwer.
Wer sie vermag zu bezähmen, zu ehren und zu nehmen,
dem sind sie treu und stets ergeben,
fördern ihn in allen Zeiten, senden ihm grenzenlose Weiten.
Sie helfen, das Leben zu gestalten und es in glücklichen Bahnen zu halten.
Sie inspirieren fröhlich in allen Dingen, alles wird durch sie gelingen.

Hintergrund

Sylphen sind die Elementarwesen der Luft. Sie gehören einer höheren Entwicklungsstufe an. Sie beherrschen das Luftelement, aus dessen Verdichtung sie bestehen. Ihr feinstofflicher Körper ist feiner und leuchtet intensiver als der anderer Naturgeister. Sie sind liebliche Wesen von zarter Beschaffenheit und strahlender Schönheit. Je höher ihre Entwicklungsstufe, desto bezaubernder und anmutiger ist ihr Aussehen.

Die Sylphen leben in einem Königreich, in dem es in der Regel sehr friedlich und harmonisch zugeht. An oberster Stelle im Sylphenreich stehen die Sylphenkönigin Paralda und der Sylphenkönig Mererim, die die Sylphen der unterschiedlichsten Ränge bei ihren Aufgaben anleiten. Ihre liebsten Aufenthaltsorte sind stille Wälder, Waldlichtungen und Haine, hohe schneebedeckte Berggipfel und Gebirge, weite Fluren und schöne Landschaften, wunderbare Parkanlagen und Gärten o. Ä. Überall dort, wo die Luft sauber, rein, klar ist, sind die Sylphen mit Sicherheit zu Hause.

Sylphen sind Dienstgeister. Sie sind immer in Bewegung, und mit einer unglaublichen Geschwindigkeit führen sie ihre Dienste aus. Sie lenken die ätherischen elektrischen Ströme und Schwingungen. Sie reichern die Luft mit Energie an, um das Leben mit höheren, kraftvollen Schwingungen zu versorgen, und sie reinigen die Atmosphäre. Sie dienen der Windmutter, den Herrschern der vier Winde und den höheren Hierarchien, den Feen, den Devas, den Engelwesen, die das Element Luft lenken, leiten und in seiner reinen Form hüten, und den Menschen, die ihre Geistestätigkeiten gut zu nutzen wissen.

Sylphen verfügen über ein höheres Verständnis vom Lauf der Dinge und dienen dem Wohl und der Entwicklung des Ganzen. Sie tragen oft Duftspuren in geringen Mengen über weite Strecken von Blüten zu den gewünschten Insekten, von Tieren zu ihren Sexualpartnern oder von Menschen zu anderen Menschen, die sie miteinander in Verbindung bringen wollen. Sylphen versorgen und umgeben Kinder mit Zärtlichkeit und Fürsorge und streichen oft als zarter Wind über deren Wangen. Edel gesinnte Menschen begleiten sie treu deren Leben lang und senden ihnen Klarheit und Gedankenimpulse. Sie helfen den Menschen, schöpferische Inspiration zu empfangen.

Da die Sylphen aus der ätherischen Luftsubstanz stammen, sind sie verbunden mit der Geisteskraft der Menschen und beeinflussen deren Gedanken. Sylphen fühlen sich zu jenen hingezogen, die ihre Gedanken und Gemütskräfte besonders in den kreativen Künsten einsetzen. In der Nähe von Menschen greifen sie Gedanken und Gefühle auf und tragen sie weiter. Je nachdem, wie diese Gedanken und Gefühle geschaffen sind, beeinflussen sie Handeln und Eigenschaften der Sylphen. In unreinen und dunklen Regionen der Verstandeswelten können viele Sylphen ihren ursprünglichen Dienst nicht mehr leisten, nur noch in sehr abgewandelten und allerlei dunklen Formen. In Gegenden mit starker Luftverschmutzung können sie schadenbringend, vernebelt und verwirrt umherschwirren. Allerdings können sie durch lichte Gedanken und Gefühle und tiefes bewusstes Atmen gereinigt werden und ihre ursprüngliche Kraft zurückerlangen.

Wer mit den Sylphen in Kontakt steht, der ist wetterfühlig. Er spürt die Wetterveränderungen, bevor es tatsächliche Anzeichen dafür gibt. Ihre Anwesenheit lässt sich in einem plötzlichen zarten Lufthauch spüren, in einem sich schnell bewegenden Lichtfunken, einem kurzen Bitzeln auf der Haut, meistens an den Wangen. Auch Schmetterlinge sind ein Zeichen für ihre Gegenwart.

Allgemeine Bedeutung

Im Frühling spielen die Sylphen mit den Schmetterlingen, im Sommer necken sie die Bienen und allerlei Insekten, im Herbst wippen sie auf den Spinnennetzen und sausen auf Blättern durch die Lüfte, im Winter tanzen sie mit den Schneeflocken. Sie pusten die Wolken herbei und lassen die Winde entstehen. Sie bringen Licht zu den Pflanzen, verbreiten die Pollen und Samen. Sie leiten alle Tiere der Luft und erfüllen vielerlei Dienste mit großer Verantwortung.

Wenn dich das Licht der Sylphen erreicht, frage dich, wie es mit deiner Verbindung zum Luftelement aussieht. Jeder Mensch wird von mindestens einer persönlichen Sylphe begleitet, die ihn inspiriert und seine Gedankentätigkeit anregt. Sie aktiviert Nervenbahnen und schafft die Verknüpfung zu den höheren Welten. Sie hilft dem Menschen, abzuwägen und gute Entscheidungen zu treffen.

Wenn dein Kontakt zu den Sylphen stark ausgeprägt ist, kann dies zu geistiger Unruhe, sprunghaften Gedanken und einer gewissen geistigen Ruhelosigkeit führen. Dabei kann die Verbindung zur Erde und zu den alltäglichen Tätigkeiten und Aufgaben verloren gehen. Der Geist wird von den Sylphen immer in andere Bereiche gelenkt als auf jene, in denen sich der Körper aufhält. Das kann zu geistiger Abwesenheit und Zerstreutheit führen. Ist der Kontakt zu den Sylphen nur schwach ausgeprägt, kann ein Mangel an Gedankentätigkeit die Folge sein. Der Mensch versinkt in seinen Gefühlswelten, ohne darüber nachzudenken, wie sich sein Leben in gute Bahnen lenken lässt. Dies kann sich in der Unfähigkeit zeigen, neue Perspektiven zu entwickeln, oder darin, dass Inspiration, eigene Gedanken nur mangelhaft vorhanden sind und Fantasie, Vorstellungskraft und Aufmerksamkeit eventuell fehlen.

Sylphen sind ein unerschöpflicher Quell von Ideen, Gedanken und Ausdrucksmöglichkeiten. Verbinde dich mit deiner Sylphe, und öffne dich ihr. Sie kann deine Verstandestätigkeit in einem gesunden Maß anregen und dir bei der Entwicklung deiner Aufgabe und deiner Persönlichkeit beistehen.

Die Botschaft der Sylphen lautet: Luft ist mein Lebenselixier. Hui, bin ich da, husch, bin ich dort. Schnell fass ich auf die neuen Ströme, leite sie in freie Bahnen, verbinde unbekannte Orte in deinem Geist. Öffne deine Pforte!

Ritual ~ Treffen mit deiner Sylphe ~

Nimm dir Raum und Zeit. Gehe in die Natur. Verbinde dich mit der Luft. Fühle sie. Ist sie warm oder kalt? Atme sie tief ein und aus, rieche sie, schmecke sie. Öffne all deine Sinne für dieses wunderbare Element. Rufe mit der Kraft deines Herzens deine persönliche Sylphe herbei. Du kannst die Augen dabei schließen oder offen lassen. Es kann sein, dass ein Wind deine Wangen streichelt, sich ein Schmetterling in deine Nähe setzt, eine besondere Wolke dir ins Blickfeld kommt, du eine Feder entdeckst … Sie sendet dir ein Zeichen des Elementes Luft. Die Anwesenheit deiner Sylphe wird sich bemerkbar machen. Der Kontakt ist hergestellt.

Lege dich nun auf die Erde. Beobachte den Himmel und die vorbeiziehenden Wolken. Stelle dir vor, du springst auf eine Wolke und gleitest mit ihr durch die Lüfte. Falls gerade keine Wolken am Himmel sein sollten, so kannst du dir ausmalen, wie du auf dem Rücken eines Schmetterlings in das Reich der Sylphen reitest. Es kann sein, dass sich dir noch andere Möglichkeiten auftun, in das Reich der Sylphen zu gelangen. Genieße es, durch das Reich der Lüfte getragen zu werden, wo die Sylphen um dich herumschwirren.

Stelle dir vor, wie die Wolke, der Schmetterling, dich zu deiner persönlichen Sylphe bringt. Ein Wolkentor öffnet sich dir, und du betrittst ihr Reich. Schau dich um. Deine Sylphe erwartet dich schon. Du kannst ihr z. B. Fragen stellen, dir etwas zeigen lassen, sie in einer Angelegenheit um Unterstützung bitten oder sie und ihre Kraft einfach nur kennenlernen. Wenn deine Zeit um ist, gleite durch das Wolkentor, schaue dich noch einmal um, sieh, wie das Tor sich schließt. Bedanke dich innerlich, und lasse dich von deiner Wolke oder deinem Schmetterling zurück zu deinem Ausgangsort bringen.

Durch Beharrlichkeit und Ausdauer kannst du lernen, diesen Kontakt zu deiner Sylphe beständig zu halten. Frage sie bei deinem Besuch nach ihrem Namen. Bitte sie, von nun an mit dir zusammenzuarbeiten. Bei allen Gedankentätigkeiten, bei Arbeiten mit allem, was das Element Luft betrifft, oder in schwierigen Situationen kannst du deine persönliche Sylphe rufen. Ihre Hilfe ist dir gewiss. Sie stärkt deine Gedanken und deine Willensstärke, sie erweitert mit dir den geistigen Horizont, sie lehrt dich, die vielfältigen Gaben der Luft zu gebrauchen, z. B. Telepathie, Dichtkunst, Erfindungen oder verschiedene Atemtechniken. Nimm dir öfter Zeit, um mit deiner Sylphe in die Geisteswelten der Gedankenkräfte zu reisen, in deren höchste sowie niedrigste Ebenen. Lerne diese Welt kennen. Ein guter Einstieg in diese Welt ist das Luft-Tattwa. Reinige deine Sylphenkraft regelmäßig: Lüfte deine Räume jeden Tag. Atme bewusst tief ein und aus. Atme goldenes Licht ein und alles Dunkle und Angestaute aus, so lange, bis du dich klar und gereinigt fühlst und die Atmosphäre, die dich umgibt, sich wieder aufgeladen und rein anfühlt. Damit gibst du den dich umgebenden Sylphen ihre reine Kraft zurück. Sie werden dich mit lichtvollen Gedankenimpulsen, neuer kosmischer Energie und neuen Ideen belohnen.

~ Lerne deine Gedankenkraft kennen ~

Die Sylphen raten dir, deine Worte und Gedanken sieben Tage lang zu überwachen. Beschäftige dich mit dem Element Luft und deiner Gedankenkraft. Beobachte dich dabei. Werde dir bewusst, womit deine Gedanken beschäftigt sind und welche Worte du in die Welt sendest. Vermeide überflüssiges Gerede, Gespräche, die nur Negatives zutage fördern, Worte, die nur um des Redens willen geredet werden. Wenn du bemerkst, dass du dich wieder auf unnützes Gerede eingelassen hast, schweige lieber. Nimm dir vor, nur bewusste, aufbauende Worte zu sprechen. Dies ist wie die aktive Form einer Meditation, die Selbstbeobachtung und Reflexion verlangt. Du kannst dir auch ein Tagebuch zu Hilfe nehmen, in dem du die nächsten sieben Tage deine Erfahrungen niederlegst.

Eine weitere Übung ist, lichtvolle Gedanken beständig über längere Zeiträume in dir aufrechtzuerhalten. Bitte die Sylphen, dich dabei zu unterstützen.

Je öfter du Übungen dieser Art wiederholst, desto mehr klären sich deine Gedanken. Die Sylphen kennen übrigens jede Menge lichtvolle Übungen im Umgang mit der Luft. Frage sie einfach, welche Übung jetzt für dich gut ist, und warte auf ihre Antwort. Sie kommt gewiss, meistens auf die eine oder andere eher unübliche Weise. Die Sylphen in deiner Umgebung helfen dir, deinen Geist zu veredeln.

Tiere der magischen Welten

VERBINDUNG, KRAFT, BOTSCHAFT

Tiere der mystischen Zauberreiche, zeigt euch mir in Form, Farbe und Gestalt!
Ihr hütet die Botschaft, die aus der Ewigkeit hallt.
Zeigt euch dreimal von allen Seiten, dann weiß ich, ihr werdet mich begleiten.
Weiße Hasen führen mich in das Wunderland,
goldene Käfer nehmen mich an der Hand,
Ameisen, sie sprechen, und ich kann sie verstehen,
Frösche, die wie Menschen aufrecht gehen.
Schmetterlinge nehmen mich auf ihren Rücken,
Pegasus trägt mich hoch mit Entzücken.
Drachen, Ungeheuer und Schreckgestalten,
auch sie können in dieser Landschaft walten.
Sie schau' ich mir aus der Ferne an, mit einer Tarnkappe der Zwerge angetan.
Ich kann sie sehen, sie mich jedoch noch nicht,
so bin ich geschützt vor ihrer Sicht.
Zahlreiche Wunder, sie warten auf mich. Alles ist möglich,
doch so wie sie sich mir zeigen, ist es doch nur für mich und meinen Lebensreigen.
Tiere der Seele von mystischer Gewalt, sie zeigen mir die Botschaft in sichtbarer Gestalt.
Folge ich ihnen, so führen sie mich ein in das Land meiner Seele,
sie ist mein wahres Heim.

Hintergrund

Das kleine Volk und die magischen Reiche, die aus der oberen Lichtwelt, der mittleren Welt, der Unterwelt bestehen, bringen uns in enge Verbindung mit dem Tierreich. Die Naturwesen sind die Vermittler zwischen allem Lebendigen in der Natur. Sie behüten das Tierreich und stehen in einer für uns noch ungewöhnlichen Verbindung mit den Tieren. Wer in das Reich des Naturwesenvolkes eintaucht, kann auf Schmetterlingen reiten, die Sprache der Vögel verstehen und auf Fischrücken in die Unterwasserwelten tauchen. Er sieht kleine Feen, mit winzig kleinen weißen Pferden. Er sieht Mäuse und Käfer, die die Schätze der Erde auf ihrem Rücken tragen und von einem Zwerg geführt werden, und erlebt Ameisen, die zu sprechen anfangen. Er lernt viele Tiere kennen, die alle eine bestimmte Aufgabe haben und bestimmte Eigenschaften verkörpern. So gelten weiße Vögel, Mäuse, Kaninchen und andere weiße Tiere als Boten der Lichtreiche, stehen für Wunder. Sie sind es auch, die dem Suchenden den Weg weisen. Goldene Fische bringen Segen und Reichtum. Frösche, die Kronen tragen, verkünden Erlösung. Silberne und goldene Vögel offenbaren Geheimnisse. Schwarze Tiere verheißen Glück oder Unglück. Sprechende Raben verraten uns alte Zauberformeln. Schildkröten und bunte Eulen symbolisieren Alter und uraltes Wissen. Gestiefelte Kater, Mäuse in roten Schuhen kündigen den Aufbruch an. Schlangen mit Krönchen stehen gleichzeitig für Gefahr, Verführung und für die größte Heilung. Pferde in Weiß, Rot und Schwarz, den Farben der dreifältigen Göttin, erscheinen und geleiten uns durch Einweihungen. Wächter, Drachen und mächtige Ungeheuer fordern die letzte Prüfung von uns, bevor sie uns Einlass gewähren.

Die Tiere der magischen Reiche übergeben uns hilfreiche Gegenstände, flüstern uns die Lösung des Rätsels ins Ohr, tragen uns in die Welt des kleinen Volkes, stellen Aufgaben, prüfen uns und sind uns behilflich, unmöglich erscheinende Aufgaben in kürzester Zeit zu lösen. So erscheinen uns Tiere aus unserer alltäglichen Umgebung ungewöhnlich lebendig und bedeutungsvoll, wenn wir uns diesem Reiche öffnen. Manchmal tauchen dann auch die Wesen auf, die wir aus den Mythen und Legenden kennen: Wir sehen Einhörner grasen; Pegasus wartet auf uns, um uns in die höheren Welten zu tragen; die Sphinx stellt uns ein Lebensrätsel; wir begegnen dem Greif und erfahren seine Magie und seine Kraft, die uns beschützen oder verjagen kann; der Phönix erscheint, und wir wissen, dass uns eine tief greifende Wandlung bevorsteht; Zentauren, halb Pferd oder Esel und halb Mensch, erteilen uns eine Lehre und führen uns in das Reich der Energien.

Tiere der oberen Welten sind meist weiß, gold- oder silberfarben, sie glänzen, strahlen, glitzern, gleißen und tragen ein Symbol der oberen Welt (z. B. Krone, Zepter, Edelsteine). Tiere der mittleren Welten zeigen meist alle Farben und wirken real. Sie geben uns in besonderen Zeiten Kraft und Stärke und begleiten uns. Sie können magische Gegenstände bei sich haben (Zauberstab, Flugpulver, Tarnkappen, Meilenstiefel, Ringe, Amulette o. Ä.). Tiere der unteren Welten sind meist schwarz, dunkel, rot, orange, feurig und lassen sich an Kennzeichen der unteren Welten ausmachen (Krallen, Reißzähne, Hörner, Spieße …).

Sie zeigen uns unsere verborgene Kraft, unsere Blockaden und Schatten. Darüber hinaus gibt es allerlei wundersame Mischtiere der Welten mit besonderen Aufgaben.

Auch die Elemente, in denen die Tiere sich zeigen, sind Botschaften unserer Seele. Wir öffnen uns ihnen und können die Botschaften, die sie uns aus der Anderswelt bringen, verstehen. In diesem Reich befinden wir uns im Land der unbegrenzten Möglichkeiten. Wir finden wieder Zugang zu einem Teil der lebendigen angeborenen Intuition, die oft seit unseren Kindertagen in uns begraben liegt. Wir beachten die Tiere wieder, nehmen Verbindung zu ihnen auf. Wir lauschen den Botschaften, die sie uns zutragen und die sich manchmal in Form ihrer außergewöhnlichen Erscheinungen zeigt. Das kleine Volk, das über die Tierkräfte wacht, lehrt dich, Tiere auf neue und zugleich alte Art zu verstehen. Einst wurden Botschaften der Tiere z. B. durch ein Tempelschaf übermittelt. Die Tiere der magischen Reiche sind Wegweiser der Seele.

Allgemeine Bedeutung

Die Tiere der magischen Welten sind vieldeutig. Wenn du das Land der Märchen und Mythen betrittst, das Reich zwischen den Räumen und jenseits der Zeit, dann ist einfach alles möglich, und doch ist nicht alles für jeden bestimmt. Darin liegen der Zauber und die Magie. Die Tiere, die aus der Anderswelt mit dir in Verbindung treten, erscheinen oft in unwirklichen Farben und Gestalten. Sie sprechen mit dir und zeigen sich dir in ihrer tieferen Bedeutung. Sie zeigen dir deine Kraft.

Nichts an diesen Tieren ist zufällig, auch wenn es dir so erscheint. Sie sind genau so, wie sie sich dir zeigen, ausschließlich für dich und deine gegenwärtige Lebenssituation bestimmt. Der Zauber, die Kraft und die Botschaft, die sie dir übermitteln, mögen dir zunächst rätselhaft erscheinen. Nimm sie an, es sind die Wegweiser, die dir den nächsten Abschnitt zeigen, der in deinem Leben vor dir liegt. In der Begegnung mit ihnen ist die wahre Kraft eingewoben, diesen Abschnitt anzunehmen und auf einer tiefen Seinsebene, auf der Seelenebene, zu verstehen. Der Verstand kann helfen, die Begegnung zu entschlüsseln und zu verstehen, doch die Botschaft will ganzheitlich mit dem Herzen erfasst werden. So können wir lernen, bevorstehende Ereignisse vorauszusehen, ihre Bedeutung zu erkennen und ihnen gelassener gegenüberzutreten. Wir können die Energie, die uns mit anderen Welten verbindet, begreifen und entfalten unsere Intuition.

Zu welchem Tier fühlst du dich hingezogen? Welche Kraft ist bei dir und unterstützt dich in den dunkleren Zeiten deiner Lebensabschnitte? Welche Kraft ist für dich gerade wichtig, um deine Situation verstehen zu können? Folge den Tieren der magischen Reiche in ihre Welt, und rufe sie, sich dir zu zeigen. Achte auf deine Träume und die Tiere darin, sie sind die Wegweiser deiner Kraft. Sie sind die Medizin der Seele.

Die Botschaft der Tiere lautet: Wir zeigen uns in der Form und Gestalt, die in deinem Leben hat die stärkste Gewalt. Wir sind die Kraft, die über deine Seele mit dem Leben Verbindung schafft. Erreicht dich der Ruf, so höre gut zu, er führt dich in andere Reiche im Nu.

Ritual ~ Die Medizin der Seele ~

Beschäftige dich eine Zeit lang mit dem Reich der Tiere. Sie kündigen durch ihr Verhalten Wetter-, Energieveränderungen und Richtungsänderungen an. Wer Tiere lange genug beobachtet hat, kann ihr Verhalten deuten und die Kraft, die sie haben, verstehen. Achte auf deine Träume und auf die Tiere, die dir in deinen Träumen begegnen. Welches ist dein Lieblingstier, ungeachtet ob es Märchen, Fabeln oder dem Leben dieser Welt entstammt? Welchem Tier möchtest du gerne einmal begegnen, wenn alles möglich wäre? Welchem Tier nicht? Welche Qualitäten deines Lieblingstieres sind es, die dich anziehen? Bevor du deine Reise antrittst, beachte die »Reisevorbereitungen« im Kapitel »Einführung in die Tattwa-Reisen«.

Suche dir einen schönen Platz in der Natur. Wenn du zu ihm läufst, schenke den Tieren auf dem Weg deine besondere Beachtung. Was siehst du? Was hörst du? Was ahnst du? Tiere sind oft Führer im Reich der Natur. Sie stehen unter dem Schutz von Engeln und Naturwesen aller Arten. Bevor du auf die Reise gehst, ist es gut zu wissen, dass Wesen, die sich dir mindestens dreimal zeigen, für dich gedacht sind; die Drei ist die Zahl der Offenbarung. Wenn du deinen Platz gefunden hast, nimm eine bequeme Haltung ein. Atme tief ein und aus, und komme an dem Ort, an dem du dich jetzt befindest, an. Nimm alles, was dich umgibt, bewusst auf. Rieche, fühle, sieh, höre. Wenn du mit dem Platz vertraut geworden bist, begib dich auf die Reise.

Schließe deine Augen. Mit jedem Atemzug wirst du ruhiger und friedlicher. Bitte jetzt darum, dass sich dir das zeigt, was für dich jetzt wichtig ist. Stelle dir vor, wie ein Licht in der Farbe deiner Wahl auf dich zukommt. Dieses Licht legt sich beschützend um dich. Es behütet dich während der Reise. Wenn die Lichthülle um dich herum aufgebaut ist, stelle dir vor, wie darin ein Tor entsteht. Du schreitest durch dieses Tor und stehst in einer anderen Welt. Alles leuchtet in hellen Farben. Du stehst in deiner Landschaft, hier fühlst du dich wohl, geborgen und zu Hause. Wie sieht sie aus? Gibt es dort ein Gewässer, einen Wald, Berge, Sanddünen, eine Insel …? Befindest du dich in der Erde, unter Wasser, auf einem anderen Planeten …? Alles ist möglich. Male dir diese Landschaft in allen Einzelheiten aus. In dieser Landschaft ist dein Platz.

Ein Bote kommt auf dich zu und überreicht dir einen magischen Gegenstand, ein Zauberwort, ein Zeichen o. Ä., was dir Sicherheit und Schutz gibt. Vielleicht siehst du nun schon ein Tier auf dich zukommen. Oder du hörst es. Oder es wartet still darauf, dass du es entdeckst. Warte leise, bis es sich dir nähert. Beobachte und betrachte es. Wie zeigt es sich dir? Welche Kraft strahlt es aus? Ist es freundlich, scheint es dir wohlgesinnt, zeigt es sich strahlend, dunkel, beängstigend, groß oder klein? Wenn es dir ein Zeichen gibt, ihm zu folgen, zögere nicht. Es kann sein, dass du dich mit seiner Kraft verbindest und dich selbst in ein Tier verwandelst. Spiele mit deinem Tier, lasse dir seine Kraft zeigen.

Wenn es sich zum Gehen wendet, ist es auch für dich Zeit zurückzukehren. Bedanke und verabschiede dich bei dem Tier. Schreite durch die Tür, und komme wieder zurück. Öffne deine Augen. Blicke dich an deinem Platz um. Vielleicht entdeckst du noch ein Zeichen.

Du kannst dir diese Erfahrung aufschreiben. Das, was du erlebt hast, ist etwas ganz Besonderes, das mit dir und deinem Leben in Verbindung steht. Es ist kein Zufall. Es hat sich dir genau in der Art und Gestalt gezeigt, die mit dir zu tun hat und für die du in diesem Augenblick bereit bist. Es kommt aus einer Ebene jenseits deines Verstandes. Die Botschaft entfaltet sich oft erst mit der Zeit, in deinem Herzen. Wie alles braucht es seine Zeit, sich für dieses Reich zu öffnen. Wenn es beim ersten Mal nicht klappt, versuche es immer wieder einmal, oder lasse dich von einem Menschen deines Vertrauens begleiten, z. B. indem du dir den Text mit vielen Pausen langsam vorlesen, die Trommel in einem beruhigenden Rhythmus schlagen, eine vorgegebene Zeit die Rassel schwingen oder dir leise etwas vorsingen lässt … Was auch immer euch zusammen einfällt. Öffne dich den schöpferischen Wegen des Lebens. Sie helfen dir bei der Meisterung deiner selbst und deines Lebensweges.

Tinkerbells

FREUDE, FREUDIGE ERINNERUNGEN

Klingel, klingel, Klingelglöckchen, zartes Wesen im Blumenröckchen.
Fliegst durch die Luft, verbreitest den Duft.
Wippst auf den Wiesenblumen, scheuchst die Bienen, dass sie brummen,
und reitest auf Schmetterlingsrücken.
In deiner Welt ist das große Entzücken!
Erzählst viele Geschichten, hast viel zu berichten.
Kennst ferne Reiche, vergangene Zeiten, zauberhafte Kräfte und wundersame Weiten.
Alles ist nah, nichts ist dir fern, wer dich sieht, der hat dich gern.
Mit Staub von den Sternen und Zauber aus Licht
zeigst du uns unser Traumgesicht.

Mit diesen aus dem Babylachen entstandenen, kleinen herumhüpfenden Lichtern sind die Tinkerbells gemeint. »Tinkerbell« bedeutet soviel wie Klingelglöckchen und ist die Bezeichnung für eine Elfenfeenart, womit es sowohl dem Luft- als auch dem Ätherreich angehört. Tinkerbells sind lustige, fröhliche, zarte, feine, leichte, bewegliche und manchmal sehr freche Wesen. Sie sind überall dort zu finden, wo wilde Blumen und Kräuter blühen, sowie auf Waldlichtungen und an Flussufern. Sie lieben das freie Leben, das sie in munteren Flügen über Wiesen und Wälder genießen. Oft sind sie nur als ein Schimmern, als ein Lichtfunke, aus dem Augenwinkel wahrnehmbar. Wie der Name schon sagt, hören sie sich an wie ein ganz zartes Glockenläuten. Wenn sie aufgeregt sind, wird das Geläut etwas wilder. Bist du einer begegnet, fühlt es sich an, als ob Spinnenweben auf dem Gesicht kleben, obwohl sich auf dem freien Felde kein Spinnennetz in der Höhe des Gesichtes befinden kann. Auch ein leichtes Kitzeln auf der Haut kann von der Gegenwart einer Tinkerbell künden, ist ein liebender Gruß.

Tinkerbells bringen Kinder zum Lachen, Erwachsene zum Niesen und stellen allerlei an. Sie pusten Samen durch die Luft, scheuchen Insekten auf, reiten auf Schmetterlingen, wippen auf Blütenblättern und verbreiten die neusten Nachrichten. Mit Vorliebe lassen sie sich von den Sylphen auf Seerosenblättern durch das Wasser treiben. Die verschiedensten Blütenblätter und Blättergewänder schmiegen sich um ihre feinen Körper. Um welche es sich handelt, zeigt an, mit welcher Pflanze sie am stärksten verbunden sind. Sie sind versehen mit zarten durchscheinenden Flügeln, die in allen Regenbogenfarben schimmern, und haben stets einen kleinen Lichtzauberstab, Sternenstaub und Niespulver bei sich. Sie schlafen in den Blumenkelchen, eingerollt auf den Blättern der Bäume, in kleinen Asthöhlen oder an ähnlichen Stellen.

Tinkerbells sind oft kleine Helfer, die ihre Kräfte zum Schutze der Pflanzen, die sie lieben, oder eines Menschen einsetzen, den sie in ihr Herz geschlossen haben. Sie sammeln Neuigkeiten und tragen sie eilig weiter. So warnen sie z. B. andere Naturwesen und Tiere, wenn ein bedrohliches Ereignis bevorsteht. Manchmal besuchen sie Menschenkinder, pusten ihnen Sternenpulver in die Augen und um ihr Gewand und entführen sie für die Nacht in die weiten Reiche der lebendigen Fantasie, in die Reiche der Märchen und Geschichten, ins »Nimmerland«. Sie zeigen den Kindern die Wahrheit hinter der Wirklichkeit in den schönsten Farben und Formen, sodass sich diese Wahrheit für immer in Herz und Gedächtnis einprägt und zu gegebener Zeit wieder entfalten kann.

Allgemeine Bedeutung

Erreicht dich der Gruß einer Tinkerbell, so will sie in dir einen kleinen Funken der Erinnerung an die anderen Reiche entzünden. Erinnere dich deiner Kindheit. Erinnere dich an die Geschichten, die du vernommen hast. Erinnere dich an deine Träume, an deine Spiele, an die Reiche, in denen du dich geborgen und aufgehoben fühltest. Irgendwo gibt es den Funken, der dich an die Welt deiner Kindheit erinnert, an die schönen Zeiten, jene, in denen nur das Hier und Jetzt zählte, in denen sich Zeit und Raum auflösten und du eingetaucht bist in die Welt der Märchen, Mythen und Legenden. In die Welt deiner eigenen Geschichten.

Fröhlich fordern dich die Tinkerbells auf, zu spielen, Spaß zu haben und wieder zu träumen. Sie wecken die Erinnerungen an die Leichtigkeit der Kindertage. Sie erinnern dich an das Fliegen, an die Kraft der Fantasie, an die Tore in die versunkenen Seelenwelten, an die Kraft, die du in deinen Träumen und Vorstellungen hattest. Die Tinkerbells stupsen dich nur kurz an, und schwups sind sie wieder weg. Doch wenn du sie rufst, führen sie dich zurück an die Quelle, zu den Freundschaften, den geheimen Bünden, zu den Dingen, von denen nur du selbst weißt. Sie erinnern dich an die Haarkränze, die du geflochten hast und wie eine Krone im Haar trugst. Sie erinnern dich an die Kleinigkeiten am Wegesrand: an die Raupen, denen du nachgeschaut hast, an die Marienkäfer, die auf dir gelandet sind, an die Wege durch Maisfelder, die du entdeckt hast, an die Stöcke, die dein Schwert waren … Sie erinnern dich an all die Spiele und Welten deiner Seele, die du dir mit deinen Freunden oder allein ausgedacht hast. Sie haben nicht immer Sinn gemacht, doch du hattest deinen Spaß daran, hattest ein wunderbares Erlebnis, ein paar schöne Stunden, in denen alles gut war, und hast nun eine freudevolle Erinnerung. Was ist deine letzte schöne Erinnerung an ein Ereignis, an das du gerne zurückdenkst? Was hat dir Energie gegeben, und was war das Schönste daran? Lasse dich kitzeln und berühren von der Leichtigkeit und Schönheit des Seins.

Die Botschaft der Tinkerbells lautet: Klingelingeling, mein Sternenstaub ist wunderbar, bringt dir alles Schöne nah. Was war, was ist, was bleibt dir schon, die allerschönste Erinnerung. Erinnere dich der Leichtigkeit, sie ist dann gar nicht mehr so weit. Gestalte dein Leben so, dass du gern daran denkst und auch so manche Grille einfängst. Lasse dich berühren von meinem Licht, dann erfährst du eine andere Sicht.

Ritual ~ Reise in die Erinnerung ~

Beschäftige dich in der nächsten Zeit mit schönen lichtvollen Erinnerungen. Wiege und übe dich in dem Vertrauen darin, dass der Kosmos für dich sorgt. Versuche, Schönes, Liebes und Kraftvolles weiterzugeben. Bedenke, dass alles, was du jetzt lebst oder nicht lebst, zu einer Erinnerung wird. Ob schön oder nicht schön für dich und andere hängt auch von dir und deinem Verhalten jetzt ab. Wenn du möchtest, kannst du heute jemandem eine Freude machen. Das ist oft so einfach: ein liebes Wort, ein Lächeln, ein liebevoller Blick, eine nette Geste, ein offenes Ohr, eine kleine Aufmerksamkeit …
Nimm dir Zeit und Ruhe. Lege dich am besten in eine prächtig blühende Blumenwiese, setze dich an einen Feldrand, in den Garten oder in einen Park. Wenn diese Voraussetzungen nicht gegeben sind, kannst du dir aber auch die Stimmung einer Blumenwiese in deinen Raum holen, z. B. mit Blumendüften oder einem Blumenstrauß und sanften Klängen der Natur. Entspanne dich. Atme tief ein und aus, und nimm die Stimmung tief in dich auf. Erinnere dich an ein Ereignis, bei dem du Leichtigkeit und Freude gefühlt hast. Versetze dich noch einmal in die Stimmung. Schließe deine Augen. Rufe die Tinkerbell mit der Kraft deines Herzens. Wenn du ihre Anwesenheit spürst, z. B. durch ein Kitzeln auf der Haut, einen Lichtpunkt, der im Augenwinkel an dir vorbeischwirrt, einen leisen Glockenton, einmaliges kräftiges Niesen, ein Jucken auf der Haut, dann ist sie da. Frage sie nach ihrem Namen. Stelle dich vor, und erkläre ihr deinen Wunsch. Sieh, wie sie dich mit Flugpulver berührt. Sieh dich ganz in eine goldene Wolke aus Flugpulver eingehüllt. Du kannst dich jetzt ganz leicht in die Lüfte erheben. Die Tinkerbell fliegt aus deinem Fenster und bittet dich, ihr zu folgen. Ihr fliegt in Richtung Himmel. Dort ist ein Tor. Ihr fliegt hindurch und seid in einer anderen Welt. Sie kommt dir bekannt vor. Die Tinkerbell führt dich in eine lichtvolle Erinnerung aus deiner Kindheit. Zeigt sich eine Situation, die nicht so angenehm ist, so bitte die Tinkerbell, diese mit dem Zauberstab aus Licht aufzulösen. Nimm die Leichtigkeit, Sorglosigkeit und Kraft von damals in dich auf. Dann fliegst du mit der Tinkerbell zurück zu dem Ort, von dem du losgeflogen bist. Bedanke dich bei ihr, und lande wieder in deinem Körper. Wenn du irgendwohin fliegen willst, so kannst du die Tinkerbell jederzeit rufen. Wenn du jemandem eine Freude machen möchtest, so schicke ihm in Gedanken eine Tinkerbell.

Trolle

NATÜRLICHKEIT

Drollige Trolle, sie trollen davon.
Wenn sie dich entdecken, werden sie dich necken.
Werden sie entdeckt, halten sie sich versteckt.
Natur ist ihre Natürlichkeit. Leben ist ihr Lebenssinn, Wirken ihre Wirklichkeit.
Sie behüten mit ihrer Kraft die Natur, die alles erschafft.
Drollige Trolle, sie tollen umher, gemeinschaftlich sorgen sie füreinander sehr.
Es gibt sie in allen Formen und Größen,
zusammen wirken sie entgegen dem wirklichen Bösen,
dem, was die Natur verdreckt, dem, was unnatürlich in der Natur versteckt,
dem, was der Natur getan.
Trolle halten sie rein und sorgen für ihr wildes Sein.
Menschen, die die Trolle lieben, denen erzählen die Trolle Geschichten
und helfen ihnen, ihre Arbeit zu verrichten.
Drollige Trolle, dem, der sie liebt, dem gibt es von ihnen viel zu berichten.
Drum lasse dich entführen in ihre Welt, die sorgt, behütet und wirklich erhält.

Hintergrund

Trolle, auch »trollus trollius« genannt, sind Naturwesen, die dem Erdelement angehören. Sie wurden vorwiegend in Nordeuropa gesichtet. Sie sind ein fester und uralter Bestandteil von Nordeuropas magischem Zauber. Trolle sind so alt wie die Natur selbst und ein nicht zu trennender Teil von ihr. Sie leben in der tiefen mystischen Zone zwischen Vorstellung, Traum und Wirklichkeit, jenseits von Zeit und Raum. Wenn sie sich schlafen legen und wieder aufwachen, ist manchmal nur eine Minute, manchmal aber ein ganzes Jahrhundert vergangen, ohne dass sie dies bemerken würden.

Die Erfahrungen mit Trollen jeglicher Art wurden zunächst mündlich und später schriftlich von Generation zu Generation weitergegeben. So wurden die Trolle schließlich zur Legende. Trolle sind wild, aber scheu, weshalb sie nur nachts hervorkommen. Sie leben in geselligen Trollgemeinschaften mit einer Rangordnung, die nicht leicht durchschaubar ist. Sie wohnen vorzugsweise in Gebirgen, Steppen, einsamen Gebieten und Wäldern, wo sie sich von Tieren und Pflanzen aller Art ernähren. Sie können sehr gut sehen, hören und schmecken. Sie haben nur vier Zehen und vier Finger, sind trotz ihrer eher tierhaften Gestalt aber Sohlengänger und haben zum Greifen geeignete Pfoten. Ihre Haut ist von Haarfilz bewachsen, dessen Farbe von Bläulichgrau bis Braun geht. Sie haben große, nach oben spitz zulaufende Ohren, und aus ihrem Gesicht ragt eine große Nase steil hervor. An den Schwänzen haben sie Haarbüschel. Es gibt sie in allen Größen und Formen: Sie können bis zu drei Köpfe und neun Schwänze haben, eine Größe von mehreren Metern erreichen, aber es sind auch nur wenige Zentimeter große Exemplare gesichtet worden.

Trolle können wirklich schrecklich aussehen, sie sind jedoch nicht böse, höchstens etwas schwerfällig, plump und unachtsam. Wenn sie den Menschen zeitweise schlimme Dinge antun, dann geschieht das eher unbeabsichtigt und rein zufällig. Wenn eine Trollmutter z. B. ihre Kinder in einem Bergsee badet, kann es passieren, dass ungewollt ein ganzes Dorf überschwemmt wird. Wenn ein Troll in die Enge getrieben wird oder sich in die Enge getrieben fühlt, kann er ungeheure Kräfte entwickeln und Dinge und Menschen weit von sich schleudern. Trolle können mehrere Hundert oder gar Tausende von Jahren alt werden. In Gefangenschaft sind sie jedoch nicht lebensfähig.

Eine der größten Schwächen der Trolle ist Gold, das sie in unterirdischen Höhlen horten. Auch verlieben sich Trolle gerne in Mädchen mit goldblonden Haaren. Ein Troll kann vor lauter Liebe so blind werden, dass er große Fehler begeht, z. B. entführt er die Angebetete. Wie ein eifersüchtiger Mann sperrt er sie in die Berge ein, um ihre Schönheit ganz allein genießen zu können. Begriffe aus der Umgangssprache wie »drollig«, »troll dich« oder »Trollo« werden von diesen Naturwesen abgeleitet und umschreiben die etwas unbeholfene, manchmal ungeschickte Art, die den Trollen eigen ist.

Allgemeine Bedeutung

Trolle leben in der Natur und mit der Natur, das ist die stärkste Bindung der Trolle. Sie sind es, die im Winter das Futter für Vögel und Eichhörnchen sammeln. Sie bereiten die heimeligen Ruhestätten für die Tiere, die Winterschlaf halten. Sie befeuchten die Spinnweben mit Tautropfen. Sie gießen die wilden Blumen und Bäume. Sie malen die Farben der Natur und erschaffen zauberhafte Landschaften. Dies ist ihr wahres Wesen! Im Einklang mit der Natur sind die Trolle in ihrem Element. Sie sausen mit unglaublicher Geschwindigkeit durch die Wälder und Steppen und helfen der Natur, wo sie nur können. Sie würdigen die Schätze der Natur. Die Beeren und Früchte, die vielfältigen Pflanzen, sie sind es, die mit ihnen spielen und sich um sie kümmern. Sie haben natürlich auch ihre Vorlieben und Neigungen, denen sie nachgehen. Trolle leben in großen Gemeinschaften, in denen jeder jedem hilft. Sie erhoffen sich vom Menschen, dass dieser das gleiche tut. Im Allgemeinen hegen die Trolle aber kein besonderes Interesse an den Menschen. Wenn sich die beiden Welten berühren, so ist dies für sie genauso natürlich wie alles sonst in der Natur.

Wer die Wunder der Natur erkennen kann, der kann auch den Zauber in der Begegnung mit den Trollen entdecken. Dann beginnt sich der Stoff, die lebendige Lichtmaterie, zu entfalten, aus dem die Geschichten und Erzählungen gewebt sind, die sich über die Zeit erhalten, da sie jenseits der Zeit entstanden sind. Dort beginnt die Berührung mit dem Herzen und der Seele der Natur, die in den Naturwesen und den Menschen leben. Sind die Trolle über deinen Weg getollt, so erinnern sie dich an das Herz der Natur, das auch in dir schlägt. Sie erinnern dich an die Liebe zu allem, was ist. Sie fordern dich auf, die Eigenheiten, die es auf dieser Welt und in dir gibt, zu vereinen, statt sie zu beurteilen und zu bewerten. Die Trolle lehren dich, das Leben so zu nehmen, wie es ist, und das zu tun, was im Sinne der Natur getan werden kann. Passiert ein Ungeschick, so sei nicht böse mit dir oder anderen. Bringe es, soweit es in deiner Macht steht, in Ordnung, und »troll dich« dann. Solange du bei allem, was du tust, mit dem Herzen dabei bist und keine bösen Absichten hegst, ist es, auch wenn einmal etwas danebengeht, verzeihlich.

Die Botschaft der Trolle lautet: Troll dich deines Lebensweges, und tue, was dort von dir gefordert, stets eins im Herzschlag mit der Natur.

Ritual ~ Leben und leben lassen ~

Trolle denken nicht viel, sie »sind« einfach. In unserer Gesellschaft stellen der Verstand und die Gedanken manchmal eine regelrechte Behinderung dar. Wir denken jenes und dieses, malen uns aus, was passieren könnte, wenn …, sichern uns tausendfach ab, um ja keiner Unwägbarkeit Raum zu bieten, beleben mit unseren Gedanken immer wieder alte Verhaltensmuster, statt die Augen zu öffnen und zu sehen, was wir hier und heute erleben können. Wir bauen Mauern auf, wenn uns das Leben berühren will, weil wir Angst haben. Wir versuchen, uns vor dem Leben und damit vor unserer Lebendigkeit zu schützen. Meistens schränken wir dadurch unsere Möglichkeiten ein. Wir sind nicht wirklich »da« und versäumen die Wunder am Rande unseres Weges.

Begegnest du den Trollen, so lasse dein Leben fließen. Habe den Mut, lebendig zu sein. Habe den Mut, drollig zu sein, laut zu lachen, vor dich hin zu singen und auch Fehler zu machen. Lege deine Lebensangst ab, die du hinter den Gitterstäben von Gedankengebäuden versteckst, um im täglichen Trott mithalten zu können. Habe Mut, unvollkommen zu sein. Dies geschieht, wenn du deiner Herzenskraft folgst. Plötzlich wirst du vom Leben berührt, und du berührst das Leben. Wir weinen über freudige und traurige Ereignisse. Wir lachen laut, nehmen uns spontan in den Arm, erzählen von Dingen, die uns bewegen, beginnen, unseren Träumen zuzuhören und unseren inneren Bedürfnissen nachzugehen. Wir singen glücklich unter der Dusche, auch wenn es für andere falsch und schräg klingt. Hier beginnt der Weg der Lebendigkeit, Berührung und Wahrhaftigkeit. Der Mut, das zu tun und dem nachzugehen, was in deinem Herzen wohnt, erscheint erst einmal wie eine Schwäche. Doch diese Schwäche wird deine Stärke werden, wenn du sie groß werden lässt. Die Trolle bestärken dich darin, deiner Natur zu folgen und auf den Spuren des Lebens zu wandeln. Das zu leben, was tatsächlich passiert, während wir noch meinen, planen zu müssen. Sei im Hier und Jetzt. Gestern ist vorbei, morgen ist noch nicht da, nur das Jetzt ist, und es ist alles, was du brauchst, um dich vom Leben berühren zu lassen. Erhebe deinen Blick, lasse deine Gedanken hinter dir, und schaue in die Augen deines Gegenübers. Sei da.

Undinen

REINIGUNG, BEWEGUNG, BELEBUNG

Undinen springen durch die Wellen, zum Menschen sie sich gern gesellen.
Sie lieben die Bewegung, den Tanz und den Klang,
sie hüten das Lebenswasser mit ihrem Gesang.
Wo immer das Wasser sich befindet, eine Undine sich in ihm windet.
Ob in den Regentropfen, im Schnee oder im Tau, Undinen sind dort, ganz genau.
Wasser geleitet in festen Normen, zeigt sich gerne in kristallinen Formen.
Es gibt viele Möglichkeiten, die Wasserbewegung anzuleiten.
Steine, Pflanzen, Tiere und Menschen belebt ihr mit euren zyklischen Tänzen,
denn ihr, ihr kennt nur die fließenden Grenzen.
Jede kleinste Wasserregung ist ein Zeichen eurer Segnung.
Den Kelch der Heilung hütet ihr, das Wasser, das feuchte Lebenselixier.

Hintergrund

Undinen sind weibliche Wassergeister. Sie sind die Elementarwesen, Vorsteherinnen und
Hüterinnen des Wasserelementes dieser Erde. Sie stehen eng mit der Kraft des Mondes in
Verbindung. Die Undinen sind an ausnahmslos alle Formen des Wassers gebunden, auch
an die energetische Form des Wassers. Ob in Flüssen, Tümpeln, Teichen, in den Ozea-
nen, im Wasserhaushalt der Mineralien, Pflanzen, Tiere oder Menschen, ob Salz- oder
Süßwasser, ja, in jeder Welle, in jeder noch so kleinen Bewegung des Wassers wohnt eine
Undine. Sie reiten auf den Wellen des Ozeans und ruhen sich in Felsengrotten aus, wo Far-
ne ranken, Blumen blühen und das Moos ihnen ein weiches Polster bietet. Man kann sie
in sumpfigen Gebieten finden ebenso wie in ober- und unterirdischen Flüssen und Seen.
Sie sind in Regentropfen, Hagel, Eiskristallen und Schneeflocken, in Eis, Nebel, Tau und
Wasserdampf, auch in klirrend kalten und brodelnd heißen Gewässern zu finden.
Aus der feinen Äthersubstanz des Wassers erschaffen, sind sie graziöse Geschöpfe. Kleine
Undinen haben oft Flügel und halten sich in der Nähe von Blumen auf, die in Mooren,
Sümpfen, an Seen und Bächen wachsen, sie lassen die Wassersäfte steigen und sinken.
Sie sehen oftmals aus wie kleine Nebelfetzen. Dieser Eindruck wird auch durch ihre Klei-
dung hervorgerufen, die aus einer silbrig schimmernden Substanz besteht, die wie Wasser
aussieht und in allen Farben des Wassers leuchtet, vorwiegend allerdings in Grüntönen,
manchmal auch in Magenta bis Violett.
Wie bei allen Geschöpfen von Mutter Natur haben sie auch Zugang zum Wasserelement
im Menschen. Sie wachen über das Fruchtwasser, in dem der Embryo im Mutterleib

schwimmt, über die Tränen und andere Körpersäfte, dazu gehört auch das Blut. Undinen haben Zugang zur Gefühlswelt, zur intuitiven Kraft und zu seelischen Strömungen. Gemütsbewegungen jeder Art locken die Wassergeister in Scharen herbei, die Verwirrung, ja einen regelrechten emotionalen Sturm heraufbeschwören können. Die einzige Macht, die derlei Gefühlsstürme besänftigen kann, ist eine sich gleichmäßig und ruhig verströmende Liebe. Im Strahlenglanz der Liebe verursachen Undinen harmonische, friedvolle und sanfte Bewegungen des Wassers. Diese Wasserwesen sind durchaus gewillt, mit den Menschen zusammenzuarbeiten, erkennen ihn allerdings nur an, wenn er sie zu führen weiß. Sie können ein aufpeitschendes Temperament haben, das bei Menschen, die ihre Gefühle nicht kontrollieren können und ihren Leidenschaften freien Lauf lassen, die inneren Wogen so hochpeitscht, dass daraus Schaden, Leid und Gewalttätigkeit entstehen können. Wenn sich die Undinen ruhig in ihren Gewässern winden, werden die Wasserströme segenbringend geleitet und ein gleichmäßiges, ruhiges Gefühlsfeld erzeugt, in dem viel Gutes gedeihen kann.

Allgemeine Bedeutung

Im Frühling lassen die Undinen die Wasserkräfte in allen erdenklichen Formen steigen. Im Sommer tanzen sie ihre Wasserreigen, um die Kraft des Wassers zu erneuern, zu beleben und zu erhalten. Im Herbst sausen sie in den Regentropfen auf die Erde nieder und bereiten sich auf die Kraft der Wandlung vor. Im Winter verwandeln sie sich oft in Eiskristalle, Schneeflocken und Eis. Erreicht dich die Kraft der Undinen, so öffne dich dem Wasserelement. Du bestehst zu über 80% aus Wasser. Es fließt in deinen Adern, Tränen, Verdauungssäften, es ist in der Luft, die dich umgibt, in jeder Körperzelle und in deinem Gefühls- oder Emotionalkörper.

Undinen lehren dich, deine Gefühle wahrzunehmen, zu erkennen und zu entwickeln. Auf der Gefühlspalette gibt es alle Schattierungen vom tiefem Schmerz bis zur Glückseligkeit und Ekstase. Undinen arbeiten mit uns oft über die Traumebene zusammen. Sie sind unser Spiegel für alles, was wir tun, in allen Bereichen, und helfen uns, bestimmte Erfahrungen zu verarbeiten.

Wenn deine Verbindung zu den Undinen sehr eng ist, kann es sein, dass du dich mit Emotionen vollsaugst, und zwar nicht nur mit deinen eigenen. Die Grenzen sind dann für dich fließend, du bist empfänglich für alle Empfindungen in deiner Umgebung und im Äther. Du hast eine sehr gute Intuition, die Gabe des inneren Sehens. Du bist aber auch verletzlich, ängstlich, verzettelst dich in den widersprüchlichsten Gefühlen, stehst dir selbst bei der Umsetzung deiner Ziele im Weg, sehnst dich nach etwas, ohne zu wissen, was es ist. Auch Eitelkeit und überzogenes Schönheitsempfinden, starke Sinnlichkeit und aufopfernde Hingabe sind Anzeichen von starkem Undineneinfluss.

Ist hingegen die Verbindung zu den Undinen nur schwach ausgeprägt, so fehlt es oft an Einfühlungsvermögen, Mitgefühl, Lebensqualität und Liebe. Wenn wir den Umgang mit den Undinen pflegen, können wir unser Wasserelement ausbalancieren. Gefühle können gereinigt werden, wodurch wir Gesundheit, Heilung und Inspiration erfahren.

Die Botschaft der Undinen lautet: Fröhlich singend sind wir hier, wir lieben das Wasserelixier. Bewegung, Windung jeder Sorte und in allen Wassern, an jedem Orte. Wir reinigen deine fühlende Natur, wenn du dich uns öffnest nur.

Ritual ~ Kontakt mit deinen Undinen ~

Beschäftige dich mit dem Wasser. Begib dich in irgendeiner Form in das Element Wasser. Du kannst in einem See baden gehen, deine Füße in einen Fluss hängen, dich in die Badewanne legen, im Regen spazieren gehen … Öffne diesem Element alle deine Sinne. Wie fühlt es sich an? Wie schmeckt es? Wie riecht es? Wie hört es sich an? Konzentriere dich auf das Wasser, das durch dich hindurchfließt. Spüre das Lymphsystem, die Nieren, den Harnleiter, die Blase. Konzentriere dich eine Zeit lang auf das Fließen in deinem Körper, auf deine Undinentätigkeiten.

Nimm dir Zeit und Raum. Atme tief ein und aus, und entspanne dich. Stelle dir vor, wie ein Wassernebel dich einhüllt. Wenn der Nebel dich ganz eingehüllt hat, öffnet sich ein Tor. Du stehst in einer Wasserlandschaft. Wie sieht deine persönliche Wasserlandschaft aus? Gibt es dort Eis, Schnee, Dampf, Hitze, einen See, einen Bach, eine Quelle, ein Meer … Schau dich um. Betrachte deine persönliche Wasserlandschaft. Rufe nun mit der Kraft deines Herzens deine Undinen herbei. Warte auf ein Zeichen von ihnen. Es kann ein Zeichen des Wassers sein, ein plätscherndes Geräusch, ein Tropfen, der dich berührt, eine feuchte Kühle an der Haut, ein Symbol, das vor dir erscheint, ein Wort, ein Klang, eine Farbe … Deine Undine zeigt sich dir auf eine ganz persönliche Weise. An diesem Zeichen kannst du sie in Zukunft immer erkennen. Wenn deine Undine erscheint, bitte sie, dich zu deinem inneren Spiegel zu führen. Stelle dir vor, wie sie vor deinem inneren Auge die Wasseroberfläche in deiner Wasserlandschaft glättet. Frage sie, was für dich in Bezug auf deine Gefühle jetzt wichtig ist. Schau in den Spiegel des Wassers. Was siehst du darin? Was nimmst du wahr? Betrachte das, was dir gezeigt wird, so lange, bis der Spiegel wieder klar ist. Du kannst deine Undine nun fragen, was zu tun ist. Wie kannst du geheilt werden? Was brauchst du im Moment? Lasse dich von ihr führen. Wenn eure Begegnung zum Ende gekommen ist, bedanke dich bei deiner Undine. Schreite wieder durch das Tor in den Wassernebel, und kehre zurück.

Wenn dein Versuch, die Verbindung zu deiner Undine herzustellen, nicht sofort erfolgreich ist, so versuche es mindestens noch dreimal. Ist der Kontakt hergestellt, kannst du viel von ihnen erfahren. Dazu gehört z. B., wie du mithilfe deiner Wasserkraft Dinge magnetisch in dein Leben ziehst, wie du heilen kannst, wie du dich reinigen solltest, wie du lernst, deine Gefühle zu beherrschen, oder welche Bewegung dir hilft, damit du wieder in Fluss kommst.

Verborgene Naturkraft

GEHEIMNIS, SEGEN, STÄRKUNG

Es ist früh am Morgen, alles singt, der reine Klang im aufgehenden Lichte schwingt.
Vergiss all dein Leid, deine menschlichen Sorgen, fühle dich in diesem Licht geborgen.
Höre meine Stimme, ich bin bei dir. Meine Kraft fließt zu dir von mir.
Das wahre Leben wird im Schmerze geboren,
damit es versteht und niemals wieder geht verloren.
Du wirst Frieden, Freiheit und Liebe dein eigen nennen,
dann wirst du mein Wesen erkennen.
Ich führe dich und begleite dich, aus fernen Reichen liebe ich dich.
Bin bei dir, kannst mich erkennen, nur du kannst mich beim Namen nennen.
Folge mir in die Natur, denn hier bin ich zu Hause nur.
Feuer, Erde Wasser, Luft und Licht, nur du kennst mein wahres Gesicht.

Hintergrund

Jeder von uns wird neben hohen Engeln und Lichtkräften noch von den Kräften der Natur versorgt und begleitet. Die Beschützer aus dem Reich der Naturwesen werden Pate oder Patin genannt. Sie sind schon lange in unserem Sein verborgen, manchmal begleiten sie uns durch ein Leben und manchmal über viele Leben. Sie klopfen immer wieder einmal an, warten jedoch, bis du die Tür aufmachst, um in deinem Leben segenbringend zu wirken.

Alles besteht aus Schwingungen, Energien und Frequenzen. Die meisten von uns haben Radio, Fernsehen, Internetanschluss … Diese Geräte fangen Wellen, Schwingungen und Impulse ein, sodass wir Dinge erleben können, die aus großen Entfernungen kommen. Doch solange wir die Geräte nicht einstellen, solange werden wir nichts empfangen. Wir können materielle Dinge sehen, weil wir in diesem Schwingungsbereich zu Hause sind. Naturwesen, Kräfte des ätherischen oder astralen Reiches und Lichtwesen schwingen in anderen, feineren und höheren Frequenzen. So ist es auch mit den Kräften, die uns begleiten. Um sie erfahren zu können, müssen wir uns auf sie einstellen. Dann werden wir mit ihnen Kontakt aufnehmen können.

Wenn wir beginnen, mit den Reichen, die in Märchen, Mythen und Legenden beschrieben werden, Verbindung aufzunehmen, werden wir den engen Pfad, dem wir bisher gefolgt sind, verlassen. Wir beginnen, uns auf eine höhere Frequenz einzustellen, und empfangen neue Dinge. Wie jede neue Erfahrung kann das gleichzeitig ein beängstigendes und schönes Erlebnis sein. Wir betreten damit die Welt des Lebendigen, der Magie und der Wunder. Dort finden wir einen Teil unserer Seele, den es zu erlösen gilt. Die Naturkräfte und Wesen, die uns jetzt noch verborgen sind, helfen uns auf dem Weg zu diesem Teil unserer Seele. Wenn wir sie kennenlernen und uns erlösen wollen, ist es unsere Entscheidung, die Schwelle zu überschreiten oder diesen Teil schlafen zu lassen. Wenn wir uns dazu entscheiden, diese Welt zu betreten, ist die verborgene Naturkraft unser Führer in diese Welten.

Um sich dieser Kraft zu öffnen, erinnere dich deiner Lieblingsgeschichten und -märchen. Schau, in welchem Element – Feuer, Erde, Wasser, Luft, Äther – du dich zu Hause fühlst. Dies sind die ersten Hinweise auf das oder die Naturwesen, die dich stets begleiten und mit guter Kraft versorgen. Lerne deinen Paten oder deine Patin aus dem Reich der Natur kennen. Diese Begegnung verheißt Glück, Segen und lichtvolle Führung auf dem Lebensweg.

Allgemeine Bedeutung

Erreicht dich der Ruf der verborgenen Kraft in der Natur, so fordert sie dich auf, sie kennenzulernen und beim richtigen Namen zu nennen. Sie begleitet dich, seit du hier auf der Erde bist, vielleicht kennst du sie auch schon aus früherer Zeit. Keiner kann sie für dich finden. Du allein musst sie suchen, kannst sie in deinem Sein entdecken, sie wird dann noch höhere Kräfte erwecken. Sie spricht:

Schau nicht hier und auch nicht dort, schau in dich selbst in einem fort. Vielleicht siehst du mich im spiegelnden Teich, vielleicht im wärmenden Feuerreich. Vielleicht habe ich mich in Höhlen der Erde versteckt oder bin die Luft, die dich ewig neckt. Meine Kraft ist Spiel und Spaß, entdeckst du sie, lernst du noch was über dich, über dein Sein, über deinen Auftrag, über deinen Schein. Ich bin stets um dich herum, erinnere dich, und schaue dich um.

Was war dein Lieblingsmärchen in früheren Zeiten, was deine Lieblingszaubergestalt der unendlichen Weiten? So komme mit mir in das Wunderland, klettere mit mir über den Rand. Sodass wir uns wiedersehen und von da an gemeinsam gehen. So lehre ich dich die anderen Welten verstehen.

Ein Teil deiner Kraft, ein Teil deiner Seele, wartet schon lange im schlafenden Sein auf die Erlösung und den hellen Schein. Drum scheue dich nicht, und folge mir leise zur abenteuerlichen Reise. Das Land der Seele ist erhaben und weit, größer und reicher, zarter und weicher als das Leben, das deines ist zurzeit. So lasse dich beschenken, doch gewähr' ich dir gern noch viel Raum zu bedenken. Ich bin schon da – bist du bereit? – und schenke dir treu mein ew'ges Geleit.

Die Botschaft der verborgenen Naturkraft lautet: Folge mir, und steig mit ein in das wundersame Sein. Scheue dich nicht, meiner Kraft zu begegnen, denn sie wird dein Leben ewig segnen.

Ritual ~ Reise in das unbekannte Land ~

Erinnere dich der Märchen, Legenden, Sagen und Erzählungen, die dich am meisten beeindruckt haben und dir lange lebhaft in Erinnerung waren. Du kannst diese Geschichten noch einmal lesen, um sie dir ins Gedächtnis zu holen. Bevor du auf die Reise gehst, frage dich: Wer war (oder ist) meine Lieblingsgestalt? Was war mein Lieblingsmärchen oder -fabelwesen? Welcher Abschnitt der Geschichte hat mich tief und nachhaltig beeindruckt? Nimm dir Zeit und Ruhe. Du kannst in die Natur gehen oder diese Reise auch in deinen Räumen machen. Du kannst dir einen schönen Rahmen schaffen und auf einem besonderen Platz alle Dinge sammeln, die du sehr gern hast: Steine, Pflanzen, Farben, die Elemente, die dir besonders nahestehen … Begib dich in eine Haltung, in der du längere Zeit ruhig sitzen kannst. Atme tief ein und aus. Atme beim Einatmen Licht ein und beim Ausatmen alle Verspannungen aus. Entspanne deinen ganzen Körper.

Stelle dir vor, wie du in goldenen Sternenstaub eingehüllt wirst. Wenn du ganz in dieses goldene Sternenlicht getaucht bist, entdeckst du eine Tür. Du schreitest durch die Tür und stehst in einer Landschaft. Wie sieht diese Landschaft aus? Schau dich genau um. Du entdeckst deine Lieblingspflanzen. Nach kurzer Zeit taucht ein Wesen auf. Es kann ein Tier sein, ein Fabelwesen, ein Naturwesen, ein Engel … Es bringt dich an einen heiligen Ort, an einen heiligen Platz in der Natur. Das kann z. B. ein Steinkreis sein oder eine Insel, ein Felsvorsprung, eine Einweihungshöhle, ein heiliges Feuer, eine Lichtung, ein Raum hinter einem Wasserfall, ein Platz am Fluss, ein hoher Berg, ein Reich in einem Edelstein oder Kristall, ein Platz in der Natur, den du tatsächlich gerne aufsuchst, ein Ort, den du aus deinem Lieblingsmärchen kennst … An diesem Ort ist alles kraftvoll, hier ist alles in vollkommener Harmonie.

Du setzt dich nieder. Fühle und sieh alles, male dir diesen Platz genau aus. Wenn du dich gut und geborgen fühlst, bitte die verborgene Naturkraft, deinen Paten, deine Patin, sich dir zu zeigen. Ein Tor öffnet sich an diesem Platz. Es kann in der Erde, in der Luft, in einem Baum, in einem See, überall an diesem Ort sein. Schau, wie es sich öffnet. Spüre in dir die Vorfreude auf das Wiedersehen. Vor dir steht die verborgene Kraft, die schon immer bei dir ist. Das Glück überströmt dich beim Anblick deines Paten, deiner Patin. Frage die Kraft nach ihrem Namen. Sie setzt sich zu dir. Wenn du sie etwas fragen möchtest, frage sie. Nimm Verbindung mit ihr auf. Du kannst auch erkunden, wann sie in früheren Zeiten schon bei dir angeklopft hat.

Wenn sie sich auflöst, ist es Zeit zu gehen. Bedanke dich, denn es ist ein großer Segen, dass du dieses Wesen wiedersehen und neu kennenlernen kannst. Du kommst zurück in deinen Körper. Notiere deine Erlebnisse aus dieser Begegnung. Jetzt beginnt deine Reise. Du kannst diesen Platz, den du hierbei gefunden hast, regelmäßig aufsuchen und mit der verborgenen Naturkraft Verbindung aufnehmen. Sie wird dir in allen Angelegenheiten zur Seite stehen. Manchmal wird dich der Rat, den sie dir erteilen wird, seltsam anmuten. Befolge ihn dennoch. Meist wird erst später klar, worin sein Sinn lag. Diese Kraft ist immer auf deiner Seite.

Vulkani

ANTRIEBSKRAFT, BEWEGUNG, SELBSTBEZOGENHEIT

Tief in der Erde verborgen lauern sie hier, lauern sie dort, lauern an jedem feurigen Ort.
Harren ungeduldig schon auf ihr ungebändigtes Tun.
Lieben es, im Kampfgeschrei, in den Feuern wild zu zucken, wo, ist ihnen einerlei.
Wildes Tanzen, heißes Glühen, Flammen lecken, Funken sprühen,
ja, das ist ihr Element. Kein Stillstand, nur Bewegung, jede rennt.
Hauptsache, tun und bloß nicht ruh'n.
Mit den Blitzen Feuer legen, Gluten leiten und sie hegen.
Vulkane tanzen im Feuerlicht, Feuer ist ihr Leibgericht.
Gierig um sich greifend lassen sie das Feuer reifen,
streuen Zwietracht, Unruh', Gram. Hauptsache, es wird etwas getan.
Ihr Lebenselixier ist Feuer pur, es durchdringt ihre ganze Natur.
Nicht schert sie, wann und wo und wie. Wichtig ist, alles dreht sich nur um sie.

Hintergrund

Vulkani sind Vertreterinnen der oberen Klassen der weiblichen Feuergeister. Sie gehören natürlich ins Feuerreich und sind verwandt mit den Salamandern. Die Feuerreiche sind am weitesten von der Menschenwelt entfernt. Dort verstärkt sich der teuflische Wesensanteil der Naturgeister.

Vulkani werden oft in Frauen- oder Mädchengestalt, als extravagante Damen oder leichtfertige, übermütige Mädchen dargestellt. Allgemein sind sie schön im Wuchs und ansprechend in ihrem Aussehen. In ihrer Art sind sie ungeduldig, launisch, reizbar, immer in Bewegung, jederzeit kampfbereit und stellen ihre Freiheit über alles. Sie lieben das Kämpfen um des Kampfes willen und benötigen keinen besonderen Anlass, um loszuschlagen. Sie erscheinen oft in den vielfältigen Farben des Feuerelementes wie Rot, Orange, Grellgelb oder aber auch in Elektrischblau und zuweilen in Dunkelrot bis Schwarz.

Sie sind ruhelos und unstet wie ihr Element. Sie hängen an keinem Ort. Dort, wo Flammen züngeln, fühlen sie sich wohl, dort sind sie zu Hause. Entsprechend leben sie in noch tätigen Kratern, glühendem Magma, heißen Öfen, geladenen Blitzen und gelegentlich in undichten Elektrizitätsquellen. In den aufsteigenden Gift- und Feuerschwaden dieser Orte messen sie ihre Kräfte aneinander. Sie lieben das Feuer in all seinen Formen. So sind sie bei Wald- oder Buschbränden in ihrem Element. Ausgelassen schreiend, verzückt und von wilder Kraft beseelt, haben sie nur eins im Sinn: das Feuer noch mehr auszudehnen.

Bei Feuerexplosionen brechen sie in kreischenden Jubel aus. In den Gluten tragen sie hell schimmernd und voller Begeisterung in unablässig sich verändernden Formen ihre Kämpfe aus. Hauptsache, es tut sich etwas. Wärme, Bewegung, Chaos, darin fühlen sie sich wohl. Sie rutschen auf Blitzen hernieder, um an deren Enden das Feuer zu entfachen.

Je stärker sie die Flammen schüren und je heller und höher diese lodern, desto mehr geraten die Vulkani in wildes Verzücken und hemmungslose Ekstase. Erlöschen die Flammen jedoch, so kehren sie hinab in die Tiefe und warten ungeduldig, bis die Feuerkraft sie wieder ruft und sie nährt.

Wasser meiden und fürchten die Vulkani, da es sie auflöst. Ruhe, Stille, Frieden und Harmonie sind ihnen ein Graus. Hoch entwickelte friedliche Menschen und jede Art von Engelwesen gehen ihnen auf die Nerven und bereiten ihnen Kopfschmerzen. Sie fliehen vor diesen Energien. Die Aufgabe der Vulkani ist es, die wilde ungebändigte Kraft zu nähren und damit Bewegung und unberechenbaren Wandel zu schaffen. Materie ist für sie kein Hindernis. Menschen, die unvorsichtig mit Feuer spielen, besonders Kinder, verleiten sie dazu, Brände zu entfachen; Pyromanen[8] sind besetzt von ihnen. Empfinden die Vulkani jedoch Zuneigung zu einem Menschen, so sind sie bereit, ihre Wildheit zu zähmen und ihre Energie zu veredeln, auch wenn hin und wieder noch ihr ursprüngliches Wesen zum Vorschein kommt. Aus Liebe können sie sehr treu und aufrichtig sein, dabei geben sie ihre Wärme gleichmäßig ab und reißen nur manchmal einen kleinen »Feuerwitz«. Doch Vorsicht: Enttäusche diese Wesen nicht, denn dann besteht Explosionsgefahr!

Allgemeine Bedeutung

Erreicht dich der Kampfschrei der Vulkani, so sei auf der Hut. Sie interessieren sich nicht sonderlich für die Menschen, sondern messen nur ihren eigenen Angelegenheiten Bedeutung bei. Sie möchten Kämpfe, Explosionen, Tätigkeit und Bewegung auslösen, Energie und Wärme verbreiten, eben Feuer jeder Art entfachen und es in seiner höchsten Form zur Entfaltung bringen. Dazu ist ihnen jedes Mittel recht, auch du. Hier hast du es mit Energien, ja »Erregern« zu tun, die dich so richtig zum Explodieren bringen wollen. Bei jeder hitzigen Debatte sind sie sofort da. Sie reizen dich. Springst du darauf an, so treiben sie dich hoch. In Streitsituationen helfen sie ordentlich nach. In Situationen, in denen Menschen gestresst, überreizt oder unvorsichtig sind, liegen ihre Chancen.

Wenn deine Energie lodert, wenn sie wilder und wilder ausschlägt, dann sind die Vulkani glücklich, doch nicht zufrieden, denn das sind sie nie. Immer weiter muss es gehen, immer höher hinaus, immer mehr muss es geben. Sie hören nicht auf, dir einzuheizen, peitschen diese Züge deines Wesens ordentlich hoch. Vergiss nicht, du selbst bist der Lenker deines Lebens. Unter ihrem Einfluss jedoch wirst du schnell zu einem Werkzeug ihrer Belange.

Hast du es mit den Vulkani zu tun, so ist deine Aufgabe, dich mit deiner Energie zu beschäftigen. Bist du leicht erregbar? Welche Situationen versetzen dich in äußerste Wut, treiben dich zur völligen Unbeherrschtheit? Wann bist du nicht mehr Herr der Lage?

---

8 Menschen, die zwanghaft brandstiften

Wenn du deine Energie nicht beherrschen kannst, wird sie dich beherrschen, und dann kann sie viel zerstören. Ein »Vulkanausbruch« kann zu Situationen führen, die nicht mehr in Ordnung zu bringen sind. Durch die Vulkani kannst du aber auch lernen, mit deiner Energie richtig Maß zu halten. Und zwar so, dass sie dir als Antriebskraft zur Verfügung steht, sie wie ein wärmendes Feuer brennt und sich nicht in kurzlebigen Situationen verheizt. Lerne durch die Vulkani, deine Energie zu lenken und zu leiten.

Die Botschaft der Vulkani lautet: Ja, Energie, Feuer, Explosion, Vulkanausbrüche, das ist unser Lebenselixier, ja, dafür sind wir hier. Wachzurütteln diese Kraft, welche die Bewegung schafft. Egal, in welcher Form, in welcher Zeit, in welchem Raum, Feuer ist unser Lebenstraum.

Ritual ~ Entdecke das Feuer in dir ~

Im Gegensatz zu den Salamandern, die alle Feuerenergien leiten, positive wie negative, sind die Vulkani nur darauf aus, Feuer zu legen und zu entfachen. Sie lieben es, die Dinge anzuheizen. Sie verführen zu Streit, ungutem Gerede, sie erhitzen und entfachen damit den Brand …

Übe dich darin, die Kraft der Vulkani in deinem Alltag zu entdecken. Wann sprichst du Dinge aus, die Zwist und Streitigkeiten hervorrufen können? Trägst du Dinge weiter, ohne sie überprüft zu haben? Redest du über Menschen, die nicht anwesend sind, statt mit ihnen zu reden? Wann werden deine Gedanken in unfriedliche Richtungen gelenkt? Wann werden deine Gefühle unruhig? Wann springen die Vulkani von anderen Menschen auf dich über, um das Feuer in dir anzuheizen usw.? Beobachte eine ganze Zeit lang die Vulkani-Energie, bis du sie kennen- und erkennen gelernt hast.

Die Vulkani rütteln dich wach, denn da, wo sie sind, ist mit Sicherheit die Energie nicht im Gleichgewicht, sonst könnten sie nicht so wild wirken. Erkenne ihre überhitzte Energie. Lenke sie in konstruktive Bahnen. Sprich z. B. über das, was nicht in Ordnung ist, jedoch ohne verletzend zu werden. Vulkani mögen weder Frieden noch Licht noch Ruhe. Du kannst sie in deinem Umfeld zur Ruhe bringen, indem du sie nicht nährst, sondern ihnen Licht schickst. Bei den Sätzen »Friede sei in mir!« oder »Frieden sei mit dir!« schüttelt es sie, und sie beginnen, das Weite zu suchen. Wenn höhere Kräfte geschickt werden, verschwinden die Vulkani von allein und suchen Orte, an denen sie wieder in ihrem Element walten können.

Wassermänner

INNENSCHAU, STRUDELKRAFT, SUCHE

Nix, Nöck und Wassermänner sind die wahren Wasserkenner.
Im Wasser wohnen unzählig viele Wassergeister, sind mal lieb und mal dreister,
hüten die heiligen Bereiche, sind die Kenner aller feuchten Reiche,
führen dich ganz tief hinab, manchmal geht es auf und ab.
Immer wilder fiedeln sie, du drehst dich im Tanz, so schnell, schnell wie noch nie,
immer mehr zur Mitte hin, dann geht es hinab, und du bist tief im Wasser drin.
Der Strudel hat dich mitgerissen, doch eins sollst du ahnen, eins sollst du wissen:
Sind dir die Wassermänner gut gesinnt, bist du ein Mensch, der viel gewinnt.
Rufe sie, vertraue ihnen, so tragen sie dich zu Ufern hin,
helfen dir in deiner Not, tragen dich wie in einem Boot,
legen dich am Ufer ab, hui, das war diesmal ganz schön knapp.
Lerne sie kennen und verstehen,
dann bist du sicher und kannst beruhigt zum Wasser gehen.

Hintergrund

Die männlichen Bewohner der Gewässer werden je nach ihrer Aufgabe und ihrem Zuhause – Bach, Fluss, See, Meer – unterschiedlich bezeichnet. So wohnen z. B. der Meermann, der Nix und der Nöck im Meer, der Strömkarl haust unter den Wasserfällen, und sowohl der Nickelmann, der Neck als auch der Mummel leben in den Flüssen und Seen. Sie alle sind oftmals für die Fließ- und Strömkraft des Wassers verantwortlich.

Wassermänner werden viele hundert Jahre alt. Sie lassen sich leicht erkennen: Da sind die ewig tropfenden Haare, die Bekleidung, die stets eine tropfnasse Stelle aufweist, und oftmals haben sie Schwimmhäute zwischen den Fingern. Ihre Haare sind meist lang und grün. Einige haben lange Bärte, oft schimmert ihre Haut in grünen und blauen Schuppen, und auch ihre Zähne leuchten grün. Bei manchen ist der Körper halb Mensch, halb Fisch, und manche können sich an Land bewegen, sind aber an das Gewässer, in dem sie leben, gebunden. Einige Wassermannarten tragen einen roten Zweispitz oder eine purpurne Kappe, ohne die sie nicht wieder unter das Wasser tauchen können.

Die männlichen Wassergeister passen sich dem Gewässer, das sie hüten und beleben, außer in Größe, Farbe, Form und Gestalt auch im Wesen an, sodass sie ganz unterschiedliche Charaktere aufweisen. So gibt es majestätische Meeresgötter, die die strenge Oberaufsicht über die Wasserreiche führen. Sie leben in Königreichen tief am Meeresgrund, reiten mit Delfinen auf Schaumkronen über ihr Reich und sehen nach dem Rechten. Andererseits gibt es auch kleine braune froschähnliche Männlein. Im Volksglauben wird der männliche Nix z. B. oft als bösartiges Flussungeheuer dargestellt, dem man mit Ehrfurcht und Angst begegnet. Man sagt ihm nach, er reiße Menschen in die Tiefe, fordere seine Opfer. Er ist sehr streng darauf bedacht, dass die Regeln und Gesetze des Wassers eingehalten werden. Andererseits kann der männliche Nix weissagen und klugen Rat erteilen, wenn ein Mensch nach bestandenen Prüfungen den Weg zu ihm gefunden hat. Er hütet allerlei Wasserschätze und magische Wassergegenstände, z. B. den magischen Spiegel, Wunsch erfüllende Gegenstände, sprechende Muscheln etc. Er sitzt meistens an reißenden Stromschnellen und tiefen Wasserstrudeln. Andere Wassermannarten sind eher gutmütig und gesellig, leben glücklich mit ihren Familien. Sie lieben Wein, Weib, Gesang und Spiele jeder Art. Sie sind den Menschen zugetan und suchen gar ihre Nähe. Viele sind Musiker und spielen mit ihrer Geige meisterhaft wilde, süße und mitreißende Tanzlieder. Manche spielen so wild, dass alles in ihrer Nähe anfangen muss zu tanzen und in ihren Sog gerät. Oftmals wird das Opfer dabei in vielen Drehungen nach unten gezogen. Einige derbere Wassergeister zechen gerne. Sie wetten gern, trinken alle möglichen Feuerwasser, haben rote Säufernasen und sind hässlich aber gutmütig. Leider ist der Kontakt zwischen ihnen und den Menschen oftmals durch schlechte Erfahrungen beider Seiten gestört. Indem wir lernen, ihnen zuzuhören, kann er wiederaufgebaut und -belebt werden.

Allgemeine Bedeutung

Erreicht dich der Ruf der Wassermänner und männlichen Wassergeister, so ist es Zeit, eine Pause zu machen und nach innen zu hören. Eine Botschaft, tief im Inneren verborgen, wartet darauf, an die Oberfläche zu kommen. Oft nehmen wir uns zu wenig Zeit für unsere Tiefen. Wir haben verlernt, uns wirklich zuzuhören. Wenn dann der Punkt überschritten ist und wir krank auf der Nase liegen, wird uns klar, dass wir vergessen haben, auf die Zeichen in uns zu achten, die Signale, die immer wieder auftauchten, wahrzunehmen und nach innen zu hören.

Die Wassermänner raten dir, dir einmal Zeit für dich selbst zu nehmen. Begib dich ans Wasser, und horche tief in dich hinein. Was fühlst du? Was ist in deinem Leben in Ordnung und was nicht? Was beschäftigt dich unter der Oberfläche? Wie geht es dir zuinnerst? Was kannst du für dich tun, um dich zu stärken und zu stabilisieren? Mache öfter mal eine kleine Pause vom Alltag. Ruhe dich etwas aus. Atme tief in dich hinein. Lausche nach innen, höre dir zu. Nur so kannst du die Dinge, die einen ungünstigen Einfluss auf dich haben, erkennen und verändern, bevor sie dir schaden. Wenn du nur noch arbeitest, lasse die Arbeit auch einmal liegen, und vergnüge dich öfter. Ruhe dich aus, und lasse das Arbeitsleben für kurze Zeit einmal Arbeitsleben sein. Wenn du dich hingegen zu sehr treiben lässt, zu oft träge herumhängst, nichts tust, ist es an der Zeit, dein Leben wieder zum Fließen zu bringen, damit es dich weitertragen kann und du nicht versumpfst. Ändere die Dinge, die dich daran hindern, dein Leben positiv zu gestalten. Nimm die Kraft des Wassers, um dich weitertragen zu lassen. Höre in dich hinein, denn alles ist bereits in dir.

Die Botschaft der Wassermänner lautet: Das Leben ist heute so, morgen so. Mal vergnüge dich und sei so froh. Manchmal arbeite dich frei, dann fließt das Wasser weiter munter, den Bachlauf entlang zum Fluss hinunter. Das Wasser von vorne fließt von dir weg, das Wasser von hinten fließt zu dir hin. Dein Blick gibt die Richtung, so wähle weise, alles bewegt sich in Zyklen und Kreisen. Folge dem Leben auf und ab, dann trägt dich das Wasser den Fluss hinab. Nimm dir Zeit, hör dem Wasser zu, dann findest du in dir wieder die Seelenruh'. Denn die wahre Kraft kommt aus der Stille und belebt dir deinen eigenen Willen.

Ritual ~ Im Reich der männlichen Wassergeister ~

Nimm dir Zeit. Suche einen See, einen Bachlauf, ein Flussufer, einen Wasserfall o. Ä. auf. Beobachte das von dir gewählte Gewässer. Die Eingänge in das Wasserreich von Wassermann und Nix sind meist kleinere oder größere Wasserstrudel, Spalten zwischen Steinen, über die Wasser fließt, ungewöhnliche Stellen an Flussläufen, insbesondere Stromschnellen oder Gabelungen, an denen zwei Flüsse ineinanderfließen, Nischen hinter Wasserfällen, und natürlich Stellen, die dich magisch anziehen stehenzubleiben. Hier sind die Tore in die Reiche der Wassertiefen, die mit Bestimmtheit von einem männlichen Wassergeist bewacht, beseelt und bewohnt werden.

Lasse dich an einer solchen Stelle nieder. Beobachte sie eine Zeit lang. Höre dem Rauschen, Plätschern und Gurgeln zu. Wenn du dein Herz dem Fluss ganz öffnest, wird er dich tragen. Stelle dir vor, wie er durch dich hindurchfließt und dich reinigt. Stelle die Frage, die dich gegenwärtig am meisten beschäftigt. Werde still und lausche, ob der Fluss dir eine Antwort bringt. Dies ist die erste Öffnung zu den Wasserreichen. Besuche diesen Platz, den du für dich entdeckt hast, immer wieder einmal. Wenn sich dein Bezug zu dieser Stelle gefestigt hat, nimm dir Zeit, rufe das Wesen, das diese Stelle hütet. Bitte es, sich dir zu zeigen. Wenn du so weit bist, schließe deine Augen. Sieh nun vor deinem inneren Auge noch einmal in allen Einzelheiten »deine« Stelle im Wasser, die für dich ein Tor in die Reiche der Wasserwelten darstellt. Wenn du bereit bist, stelle dir vor, wie dich ein Nebel umgibt und einhüllt. In dem Nebel wird eine Tür sichtbar. Du schreitest durch die Tür und stehst am Ufer. Ein Wesen wartet dort bereits. Es beschützt dich, schreitet mit dir durch die Öffnung in das Wasserreich und nimmt dich mit in die Unterwasserwelten. Du wirst zum Hüter geführt. Begrüße ihn. Trage ihm dein Anliegen vor. Frage ihn, was du zurzeit beachten sollst. Er zeigt dir, was es ist, und überreicht dir einen Gegenstand, der für dich jetzt wichtig ist. Oder er führt dich in Bilder, die jetzt zu schauen wichtig für dich ist. Wenn der Hüter zurück an seinen Platz schwimmt oder dir den Rücken zukehrt, ist der Besuch beendet. Du tauchst wieder auf, bedankst dich bei deinem Führer und gehst zurück zu deinem Körper. Du öffnest die Augen. Bedanke dich. Schau dich noch einmal um, vielleicht findest du in der Nähe deines Platzes noch eine kleine Gabe der Wasserwelten. Befolge den Rat, den du empfangen hast.

Wichtel

FLEISS, HILFE, UNTERSTÜTZUNG

Hallihallo, wir sind vergnügt und froh!
Jeder tut, was er so kann, sonst wäre er kein Heinzelmann.
Gemeinsam sind wir schnell und gut, drum sind wir allzeit frohgemut.
In Harmonie und Einklang verrichten wir Arbeit mit fröhlichem Gesang.
Wir lieben den Rhythmus, den ewigen Reigen, er ist uns Wichtelmännern eigen.
Rufst du uns, sind wir gleich da, alles läuft wie geschmiert und wunderbar.
Wer uns allerdings misstraut, uns beäugt und uns etwas klaut,
der hat uns gesehen und sich alles verbaut.
Wir ziehen weiter, denn wir sind frei, zu dienen der Natur, wo, ist einerlei.

Hintergrund

Die Wichtel gehören zu den kleinen Erdvölkern, zu denen auch die Gnome, Kobolde, Zwerge und Trolle gehören, und unterstehen den Gnomenkönigen und -fürsten sowie den mächtigen Hütern der Erdreiche. Sie sind die guten Erdbewohner, die dienstbaren Erdgeister – zu ihnen gehören auch die Heinzelmännchen. Wichtel sind hauptsächlich in der Natur zu finden und verrichten dort allerlei Arbeit; Heinzelmännchen wirken eher in Häusern und Gebäuden und arbeiten eng mit dem Menschen zusammen. Sie helfen, wo sie können, und sie lieben es, dem Menschen zur Hand zu gehen. Sie sind fleißig, unermüdlich, rechtschaffen und stets freudig bei der Sache. Sie arbeiten gerne in größeren Gruppen, um sich gegenseitig zu unterstützen. Sie singen und trällern fröhlich ihre Lieder bei ihren Verrichtungen, die sie sorgfältig erledigen.

Sie unterstützen die Menschen gerne bei ihren alltäglichen Arbeiten, sind jedoch scheu. Sie wollen keinen Lohn, sind aber dankbar, wenn man ihnen Essen und Trinken hinstellt, z. B. Brot, Milch, Obst. Sie betätigen sich äußerst vielseitig, melken die Kühe, füttern die Tiere, gießen die Pflanzen, helfen auf dem Feld. Sie scheuern Hausrat blank, besonders jenen aus Kupfer, Zinn und Silber. Sie spielen mit den Kindern und trösten sie, wenn die Mutter gerade zu beschäftigt ist. Am Morgen wecken sie die Menschen, und abends wiegen sie die Kinder sanft in den Schlaf. Sie heilen die Kranken und bringen ihnen Heilkräuter. Sie schützen und behüten die Saat, das Haus, den Hof und das Feld. Sie backen, schmieden, hegen und pflegen.

Die Wichtel sind für alles zuständig, was das Erdreich betrifft. Sie kümmern sich um die kleinsten Tiere, die Käfer, Ameisen, Würmer u. a. Sie helfen den Edelsteinen beim Wachsen und pflegen sie. Sie weben die Blumen in ihrer Vielfalt und bereiten den Tau. Sie kennen alle Heilpflanzen und Heilquellen und führen Menschen, die reinen Herzens sind, zu diesen. Sie verfügen über magische Kräfte, wie Gegenstände verschwinden und auftauchen lassen, und können mit ihnen Wunder bewirken.

Beleidigungen, Flüche, Sittenlosigkeit und Habsucht vertreiben die Wichtel. Auch gegen sie gerichtete Hinterlist und Gemeinheit sind geeignet, sie zu verscheuchen. Da sie treu und anhänglich sind, bereitet ihnen ein solcher Abschied großen Kummer. Wichtel sind ordentlich, sauber und gepflegt gekleidet, tragen rote Zipfelmützen. Sie haben eine füllige Figur, da sie gerne essen und trinken. Sie sind sehr gesellig und pflegen mit vielen anderen Naturwesen Kontakte. Ihre Sprache ist das Echo und der sich wiederholende Reim. Sie leben in Wurzelgeflechten, in Höhlen, unter großen Pilzgruppen, zwischen Steinen und Felsen und in den Gärten und Häusern, die unter ihrem Schutz stehen. Bestimmte Feste der Natur sind ihnen heilig, da diese Mensch, Naturwesen und Kosmos miteinander verbinden. Wie alle lichtvollen Wesen warten sie auf die Einladung des Menschen, bevor sie ihm zu Hilfe kommen. Es ist ein großes Glück, Wichtel im Haus zu haben, damit sind alle irdischen Sorgen gelöst.

Allgemeine Bedeutung

Wenn die dienstbaren Erdgeister am Werk sind, blüht der Garten, tragen die Bäume viele gute und gesunde Früchte, geht die Arbeit leicht von der Hand. Manche Menschen haben »grüne Daumen«, jede Pflanze beginnt unter ihrer Pflege zu treiben, zu erblühen, jeder Garten wird unter ihren Händen üppig. Diese Menschen stehen mit Sicherheit in guter Verbindung zu den Wichteln und Heinzelmännchen und tragen die tiefe Liebe zur Natur in ihrem Herzen. Da die Wichtel hinter die sichtbare Form blicken, sehen sie dies und sind sofort da. Wichtel unterstützen auch Heiler. Sie arbeiten mit jenen zusammen, die sich der Natur wieder geöffnet haben. Es gibt lange schon Berichte über Heilbehandlungen, bei denen diese hilfreichen guten Erdgeister aus der Gruppe der Zwerge anwesend waren. Sie lenkten die Hand des Heilers zu bestimmten Körperstellen, zogen dunkle Fäden und Schmutz aus der Aura, reinigten Flecken und flickten Löcher, die sich darin befanden. Ein Mensch, der solche Hilfe aus dem Reich der Zwerge erfahren hat, fühlt sich nach einer solchen Behandlung schlagartig besser. Wichtel unterstützen auch Musiker dabei, Musik in heilende Ströme zu leiten und den Zuhörern zuzuführen. So wird die Energie in Räumen erhöht, und viele Menschen schöpfen daraus neue Kraft. Wichtel mögen allerdings keine Tonverstärker und lärmenden Misstöne, sondern eher den natürlichen Klang.

Manchmal lassen sie Gegenstände, am ehesten Schmuck mit Edelsteinen, Schlüssel, Dinge, die viel genutzt und nicht geputzt werden, für eine Zeit verschwinden. Sie reinigen diese dann von störenden alten Einflüssen und laden sie mit neuer Kraft und Energie auf. Wenn wir diese Dinge suchen, können wir sie zunächst nirgendwo finden. Plötzlich liegen sie dann an einer Stelle, an der wir ganz sicher schon zigmal nachgeschaut haben. Manchmal lassen sie Gegenstände auch ganz verschwinden, da diese uns schaden können.

Die Wichtel beschützen uns und haben immer unser Wohl im Auge. Sie helfen uns in allen Bereichen der irdischen und die Erde betreffenden Belange. Oftmals haben wir jenem Teil unserer Kraft, der im Reich der Natur liegt, unser Herz verschlossen. Die Wichtel und Heinzelmännchen bitten dich, mit diesem Teil in dir Verbindung aufzunehmen. Sie versichern hellfühlenden und -sehenden Medien immer wieder: »Wir sind da, die Kraft ist da. Glaube und Liebe, sie öffnen das Tor. Es gibt nichts, keine Krankheit, kein Gebrechen, was wir nicht zum Schwinden brächten. Es gibt kein Lichtfeld, das wir nicht heilen können. Es gibt keinen Garten, keinen Boden, den wir nicht wieder zum Erblühen bringen würden, keine Verwüstung in der Natur, die wir nicht wieder in Ordnung bringen könnten.« Dabei arbeiten sie mit anderen Mitgliedern des kleinen Volkes, mit den Feen und Elfen, zusammen.

Die Wichtel erinnern dich daran, dass wir unsere Zusammenarbeit mit ihnen, die bereits vor Hunderten von Jahren bestand, wiederaufnehmen können, jetzt. Erinnere dich an diese Verbindungen, viele Menschen stehen tief in ihrem Sein immer noch mit den Wichteln in Verbindung, ohne dass es ihnen bewusst ist.

Wichtel leiten die heilenden, heiligen Ströme und Kräfte der Erde. Mit ihrer Liebe erhält die Natur ihr grünes gesundes Farbenkleid. Genauso wie sie um unser gesundes Farbenkleid, die Aura, bemüht sind. Rufe die helfenden Kräfte wieder in dein Leben. Sie sagen dir, dass du auch noch andere Kräfte aktivieren kannst, wenn es um »Erdenangelegenheiten« geht.

Die Botschaft der Wichtel und Heinzelmännchen lautet: Allseits bereit, sind wir stets da; mit euch zu wirken wäre so wunderbar. Öffnet eure Herzenstüren, vertraut uns, wir können alles hören. Sind euch stets treu zur Seite, dass kein Leid euren Weg begleite.

Ritual ~ Bitte an die Gnome, Wichtel und dienstbaren Erdgeister ~

Nimm dir Raum und Zeit, und sprich ein Gebet mit den Worten deines Herzens zu den Wichteln und dienstbaren Erdgeistern. Rufe sie, und bitte sie, mit dir zusammen heilend in den umfassenden Bereichen der Natur zu wirken. Lade sie ein, und ehre sie, indem du ihnen etwas Milch und Brot hinstellst. Hier ein Beispiel für ein Bittgebet:

Ihr Wichtel, Gnome und dienstbaren Erdgeister,
ich rufe euch, in meinem Leben zu wirken. Ich lade euch ein.
Von nun an werde ich die Natur und euch, die Wesen der Natur, achten,
würdigen und mit euch zusammen wirken.
Kommt, kommt, herbei geschwind. Lasst uns zum Frieden,
zum Wohle und zum Segen zusammen wirken. Helft mir bei …
(Angelegenheit, in der du die Zusammenarbeit besonders wünschst).
Ich danke euch. Sendet mir in den nächsten drei Tagen ein Zeichen eurer Anwesenheit.
Amen

Zwerge

ARBEIT, TAT, SCHÄTZE DER ERDE

Das Zwergenvolk, ihr alle wisst, in den Erdreichen zu Hause ist.
Über den Erdball gut verteilt, leben sie in unterschiedlichster Gestalt.
Gnome die Weisheitsführer sind. Uralt und weise warten sie,
wer nicht sucht, entdeckt sie nie.
Wichtel, Tomtar und Heinzelmännlein, das wisst ihr ja,
sind fleißig und hilfsbereit hier und da.
Mink und Nickel die Berg- und Erdgeister sind. Sie hüten die Minen, die Erdschätze gar,
tief unten, verborgen sie wirken, sind für das menschliche Auge rar.
Satyrn die derbere Sorte sind. Sie feiern und rülpsen beim Weingelage,
stellen den Nymphen nach und fördern die gröberen Züge zutage.
Ihre Aufgabe ist zu vermehren, um die Pflanzennaturen zu ehren.
Kobolde treiben ihr lustiges Spiel, kein Schabernack ist ihnen zu viel.
Sie albern herum, wie Alben so sind, und lachen laut los, so frei wie der Wind.
Die dunklen, listigen Erdgestalten sind Goblins, Schreckensmännlein und böse Wichter,
welche sich freuen der dunklen Seiten, die sie auch im Menschen begleiten.
Weitere Völker sind mir bekannt wie Trolle, Braunis, Derrick, Pixis, Puggis, Pucks, Drak,
Mohrrieden, Witten, Waldschrate, Ampfril, Spiggans … und Gamauern.
Sie alle zu beschreiben, würde lange dauern.
Drum achte auf sie, sie wirken allerorts am Wegesrand.
Wirken in der Natur zu allen Zeiten, im Norden, Osten, Süden, Westen,
überall im ganzen Land.
Ob du es merkst oder nicht, sie dich begleiten, in deinen Erdenseiten,
denn alle irdischen Belange sind ihnen bekannt.
Erkennen kannst du sie meist an den Zipfelmützen, weißen Bärten, kleiner Gestalt,
sie lieben Rot, Gelb und Bunt, sind meist etwas dicklich, klein und rund.
Sie hüten die Schätze in den Erden, senden ihr Licht mit magischer Gewalt.
Überall sie wirken und wuseln. Sie geben der Erde Form, Halt und Gestalt.
Die Zwergenfrauen nicht zu vergessen,
sie versorgen, behüten, kochen das allerbeste Essen.
Tragen einen großen Teil mit dazu bei, zu dem lustigen Zwergenallerlei.
Du Menschenkind, eingewoben in diese Reiche, lasse dich hier sehen.
Denn mit Höhen und Tiefen, Licht und Schatten lehren dich die Zwerge
die Kraft der Materie zu verstehen.

Hintergrund

Die Zwerge gehören zum kleinen Volk und sind in vielen Regionen bekannt. Der Begriff Zwergenvolk erfasst eine große Gruppe von unterschiedlichsten Erdgeistern und Erd-völkchen, eben die Elementargeister der Erde, die eines der fünf Elemente sind. »Zwerg« ist damit genauso eine übergeordnete Bezeichnung wie »Mineral«, »Tier« oder »Pflan-ze«, hinter ihr verbergen sich viele Arten: Es gibt zum einen Waldzwerge, Wasserkobolde, Bergzwerge etc., zum anderen die guten Völkchen, wie Wichtel, Tomtar, und die bösen, listigen und tückischen Gruppen sowie Mischgattungen und Untergruppen, zu denen u.a. Heinzelmännchen, Butzelmännchen, Kräutermännchen, Däumlinge, Nachtleutlein und Feuermännlein zählen. Auch zahlreiche Spukgestalten der Nacht gehören zu der Gruppe der Zwerge, so z. B. Schreckensmännlein, Rotkappen, Klabautermänner, Rabautermänn-lein, Pestmännlein und Rumpelstilzchen. Unter den Arten bestehen Ähnlichkeiten in der Haltung und im Aussehen, ebenso in den Aufgaben oder in den Leidenschaften. Anhand dieser Ähnlichkeiten lassen sich Zwerge eindeutig erkennen. Zwerge sind kleinwüchsig, ihre Körpergröße wird z. B. als daumengroß, faustgroß, fingerlang, handhoch, eine ganze Elle lang, zwei, drei, vier Spannen lang usw. angegeben. Ihre Gestalt ist meis-tens etwas gedrungen und füllig. Sie haben oft eine Knubbelnase, übermäßig große Ohren, oftmals gar Schlappohren, wulstige Lippen, runde kleine, lus-tige Gänseaugen (das heißt, die Iris füllt das Auge völlig aus) und einen Bart. Meistens werden ihre Gesichter als alt und faltig beschrieben. Die Haut ist wie Le-der und meistens rau wie Krötenhaut. Die Zwergenweiblein tragen meist geflochtene Zöpfe, sind vollbusig und auch sonst üppig ausgestattet. Zwerge bevorzugen die Farben Rot, Grün, Weiß, Gelb, Blau oder erdige Farben. Sie tragen meistens Mäntelchen, Jacken und insbesondere Mützen jeglicher Form, wie Zipfelmützen, Filzhüte, graue Kappen, Schlapphüte, Strohhüte, Tarnkappen oder Nebelkappen. Durch das Drehen seiner Kopf-bedeckung macht sich ein Zwerg sichtbar oder unsichtbar. Wer einem Zwerg die Mütze wegnimmt, verhindert, dass dieser zurück in das Zwergenreich gelangen kann.

Zwerge sind darüber hinaus mit den verschiedensten magischen Kräften ausgestattet z. B. Tarn- und Schutzkräften, der Kraft, Dinge verschwinden und auftauchen zu lassen … Als Erdgeister sind sie auf das Engste mit dem Erdreich verbunden und beherrschen damit alle Kräfte, die diesem zugeordnet sind (siehe Kapitel »Wesen der Erde«). Auch kennen und behüten sie die Schätze in den Schatzkammern der Erde. Sie können sich an der Erdoberfläche und tief in der Erde aufhalten und bewegen; ihre Wohnbereiche sind auch in diesen Zonen zu finden. Sie leben dort in Höhlen, entweder unter der Erde, zwischen Wurzeln, im Dickicht unter Bäumen und Sträuchern, in Bergen, Felsen und Steinen o. Ä. Sie lieben Geselligkeit, Essen und Trinken.

Ihre hellen Erscheinungsformen sind rechtschaffen, ausdauernd, traditionsbewusst, zu-verlässig, ordentlich, humorvoll, freundlich, hilfsbereit … Ihre dunklen Erscheinungsfor-men sind gierig, geizig, gehässig, besessen, gemein und gar gefährlich. Sie können für den Menschen so einerseits eine große Hilfe, ja seine wahren Schutz-, Hilfs- und Heilgeister sein, und andererseits eine dunkel drohende Gefahr, je nach ihrer Herkunft bzw. dem Ort, den sie betreuen, ihren Erfahrungen mit Menschen, ihren Neigungen, Aufgaben und Leidenschaften.

Allgemeine Bedeutung

Die Zwerge erfüllen alle ihre Aufgaben mit unermüdlichem Eifer. Sie kümmern sich um Käfer und Würmer, sie mahlen Edelsteine, um der Erde die nötigen Mineralien zuzuführen, pflegen die Wurzeln der Pflanzen, hegen und hüten die unterirdischen Schätze. Zwerge leben in Königreichen, haben Familie und leben in geordneten Gemeinschaften mit den vielfältigsten Aufgaben.

Viele Zwergenvölklein sind freundlich, gutmütig und hilfsbereit, und zwar den Menschen gegenüber, die reinen Herzens sind. Mit selbstsüchtigen Leuten wollen sie jedoch nichts zu tun haben. Sie können sehr ungehalten und gemein werden, wenn du versuchst, ihre Hilfe zu missbrauchen. Sende ihnen daher Gedanken der Liebe.

Wenn der Ruf des Zwergenvolks dich erreicht, so gilt es, sich mit der irdischen Natur zu beschäftigen. Als Mensch bist du ein Teil dieser Erde. Ein Teil dieser irdischen Natur. Die Erde hat ihre eigenen Gesetze, die meist im Gegensatz zu deinen geistigen Gesetzen stehen. Während sich der Geist z. B. sehr schnell ein Haus in allen Einzelheiten vorstellen kann, dauert es nach irdischen Richtlinien einige Zeit, einige Arbeitsschritte, um dieses Haus zu erschaffen. Viele Menschen scheitern an den irdischen Kräften. Sie haben Ideen, Einfälle, Fähigkeiten, schöpferische Begabungen und können sie nur schwer umsetzen, da ihnen Glaube, Mut, Beharrlichkeit, Fleiß und Ausdauer fehlen, ebenso die Kraft, trotz Hindernissen an einer Sache dranzubleiben.

Zwerge sind in ihrem Tun unermüdlich, ausdauernd und fleißig. Sie sind den irdischen Vergnügungen zugetan, feiern gerne Feste wie Ostern, Geburtstage, Weihnachten etc., erhalten die Tradition der Rituale in Ordnung und Genauigkeit aufrecht, kennen die Kräfte der Dinge, die sie umgeben, der Blumen, Kräuter und »Unkräuter«, der Mineralien und anderen Bodenschätze, wie des Goldes der Erde, der Schatzkammern und der unterirdischen Kraftströme.

Mache dir die Zwergenkraft zunutze. Sie hilft dir, deine Pläne, Begabungen, Fähigkeiten und Träume zu verwirklichen, eben jene Schätze und Juwelen, die noch verborgen in deiner Seele ruhen. Die Zwerge lehren dich, mit Ausdauer und Fleiß bei der Sache zu bleiben, bis sich deine Vorstellungen und Träume in der Welt zeigen.

Die Botschaft der Zwerge lautet: Ein Teil von dir ist irdischer Natur, ist verwoben mit unserem Sein, unsere Kräfte stecken in dir. Es gibt viel zu entdecken. Die Schätze deiner Seele, sie ruhen in dir, wir Zwerge, ja wir helfen dir, sie ans Tageslicht zu holen. Bei uns kannst du einiges verstehen lernen. Wanderer, wir lassen dich so schnell nicht gehen. Lerne, die irdische Natur zu begreifen, dann winken dir Reichtum und Ruhm.

Rituale ~ Zwergenwerken ~

Beschäftige dich mit dem Zwergenvolk. Es ist da, sobald du an es denkst. Sie helfen dir, deine Pläne zu verwirklichen. Was wolltest du schon immer machen? Was sind deine Pläne, deine Träume, deine Begabungen und Fähigkeiten? Das Zwergenvolk leitet dich an. Mit ihrer Ausdauer, ihrem Durchhaltevermögen, ihrer Beständigkeit, ihrer Beharrlichkeit und ihrer unerschütterlichen Zielstrebigkeit kannst du deine Ziele verwirklichen. Arbeite mit den Eigenschaften der Erde. Mit »Geduld und Spucke«, Einsatz auf allen Ebenen, wirst du dein Ziel bestimmt in die Tat umsetzen.

~ Begegnung mit dem Zwergenvolk ~

Schaffe dir Raum und Zeit, wo du ungestört bist. Beschäftige dich mit deinen Wünschen, Träumen und Plänen. Was möchtest du gerne erreichen? Was hat dich bisher an der Verwirklichung deiner Träume gehindert? Was wären die Voraussetzungen, um diesen Wunsch, diesen Plan, das Ziel zu erreichen? Mache dir ein paar Notizen zu diesem Thema. Wenn du dich damit beschäftigt hast, so bitte den Zwergenkönig im Geiste, mit deinen eigenen Worten, er möge dir helfen. Überlege dir, was du dem Zwergenkönig als Geschenk mitbringen möchtest. Zwerge legen Wert auf den Ausgleich von Geben und Nehmen.

Wenn du bereit bist, dem Zwergenvolk zu begegnen, so begib dich in die Natur. Suche einen Eingang in die Erde. Mache es dir in der Nähe des Eingangs bequem. Schließe deine Augen, konzentriere dich auf deine Atmung, bis du dich ruhig und gut fühlst. Stelle dir vor, wie ein goldgelbes Licht auf dich zukommt. Du wirst ganz in dieses Licht eingehüllt. Wenn das Licht dich ganz erfasst hat, so stelle dir vor, wie sich in dieser Hülle ein quadratisches violettes Tor öffnet. Du gehst durch dieses Tor. Dahinter wartet schon ein Zwerg auf dich, manchmal sind es auch mehrere. Er führt dich durch deinen Eingang in die Erde. Ihr kommt in einen wunderschönen prunkvollen Raum. Der Zwergenkönig und die Zwergenkönigin erwarten schon dein Erscheinen. Du begrüßt sie, und sie begrüßen dich. Der Zwergenkönig richtet sein Wort an dich. Du überreichst ihm dein Geschenk. Du kannst ihn Verschiedenes bezüglich deiner Pläne fragen oder auch, was für dich jetzt gerade wichtig ist zu erfahren. Der Zwergenkönig gibt dir auf alles seine Antworten.

Wenn du alle deine Fragen gestellt hast, erhebt sich der Zwergenkönig und bittet dich, ihm zu folgen. Er führt dich in seine Schatzkammer. Hier gibt es Schätze aller Art, was auch immer du dir vorstellen kannst. Schau dich um. Ein Zwerg überreicht dir ein magisches Geschenk aus dieser Schatzkammer. Vielleicht ist es nicht das, was du erhofft hast. Doch es ist ein besonderer Gegenstand mit ungewöhnlichen Eigenschaften, der für die Verwirklichung deiner Pläne von Bedeutung ist. Der Zwergenkönig erklärt dir den Gebrauch. Bedanke dich bei ihm. Du darfst dein Geschenk mitnehmen. Der Zwerg, der dich hinter dem violetten Tor abgeholt hat, erscheint wieder. Er führt dich zurück, dort schreitest du hindurch und stehst wieder in dem goldgelben Licht. Verabschiede dich nun auf deine Weise von ihm, und öffne langsam deine Augen.

Du kannst dein Erlebnis niederschreiben. Manchmal verstehst du erst etwas später, was es mit dem Geschenk, dem Gegenstand auf sich hat. Es kann ein Erkennungszeichen sein, ein Hilfsmittel, ein Schlüssel … Wunder werden damit möglich. Lasse diesen Gegenstand tief in dir wirken, und rufe ihn dir immer wieder ins Gedächtnis. Er hat eine Bedeutung. Manche Geheimnisse enthüllen und entfalten sich erst mit der Zeit, manchmal auf sehr ungewöhnlichem Wege und auf eigentümliche Weise. Lasse die magischen Schätze deiner Seele, die von dem Volk der Zwerge gehütet werden, zu dir sprechen.

Glossar

Affirmation. Glaubenssatz, der sich durch Wiederholung verinnerlicht; lenkt die Aufmerksamkeit zielgerichtet auf neue, höhere Möglichkeiten, damit diese Wirklichkeit werden und sich alte Muster lösen können

Akasha-Chronik. Dies ist ein Begriff für das »Weltengedächtnis«. Alle Ereignisse, die jemals stattfanden, stattfinden und stattfinden werden sind im Licht aufgezeichnet.

Astralwelt, Astralebene. Die Astralwelt ist die erste höhere Ebene nach der physischen Welt, auf der die Emotionen zu Hause sind. Hölle, Fegefeuer, Unterwelt sind nach den Lehren der Theosophischen Gesellschaft (Blavatsky) die Sphären der Astralwelt. Jedes Wesen, jedes materielle Objekt hat dort eine Entsprechung. Tiere und Menschen gelangen während des Schlafes teilweise in die Astralwelt, Tote sogar für längere Zeit, wenn sie sich durch Süchte, Verstrickungen, Traumata o. Ä. an die physische Welt gebunden haben. In der Astralwelt bilden sich auch die Gedankenformen (Elementale, siehe entspr. Kapitel) und werden lebendig, d. h., sie beginnen zu wirken.

Ätherwelt, Lichtwelt. Feinstoffliche Welt, die wiederum aus verschiedenen Ebenen besteht und alles durchdringt. Alle Reiche und Ebenen entspringen aus der Ätherwelt und leben und wirken in ihr.

Aura. Lichtfeld, das jeden Menschen umgibt und aus sieben Ebenen aufgebaut ist.

Blavatsky, Helene P., 1831–1891; gilt als die bedeutendste Okkultistin des 19. Jh. Von Kindesbeinen an medial (Medium) begabt, bereiste sie die Welt, traf verschiedene Meister und Lehrer und widmete sich tief gehend dem Studium der Esoterik; Mitbegründerin der Theosophischen Gesellschaft, einer esoterisch-spirituellen Organisation, die altes Wissen wieder verfügbar machte und östl. Wissen in den Westen brachte; schrieb bedeutende Grundlagenwerke, die ihr zum großen Teil von den Meistern der Weißen Bruderschaft durchgegeben wurden.

Chakras. Energiezentren im Körper

Einweihung, Initiation. lat. initiatio: Einführung, Hineinführung. Der Mensch wird in die übersinnliche, Geistige Welt eingeführt; diese Einweihungen gehen stufenweise vor sich und beinhalten schwierige Prüfungen, die zeigen, ob der Mensch die Lebensgesetze verstanden hat und bereit ist für die nächste Stufe.

Körper, vier. 1. Physischer/materieller Körper, 2. Gefühls-/Emotionalkörper, 3. Mental-/Verstandeskörper, 4. Energie-/Licht-/Geistkörper

Lichtkörper. Der Lichtkörper ist derjenige Teil des Menschen, der in der Lage ist, durch die Materie hindurchzugehen und sich frei im Raum zu bewegen. Weitere Begriffe für Lichtkörper sind: Doppelkörper, zweites Gesicht, feiner Körper, Astralkörper, Scin-Laeca, Feuerkörper.

Logos. Der Geist Gottes, der sich durch den Menschen im Wort offenbart

Medium (medial). Ein Mensch, der zwischen den Daseinsebenen vermittelt und Nachrichten aus anderen Welten erhält, manchmal von einem bestimmten Wesen

Medizin. Hier im Sinne der nordamerikan. Indianer verwendet: alle Mittel, die zur körperlichen, geistigen und spirituellen Stärkung und Heilung beitragen

Sphären. Verschiedene Ebenen einer Welt, andere Dimensionen

Strahlenlehre. Die Lehre der sieben Strahlen ist eine neuere theosophische Lehre (Theosophische Gesellschaft). Sie geht auf Annie Besant zurück und wurde später von Alice Bailey als selbständige Lehre verbreitet: Die sieben Kraftströme des Göttlichen durchdringen das gesamte Universum und sind jeder mit bestimmten Eigenschaften und Zuordnungen versehen.

Tantrismus. Tantrismus beschäftigt sich mit der Grundlage der ewigen Wahrheit, mit dem zentralen Kern der göttlichen Energie. Viele Yogaübungen fußen auf dieser Grundlage, auf der auch verschiedene Religionen z. B. Hinduismus, Shivaismus, Zweige des Buddhismus aufbauen.

Urmatrix. Grundsubstanz des Lebens ohne innere Struktur; Blaupause, in der alles eingezeichnet werden kann

Yoga. Jahrtausendealte, umfassende indische Lehre, die sich verschiedener Mittel bedient, z. B. bestimmter körperlicher Haltungen (asana), Atemübungen (pranayama), der eigentlichen Meditationen (dhyana) und weiterer Übungen, um den Suchenden zur Erleuchtung zu führen.

Quellennachweis

Andrews, Ted: Zauber des Feenreichs. Neuwied, 1995

Bächtold-Stäubli, Hanns (Hrsg.): Handwörterbuch des deutschen Aberglaubens. Berlin, 1987

Bord, Janet: Feen, Elfen, Zauberwesen. München, 1997

Borges, Jorge Luis: Einhorn, Sphinx und Salamander. Frankfurt, 1993

Francia, Luisa: Die Magie des Ankommens. München, 2000

Francia, Luisa: Drei Wünsche. München, 1999

Gebert, Helga: Märchenlexikon. Weinheim, 1987

Goldammer, Kurt (Hrsg.): Paracelsus – Vom Licht der Natur und des Geistes. Stuttgart, 1960

Golowin, Sergius: Das Geheimnis der Tiermenschen. Basel, 1993

Golowin, Sergius: Drache, Einhorn, Osterhase. Basel, 1994

Golowin, Sergius: Gemeinsam im Garten Eden. Basel, 1993

Grimm, Jacob: Deutsche Mythologie. Göttingen, 1835

Johnson, Majorie: Naturgeister. Grafing, 2000

Hodapp, Bran O./Rinkenbach, Iris: Magischer Gegenzauber. Darmstadt, 2000

Hohenheim, Theophrast von: Paracelsus – Das Buch von Nymphen, Sylphen, Pygmaeen, Salamandern und übrigen Geistern. (Originalausgabe 1590, Nachdruck) Marburg, 1996

Katz, Michael und Ginny: Die Hüter der Edelsteine. Grafing, 1989

Knaurs Lexikon der Mythologie. München, 1989

Kriele, Alexa: Naturgeister erzählen. Seeon, 1999

Kubitschek, Ruth Maria: Engel, Elfen, Erdgeister. München, 1989

Marx, Helma (Hrsg.): Das Buch der Mythen. München, 1999

Mayo, Margaret/Ray, Jane: Einhorn, Drachen, Meerjungfrauen. Freiburg, 1997

Miers, Horst: Lexikon des Geheimwissens. München, 1993

Newhouse, Flower A.: Die Engel der Natur. Grafing, 1996

Owusu, Heike: VooDoo Rituale. Darmstadt, 2000

Petzoldt, Leander: Kleines Lexikon der Dämonen und Elementargeister. München, 1990

Pogacnik, Marko: Elementarwesen, die Gefühlsebene der Erde. München, 1995

Poortvliet, Huygen: Das große Buch der Heinzelmännchen. Frankfurt, 1976

Roads, Michael J.: Im Reich des Pan. München, 1990

Roads, Michael J.: Mit der Natur reden. München, 1987

Ruland, Jeanne, Merlino Iris: Die lichte Kraft der Engel. Darmstadt, 2000

Ruland, Jeanne: Das große Buch der Engel. Darmstadt, 2000

Spiesberger: Naturgeister – Wie Seher sie schauen, wie Magier sie rufen. Budapest, 1978

Stecher, Christine: Das kleine Buch der Feen und Elfen. München, 2000

Steiner, Rudolf: Geistige Wesen in der Natur. (2. Aufl.) Stuttgart, 1998

Steiner, Rudolf: Natur- und Geistwesen. (2. Aufl.) Dornach, 1996

Stewart, R.J.: Erdkraft. München, 1997

Tegtmeier, Ralph: Die heilende Kraft der Elemente. Breisgau, 1986

Ulbrich, Björn: Im Tanz der Elemente. Vilsbiburg, 1990

Wabun, Wind/Anderson, Reed: Die Macht der heiligen Steine. München, 1989

Warneck, Igor: Ruf der Runen. Darmstadt, 2001

White Eagle: Naturgeister und Engel. Grafing, 1997

Übersicht

Naturwesen	Naturwesenkraft
Devarajahs	Erhöhung, Gleichgewicht, Strahlenkraft
Akasha und Devos	(Äther) Lichtenergie, Erleuchtung, Aufstieg
Thor und Aries	(Luft) Prüfung, klare Unterscheidung, Kontemplation
Neptun und Lunara	(Wasser) Reinigung, Heilung, Taufe
Pelleur und Virgo	(Erde) Verantwortung, Festigkeit, Leben und Tod
Helios und Vesta	(Feuer) Energie, Wandlung, Opfer
Elementargeister	Grundlage, elementare Kräfte
Naturwesen	Vielfalt, Rhythmen, Zyklen
Wesen des Äthers	kosmische Kraft, göttliche Führung, Licht
Wesen der Luft	Information, Austausch, Verbindung
Wesen des Wassers	Lebensschau, Besinnung, Reflexion
Wesen der Erde	Manifestation, Lebensweg, Form
Wesen des Feuers	Dynamik, Wandlung, Willenskraft
Boreas	Sturm, aufgepeitschte Emotionen
Das kleine Volk	Schöpferkraft, Traumzeit, Hilfe
Deva des Ortes	Hüterin, Information, Licht
Devas	Kosmisches Licht
Drachen	Macht, Zerstörung, Selbstmeisterung, höchstes Glück
Hüter der Edelsteine	Planetenkräfte, Schicksalsweichen
Einhorn	Reinheit, Hoffnung, Christuskraft
Elementale	lebendige Gedanken und Gefühlskräfte
Elfen	Heilung, Respekt, Zauberkraft
Engel der Natur	Segnung, Öffnung, Empfängnis
Faune	Kraft, Stärke, Schutz
Feen	Schicksal, Wunder, Glück
Naturwesen	Naturwesenkraft
Gaia	Versorgung, Geborgenheit, Heimat
Gnome	Führung, uralte Weisheit der Erde
Kobolde	Unfug, Humor
Lenkerin der Kristalle	Verbindung, Wandlung, Energieverstärkung
Liebendes Mütterchen	Herzenskraft
Naturgeist des Ortes	Erkenntnis, Würdigung, tieferes Verständnis
Magische Drei	Energiefluss, Wandlung der Energie
Musen	Anregung, Kreativität, Inspiration
Nixen und Nereiden	Freude, Tiefe, Heilung
Nymphen	Schönheit, Reinigung, Erneuerung
Pan	Erschütterung, Erwachen, Einheit
Pegasus	Weisheit, Freiheit, Weite
Riesen	Herausforderung
Ruhanija	übergeordnete Ordnung
Salamander	Energie, Feuer, Kraft
Schutzgeister des Hauses	Spiegel der Seele, Schutz, verborgenes Wissen
Sylphen	Leichtigkeit, Information, Eingebung
Tiere der magischen Reiche	Verbindung, Kraft, Botschaft
Tinkerbells	Freude, freudige Erinnerung
Trolle	Natürlichkeit
Undinen	Reinigung, Bewegung, Belebung
Verborgene Naturkraft	Geheimnis, Segnung, Stärkung
Vulkani	Antrieb, Energie
Wassermänner	Innenschau, Strudelkraft, Suche
Wichtel	Fleiß, Hilfe, Unterstützung
Zwerge	Arbeit, Tat, Schätze der Erde

Über die Autorin

Jeanne Ruland bereiste viele Jahre als Flugbegleiterin die Welt. In den besuchten Ländern erhielt sie vielfältige Einblicke in die verschiedensten Facetten der Schöpfung, wobei ihre Liebe dem tieferen Sinn des Lebens gilt. Sie erfuhr schon in frühen Jahren die Führung und Fügungen des unsichtbaren Reiches und damit die unglaubliche Fülle und Kraft, die das Leben für den Menschen in den unterschiedlichsten Lebenslagen bereithält. Dies möchte sie in ihren Büchern an die Menschen weitergeben.
www.shantila.de

Über die Künstlerin

Petra Arndt empfängt und malt seit ihrer Kindheit Lichtbilder. Sie arbeitet freiberuflich als Malerin, Designerin und Illustratorin, macht intensive Kunsttherapie mit Kranken, gibt Malworkshops und ist Dozentin am Sasel-Haus in Hamburg, einem Zentrum für Kultur und Bildung. Für die Zeitschrift »Bild der Frau« malt sie wöchentlich den »kleinen Engel«.
www.petra-arndt.de

Bildnachweis

Bilder von der Bilddatenbank Shutterstock, www.shutterstock.com:
Ornamente: #10535440 (©Mike Monahan), #63147142 (©MariStep), #62357863 (©Oksana Alekseeva)

S. 48 # 90537973 (©Anna Omelchenko), S.54 #144210511 (©fongfong), S.58 #94747864 (©mika48), S.62 #77197057 (©David M. Schrader), S.66 #58607551 (©Allgusak), S.72 #222755557 (©Ingrid Curry) S.114 #72799654 (©Konstanttin), S.152 #98496662 (©Fernando Cortes)

Alle weiteren Bilder: ©Petra Arndt, www.petra-arndt.de